KB236474

남북한의 역사과 교육과정과 역사교육

이 저서는 2021년 대한민국 교육부와 한국연구재단의 인문사회분야 신진연구자지원사업의
지원을 받아 수행된 연구임(NRF-2021S1A5A8062840)

남북한의 역사과 교육과정과 역사교육

문경호 지음

서경문화사

서 문

식민통치의 아픔을 딛고 경제성장과 민주주의를 성공적으로 이뤄낸 나라, 전쟁의 잿더미에서 일어나 한강의 기적을 일으킨 나라, IT 강국이자 조선 강국, K-Pop과 K-FOOD로 세계를 매료시키는 나라... 대한민국의 눈부신 성취를 칭송하는 수식어는 헤아릴 수 없이 많다. 그러나 한편으로 우리나라는 세계에서 유일하게 '이념으로 분단된 나라'라는 가슴 아픈 현실을 마주하고 있기도 하다.

분단이라는 단어를 되뇌이다 보면 1948년 2월, 남북협상을 전개하던 시기에 김구 선생이 북한의 김두봉 위원장에게 쓴 편지의 한 구절이 떠오른다. "지금 이곳에는 38선 이남 이북을 별개의 나라로 생각하는 사람이 많습니다. 그쪽에도 그러한 사람이 없지 아니하리라고 생각됩니다". 이 구절을 지금 우리의 상황에 맞게 각색하면 "지금 이곳에는 38선 이남과 이북이 본래 하나의 나라였다는 것을 기억하지 못하는 사람이 많습니다. 그쪽에도 그러한 사람이 없지 아니하리라고 생각됩니다."라고 해야 할 것 같다. 시간이 지나면 지날수록 이런 상황은 더욱 심화될 것이다.

내가 북한 역사교육과 통일 후의 역사교육에 관심을 갖게 된 데에는 두 가지 계기가 있었다. 그 중 하나는 2014년 한국-독일 교원 교류 사업에 참가한 것이었다. 2014년은 대통령의 '통일 대박' 발언으로 남북 통일 방안이 실질적으로 논의되던 시기였다. 그런 상황에서 교육 분야에서도 교사들을 대상으로 하는 독일 방문 프로그램이 운영되었는데, 운 좋게도 내가 일원으로 참가하게 된 것이다.

떨리는 마음으로 프랑크프르트 공항에 도착하여 한-독 통일역사교육 포럼에 참여하고, 독일의 역사교사들을 만났으며, 무너진 베를린 장벽을 눈으로 확인하였다. 남아있는 장벽에 그려진 수많은 벽화와 낙서, 그리고 총을 멘 동독 병사(콘라트 슈만)가 철조망을 넘어 서베를린으로 넘어오는 순간을 찍은 감동적인 사진도 보았다. 무엇보다 놀라운 사실은 베를린 장벽의 붕괴가 당시 동독 고위 당국자의 실언과 그것을 잘못 보도한 신문기사로부터 시작되었다는 점이었다.

우리보다 먼저 통일을 이룬 독일의 경험담을 듣고, 무너진 베를린 장벽의 잔해를 보면서 통일이 생각보다 가까운 미래일 수 있겠다는 희망을 품게 되었다. 그러나 그러한 희망은 동독의 여러 학교와 국제교과서 연구소, 현대사포럼박물관 등을 방문하면서 곧 불안으로 바뀌었다. 통일 이후 독일 교육 현장에서 가장 큰 혼란이 빚어진 분야가 역사교육이었다는 점, 동독 출신 역사 교사의 상당수가 해고되거나 자진 퇴직했다는 사실, 그리고 통일 후 25년이 지났음에도 여전히 동독 사람들은 새로운 역사관에 혼란을 겪고 있다는 현실을 알게 되었기 때문이다. 우리가 통일 과정에서 독일이 겪은 시행착오를 되풀이하지 않으려면, 북한의 역사교육 연구에 더 각별한 관심을 가져야 한다는 생각을 하게 되었다.

북한 역사교육 연구에 관심을 갖게 된 또 다른 계기는 2019년 서울대에서 열린 <귀주대첩 1000주년 기념 학술대회>에서 '북한에서의 고려-거란 전쟁에 대한 역사인식과 평가'라는 글을 발표한 일이었다. 발표 준비를 위해 북한자료센터와 국회도서관 등을 드나들면서 나는 오랫동안 잊고 있었던 한 인물을 다시 만났다. 바로 김석형이었다. 남한에서는 그를 임나일본부설을 비판한 고대 한일 관계사 연구자로만 알고 있지만, 실제로 그는 일찍부터 고려시대의 농민봉기와 고려-거란 전쟁 등에 대한 다양한 연구 성과를 내놓았다. 그중 단연 대표작은 『력사제문제」 3집(1948.11.05.)에 수록된 「거란(요)의 침입과 그 격퇴」이다. 국회도 서관의 미군 노획 자료 속에 숨어있는 그의 논문을 찾았을 때의 기쁨은 몹시도 컸다. 이후에도 그는 많은 글을 썼지만, 1948년 무렵의 글에는 크게 미치지 못한 듯하다. 전쟁 후 학자 김석형이 정치가 김석형으로 바뀌어가는 과정을 지켜보며, 지식인의 소신과 사상이 체제와 환경에 따라 어떻게 변질될 수 있는지 어렴풋이나마 알게 되었다. 또한 그를 비롯하여 백남운, 박시형 등 북한 체제에 순응하며 주류로 자리 잡은 이들과는 달리, 납북되거나 월북한 일부 역사학자들은 일본 유학파 혹은 지주 출신이라는 이유, 그리고 김일성 독재 체제를 비판했다는 이유로 하루아침에 반동으로 몰려 숙청되었다는 비극적인 사실도 마주하게 되었다.

2021년 한국연구재단에 '남북 역사교육 비교 연구' 과제를 신청한 것도 바로 그러한 위기감에서 출발하였다. 당시 정부는 제3차 남북정상회담 이후 남북 관계의 평화적 전환을 모색하고 있었으나, 코로나19 팬데믹 등의 악재로 가시적 성과를 거두지 못하고 있었다. 설상가상으로 북한은 2020년 개성공단 내 남북 공동연락사무소를 폭파했고, 2021년에는 탄도미사일을 6발이나 발사했다(2022년에는 무려 62발로 급증했다). 불과 3~4년 사이에 극과 극을 오가는 남북 관계의 변동성은 나의 조바심을 더욱 부채질하였다.

분단 후 70여 년 동안 변화해 온 북한의 교과서와 교사용 참고서, 그리고 각종 사범대학 교재들을 분석하면서 나는 북한 교육당국의 치밀성에 놀라지 않을 수 없었다. 한 치의 오차도 없이 윤색된 내용, 치밀하게 연계된 교수요강-사범대학 교육과정-교과서-현장수업의 체계는 우리가 막연히 상상했던 것과는 완전히 달랐다. 이러한 교육 시스템 속에서 역사를 배운 북한 주민들이 우리와는 전혀 다른 역사의식을 형성하게 될 것은 자명해 보였다. 더욱 우려스러운 점은, 만약 불행하게도 또다시 전쟁이 일어난다면 1950년의 전쟁보다 훨씬 더 많은 사람들이 위험에 빠질 수 있다는 사실이었다.

연구계획서를 구상하면서 나는 남북 역사 교육 비교가 세 가지 측면에서 이루어져야 한다고 판단하였다. 첫째, 남북이 각각 어떻게 역사를 가르치는지 교과서와 교육과정을 통해 비교하고, 둘째, 북한 사범대학 역사과의 교육과정과 교재를 분석하며, 셋째, 학교 현장에서 이러한 교육이 실제로 어떻게 적용되는지 확인하는 것이다. 특히 김정은 집권 이후 북한이 교육 분야의 세계화를 강조하며 새로운 교과서와 대학 교재 편찬에 주력하고 있는 상황을 정확히 파악하려면, 신문기사나 동향 보고서 수준을 넘어 구체적으로 지면화된 자료들을 직접 수집해야 한다고 보았다. 마지막 단계에서는 북한 이탈 역사교사와 학생들을 직접 면담하여 현장의 목소리를 듣고자 계획했다.

다행히 2021년에는 연구재단의 지원을 받게 되어 첫 번째 연구를 수행할 수 있었다. 때마침 통일부에서 새로 확보한 자료들이 쏟아져 나와, 어떤 자료를 우선 순위에 두어야 할지 고민하면서 각종 교재들을 분석했디. 그 성과가 2022년에 『사회과교육』 61(1)에 발표한 「김정은 집권 이후 북한 역사교육의 변화와 남북한 역사교육 비교」이다.

그러나 두 번째 연구 단계에서는 예상치 못한 난관에 부딪혔다. 북한 사범대학 역사과 교재는 입수했으나, 역사과 교육과정을 확보하지 못한 것이다. 북한 이탈 교사들의 증언을 제외하면 사범대학 역사과의 교육과정은 어디에도 공개되지 않았다. 선행 연구들이 인용한 자료도 대부분 1990년대 교과목 정보여서 현재 상황을 반영하기에는 한계가 있었다.

더 큰 어려움은 코로나19 팬데믹으로 인한 북한 이탈 주민 수의 급감이었다. 김정은 집권 이후 중등학교를 다닌 학생들을 찾는 것조차 쉽지 않았고, 역사교사 출신을 찾는 것은 더욱 어려웠다. 결과적으로 이러한 현실적 제약으로 인해 당초 계획보다 연구 기간이 3년이나 지연되었다. 연구를 기한 내에 마치지 못한 것에는 필자의 안이함이 가장 큰 이유였지만, 현실적인 상황도 컸던 것이다.

이제 오랜기간 동안 자료를 가지고 씨름했던 결실이 맺어진다고 생각하니 홀

가분한 마음과 두려움이 번갈아 일어난다. 전자는 오랫동안 빚진 연구재단의 과제를 이제는 털어내게 되었다는 점 때문이고, 후자는 충분한 자료 분석을 마치지 못하고 시간에 쫓겨 책을 집필했다는 점 때문이다. 자료만 찾고 책에 담지 못한 내용도 적지않다. 다소 아쉽지만 그 자료들은 북한이 2023년부터 새로 집필을 시작했다는 새로운 교과서가 완성될 무렵에 함께 소개하는 것으로 미뤄두려 한다.

이 책은 내가 네 번째로 출간하는 단독 저서이다. 앞의 세 권이 전공과 직접 관련이 있는 것이었다면, 이 책은 순전히 내 관심에서 시작된 것을 엮어낸 것이다. 역사교육과를 졸업하고, 역사교육과에서 학생들을 가르치면서도 정작 역사교육의 역사에 대해 무심했던, 나름의 반성이자 보은(報恩)이라고도 할 수 있다.

고등학교에서 학생들을 가르친 시간이 17년 6개월, 대학으로 자리를 옮긴 지도 어느덧 10년이 되어 간다. 지난 10년 동안 학과의 은사님들이 모두 정년퇴임하시고, 이제는 내가 학과를 이끌어가야 하는 위치에 서게 되었다. 해마다 대학에서 마주하는 일들이 여전히 낯설게 느껴지지만, 부족한 내가 이만큼이나마 활동할 수 있는 것은 한결같이 나를 믿고 응원해 주신 윤용혁 교수님과 은사님들의 따뜻한 격려 덕분이다. 그래서인지 가끔 은사님들을 뵐 때면 나는 한껏 어려지고 말이 많아진다.

또한 늘 감사한 것은 양가 부모님과 형제들이 무탈하다는 점이다. 퇴근 후 휴대폰 너머로 들려오는 부모님의 정겨운 목소리는 언제나 내게 큰 힘이 된다. 쉰살이 넘어서도 여전히 기댈 수 있는 곳이 있다는 것은 참으로 큰 축복이다.

바쁜 남편 때문에 더 바빠진 아내는 이제 무념무상의 보살 경지에 오른 듯하다. 제원이는 어느새 의젓한 고등학교 2학년이 되고, 가빈이는 중학교에 입학한다. 책이 한 권씩 나올 때마다 아이들이 자라는 것을 보면 신기하기도 하고 고맙기도 하다. 늦은 밤까지 각자의 일에 매달리느라 함께 대화를 나누는 시간은 줄

었지만, 그럼에도 가족은 여전히 내 삶의 이유이자 가장 든든한 버팀목이다.

끝으로 이번 책을 준비하는 과정에서도 많은 분들께 도움을 받았다. 한국연구재단의 2년간 연구비 지원이 있었고, 재직 중인 모교의 아낌없는 배려 덕분에 교육과 연구를 지속할 수 있었다. 특히 북한자료센터와 통일연구원, 북한대학원대학교가 제공한 풍부한 자료와 연구성과는 이 연구의 토대가 되었다. 이들 기관들의 오랜 노력과 축적된 연구성과가 없었다면 당초에 이 연구를 시작조차 할 수 없었을 것이다. 아울러 거의 새로 쓰다시피 수정을 거듭한 원고를 끝까지 꼼꼼히 다듬어 주신 서경출판사 김선경 대표님과 김소라 선생님께도 진심 어린 감사를 전한다.

2026년 1월 말
계룡산과 금강의 도시 공주에서 저자 씀

목 차

머리말

하나의 민족, 두 개의 국가, 그리고 멀어지는 역사인식

한반도를 둘러싼 통일 담론이 근본적인 전환을 맞고 있다. 남북 분단이 80년에 가까워지면서, 통일이라는 오랜 염원은 점차 빛이 바래고 있으며, 남북한 사회 내부에서도 통일을 바라보는 인식의 차이가 어느 때보다 선명하게 드러나고 있다. 이와 같은 변화는 남과 북이 서로를 규정하는 방식과 시각이 점차 달라지는 현실에서 말미암은 것이다.

최근 북한의 행보는 이러한 상황을 상징적으로 보여준다. 김정은 국무위원장은 2023년 12월에 개최된 8기 9차 노동당 중앙위원회 전원회의에서 남북 관계를 '동족 관계'가 아닌 '적대적인 두 국가 관계'로 규정하였다.[1] 전원회의 직후 북한은 이를 헌법에 명시하고, '남조선' 대신 '대한민국'이라는 공식 국호를 사용하였으며, 통일 관련 기구들을 모두 폐지하였다. 이는 70여 년간 유지해 온 '조국통일' 목표를 공식적으로 폐기하고, 남북 관계를 '민족 내부의 특수관계'가 아닌 '국가 대 국가의 적대관계'로 재정의하려는 근본적인 노선 전환으로 볼 수 있다.

2023년 김정은의 발언은 단순히 정치적 수사(修辭)를 넘어, 북한 사회의 대남 인식을 재구성하려는 시도로 해석된다. 그것은 각종 선전물과 학습 자료에서

---

[1] 이중구, 「북한의 '적대적 두 국가론'과 남북관계 전망」 『통일정책연구』 33-1, 통일연구원, 2024, 33-38쪽.

한반도 지도상의 남측 영역을 백지로 처리하거나, '조국통일3대헌장기념탑'과 통일각 현판을 철거한 조치에서도 확인된다. 2025년 9월 평안북도 곽산군의 한 고급중학교에서는, 새 교재에서 '한민족', '한겨레' 등 민족·통일 관련 용어가 삭제된 것을 비판하던 교사들이 군(郡) 보위부에 불려가 조사를 받는 사건이 발생하기도 했다.[2] 북한의 이러한 처사는 '하나의 민족'이라는 관념을 지우고 남한을 철저한 타자, 즉 적으로 인식시키려는 의도로 해석된다. 이는 후속 세대의 역사관과 대남관 형성에 직접적인 영향을 미칠 역사교육의 방향 전환을 예고하는 중대한 신호라고 할 수 있다.

이러한 북한의 급격한 변화는 남한 사회, 특히 젊은 세대에서 나타나는 통일 인식의 변화와 맞물려 더욱 복합적인 양상을 띤다. 2025년 통일 인식 조사에 따르면, 남한의 20대 사이에서는 '통일이 반드시 필요하지 않다'고 응답한 비율이 '필요하다'고 응답한 비율을 앞서는 현상이 나타났다고 한다.[3] 최근 20~30대가 분단과 전쟁을 '경험'이 아닌 '상태'로 학습한 세대이며, 민족적 당위성이나 역사적 과업이라는 거대 담론보다 주거, 고용, 불평등과 같은 현실적인 문제를 더 시급한 과제로 인식한다는 분석은 이미 여러 차례 제기된 바 있다. 통일에 따르는 막대한 비용과 사회적 혼란에 대한 우려가 커지면서, 통일의 필요성을 유보하는 태도가 확산된 것이다.

즉, 북한에서는 의도적으로 '한민족'의 개념을 삭제하며 남한을 적으로 규정하고, 남한에서는 젊은 세대를 중심으로 통일에 대한 실용적 거리두기가 강화되면서 남북 간 통일에 대한 기대와 인식은 점점 더 멀어지고 있는 것이 현실인 것이다. 이 책은 이와 같은 남북의 상황을 문제의식의 출발점으로 삼는다. 남북한

---

2) "민족·통일 지운 새 교과서·지도에 한마디씩 한 교사들, 결국…교육절 당일 술 마시고 한 발언들 문제시돼 보위부 불려 가…주민들 "민족을 어찌 외국이라 부르나"(「데일리NK」, 2025.09.17.).

3) ""통일 필요없다"는 국민 30%…20대에선 절반 넘었다"(「연합뉴스」, 2025.09.30.)

의 통일 인식이 이처럼 멀어지게 된 배경에는 무엇이 있으며, 특히 김정은 집권 이후 남한 사회의 대북 인식은 어떻게 변화해 왔는가? 이러한 인식의 변화는 미래 세대의 정체성을 형성하는 역사교육에 어떤 영향을 미치고 있는가?

이러한 질문에 대한 답을 찾기 위해 이 책에서는 김정은 집권 직후인 2013년과 최근인 2025년의 여론조사 결과를 비교·분석하여 지난 10여 년 간 남한의 대북 인식이 어떻게 변화해 왔는지 심층적으로 살펴보고자 한다. 나아가 그 변화를 '정체성의 잔존', '정책적 유보', '정서적 비호감'이라는 세 가지 키워드를 중심으로 해석함으로써, 남한 사회의 복합적인 대북 인식을 정리하고, 이러한 현실이 역사교육 비교 연구의 필요성을 더욱 강하게 뒷받침하는 근거가 된다는 점을 강조하는 것으로 이야기의 타래를 풀어보려 한다.

김정은 시대의 개막, 남한의 대북 인식 변화

김정은 체제가 막 출범한 2012년, 남한 사회의 대북 인식은 기대와 경계가 혼재된 복합적인 양상을 보였다.[4] 그러나 얼마지나지 않아 연이은 핵실험과 정전 협정 종료 선언 등이 발표되면서 기대보다는 우려의 목소리가 더 높아졌다.[5] 그것은 김정은 집권 2년 차인 2013년에 서울대학교 통일평화연구원의 조사를 통해 곧바로 확인되었다. '북한 정권은 대화와 타협이 가능한 상대라고 생각하

---

4) 2011년 김정일 사후 권력을 승계한 후, 2012년 4월 11일에 조선로동당 제1비서, 4월 12일에 국방위원회 제1위원장이 되었으며, 2012년 7월 18일에 원수로 진급했다("北 김정은 '원수' 진급", 「아시아경제」, 2012.07.18.).

5) 김지윤, 강충구, 이의철, 『2013년, 한국인의 주변국 인식 변화: 미·중·일·북 호감도 및 국가관계 평가』, 아산정책연구원, 2013. 2월 23일과 3월 7일에 핵실험을 시행하고, 3월에는 사이버 공격(3·20 전산 대란)이 발생하였으며, 4월에는 개성공단을 차단하였다.

냐는 질문에 긍정적 응답은 35.8%였던 데에 그친 반면, 부정적 응답은 64.3%로 2배 가까이 높게 나타났다.[6] 북한이 무력도발을 할 가능성이 있다는 응답도 66.4%나 되었으며[7], 적대대상이라는 응답도 2012년 10.6%에서 2013년에는 16.4%로 증가하였다.[8] 특히 통일의 이유로 '같은 민족이기 때문'이라는 응답률이 감소하고[9], '전쟁 위협을 없애기 위해'라는 현실적 이유가 부상하기 시작한 점은 주목할 만하다. 같은 민족이라는 정체성에 따른 당위적 통일관은 힘을 잃고, 안보와 실용주의적 시각이 점차 중요해지고 있음을 말해주는 것으로 해석될 수 있기 때문이다.

대북 정책의 우선 순위 역시 '교류 협력'에서 '북한 비핵화를 위한 국제 공조'나 '북한 개방 및 인권 문제 개선'으로 이동하며, 북한과의 직접적인 관계 개선보다는 문제 해결을 우선시하는 '정책적 유보' 현상이 나타났다.[10] 김정은 집권 이후 남한의 대북 감정은 기대만큼 좋아지지 않았으며, 오히려 반복되는 군사 도발로 인해 북한에 대한 정서적 호감도는 더욱 낮아지게 되었다.

김정은 집권 13년 차에 접어든 2025년, 남한 사회에서 북한에 대한 부정적 감정이 더욱 깊이 뿌리내리고 있다. 감정온도(0~100점) 방식으로 측정한 국가 호감도 조사에서 북한은 28.7점을 기록하며, 중립선인 50점에 한참 미치지 못하는 차가운 수치를 보였다. 같은 조사에서 미국은 50.4점, 일본은 44.1점, 중국은

---

6) 박명규 외, 『2013 통일의식조사』, 서울대학교 통일평화연구원, 2013, 40쪽. 같은 질문에 대한 2012년의 응답비율은 긍정적 답변 39.3%, 부정적 답변 60.7%였다(서울대학교 통일평화연구원, 『2012 통일의식조사』, 서울대학교 통일평화연구원, 28쪽).

7) 서울대학교 통일평화연구원, 위의 보고서, 2012, 44쪽.

8) 박명규 외, 위의 보고서, 2013, 39쪽.

9) 위의 보고서, 2013, 27쪽. 같은 민족이기 때문이라는 답변은 2012년 45.9%, 2013년은 40.3%였다.

10) 위의 보고서, 2013, 63쪽.

30.0점, 러시아는 북한과 동률인 28.7점으로 확인되었다.[11] 이러한 상황은 단순한 여론의 변화가 아니라, 분단 이후 70여 년간 유지되어 온 남북관계의 패러다임이 근본적으로 전환되고 있음을 보여주는 신호라고 생각된다.

응답 분포를 자세히 들여다보면 부정적 인식이 얼마나 깊어졌는지 더욱 분명히 확인할 수 있다. '남북 통일이 얼마나 필요하다고 생각하십니까'라는 질문에 '필요하다'고 답변한 비율은 49%로 과반이 무너졌다. 통일의 필요성에 대한 긍정적 답변이 과반 이하로 떨어진 것은 2014년 통일의식 조사를 도입한 이래 처음이었다고 한다.[12] 반면, "남북한이 전쟁없이 평화적으로 공존할 수 있다면 통일은 필요없다(평화적 공존)"는 질문에 동의한다는 답변이 63.2%에 달했으며, "통일보다 지금처럼 분단 상태로 지내는 것이 낫다(적대적 공존)"는 질문에 동의한다는 답변도 47%에 이르렀다.[13]

그보다 놀라운 점은 남북의 공동체 의식에 관한 것이다. 남한과 북한이 별개의 독립 국가라고 생각한다는 답변 비율이 90.2%나 되고, 남한만이 우리의 영토라고 응답한 비율도 62.1%로 집계되었다.[14] 1991년 남북이 UN에 동시 가입한 후 북한을 국가로 인정해야 한다는 주장이 보편적인 의견이기는 하지만, 그것이 두 나라가 별개의 국가라는 것을 의미하는 것은 아니었다. 전체 조사에서 "북한에 관심이 없다"는 응답 비율이 2015년 50.8%에서 2025년에 68.1%로 늘

---

11) 이동한, 「한국리서치 주간리포트(제352-3호) 한반도 주변 5개국 호감도」, 2025.10, 3-6쪽.

12) 이상신 외, 『KINU 통일의식조사 2025』, 통일연구원, 2025, 12쪽.

13) 이상신 외, 위의 보고서, 17-18쪽; 김범수, 「통일인식」『2025 통일의식 조사-이재명 정부 출범과 신냉전 위기: 대북정책 기대와 전망』, 서울대학교 통일평화연구원, 2025, 22-23쪽.

14) 강원택, 「한국인이 보는 역사, 민족, 국가, 그리고 세계 한국인의 국가 정체성과 민족 정체성: 15년의 변화」『EAI 워킹페이퍼』, 2020, 11-13쪽.

어난 것도 이와 무관하지 않다고 생각된다.[15]

그러나 무엇보다도 20~30대의 젊은 층에서 현상 유지를 선호하거나 통일에 관심이 없다는 응답이 각각 56.7%와 54.2%로 과반을 넘었다[16]는 점은 특별히 주목할 필요가 있다. 그와 같은 현상은 민족적 동질성보다는 민주주의, 경제 발전, 문화적 성취와 같은 시민적 가치를 중심으로 한 국가 정체성이 강화되면서, 무조건적 통일에 대한 회의감이 커지고 있음을 보여준다.

문제는 북한의 남한에 대한 인식도 크게 다르지 않다는 것이다. 서울대학교 통일평화연구소가 2011년부터 북한 이탈주민들을 대상으로 실시한 설문조사 결과가 이를 잘 보여준다. '북한에 있을 때 통일이 얼마나 필요하다고 생각했는가'라는 질문에 '매우 필요하다'고 답한 비율은 2011년 95.2%로 정점을 찍은 이후[17] 급격히 감소하기 시작하였다. 2015년에는 88.9%로 하락하였고[18], 잠시 회복세를 보이는 듯했지만 2019년에는 80.9%까지 낮아졌다.[19]

더욱 주목할 만한 점은 북한 이탈주민 중에서도 20대의 통일 의식이 가장 부정적이라는 사실이다.[20] 연구자들은 이들이 김정은 정권 하에서 교육받고, 핵

---

15) 이상신 외, 앞의 보고서, 22쪽.

16) 김범수, 앞의 글, 22쪽.

17) 정은미, 「남북한 주민들의 통일 의식 변화: 2011~2013년 설문조사 분석을 중심으로」 『통일과 평화』 5권 2호, 서울대학교 통일평화연구원, 2013, 81쪽.

18) 김학재, 「통일인식」『김정은 집권 10년, 북한주민 통일의식』, 서울대학교 통일평화연구원, 2022, 49쪽.

19) 엄현숙, 「통일인식」『북한주민 통일의식 2020』, 서울대학교 통일평화연구원, 44-45쪽. 2015년은 DMZ 목함지뢰 매설 사건, 서부전선 포격 사건 등으로 남북 갈등이 크게 고조된 시기이다.

20) 김학재, 앞의 글, 49쪽. 저자는 20대의 통일의지가 낮은 이유를 "소위 '장마당 세대'로 불리는 세대로 김정은 정권기 교육을 받고 핵 개발에 따른 제제 상황 속에서 어린 시절부터 장마당을 경험한 세대의 의견을 보여주는 것이라고 할 수 있다."라고 해석하고 있다.

개발에 따른 제재 속에서 자라난 '장마당 세대'이기 때문에 그러한 특성을 보인다고 분석하였다. 하지만 여기서 놓치지 말아야 할 중요한 사실이 하나 있다. 북한의 현재 20대는 김정은 집권 시기에 중학교를 다녔고, 바로 그 시기에 북한이 12년제 의무교육제도를 도입했다는 점이다. 새로운 교육 체제 아래서 성장한 이들의 의식 변화는 단순히 장마당 경험만으로는 설명하기 어렵다. 오히려 변화된 교육 내용과 방식이 이들의 통일관 형성에 어떤 영향을 미쳤는지 살펴볼 필요가 있다.

실제로 남북한 교과서를 비교해보면 그 차이가 더 분명하게 드러난다. 2000년 남북정상회담을 비롯하여 다양한 교류와 관계 개선 노력을 균형 있게 다루는 남한 교과서와 달리, 북한 교과서는 정반대 방향으로 가고 있다. '평양선언과 사회주의 재건운동', '미일 반동들의 반공화국 고립 압살책동과 그 파단', '미제의 세계화 책동과 자주화의 흐름'[21] 같은 단원 제목에서 보듯, 북한은 자신들을 외부 세력의 위협에 맞서 싸우는 투사이자 피해자로 일관되게 묘사하고 있다.

남북대화의 전제조건에 대한 입장도 마찬가지이다. 북한 교과서는 미국과 남한의 경제제재 해제와 적대행위 중단을 대화의 출발점으로 못 박고 있다. 이런 내용으로 교육받는 북한 학생들이 남한에 우호적인 감정을 형성하기는 사실상 어렵다. 만약 2024년 1월에 발표된 내용대로 북한이 '삼천리 금수강산', '8천만 겨레', '통일', '화해', '동족'과 같은 개념을 삭제하고[22], '대한민국을 제1의 적대

---

21) 박영철 외, 『력사(고급중학교 3학년)』, 교육도서출판사, 2015.

22) 2024년 1월 15일 개최된 최고인민회의 제14기 제10차 회의 시정 연설에서 대남기구 폐지, 헌법에 영토조항 신설과 함께 '삼천리 금수강산', '8천만 겨레' 등의 낱말 사용 금지 및 대한민국을 '제1의 적대국', '불변의 주적'으로 확고히 간주할 것을 요구했다. 이튿날 방영된 조선중앙통신에서는 "우리 공화국의 민족력사에서 '통일', '화해', '동족'이라는 개념 자체를 완전히 제거"해 버려야 한다고 주장했다(조선중앙통신, 2024.01.16.). 상세한 내용은 이무철, 「북한의 대남·통일정책 전환 분석 -'우리 국가제일주의'를 중심으로」 『현대북한연구』 27권 1호, 북한대학원대학교 심연북한연구

국’, ‘불변의 주적’으로 간주하도록 교육교양사업을 강화한다면 북한 젊은이들의 통일에 대한 부정적인 인식은 더욱 심화될 것이다.

지금까지 살펴본 것처럼 남북 모두에서 젊은 세대가 통일을 외면하는 현실은 우연의 결과가 아니다. 그것은 남한의 청년들은 북한을 부담스러운 타자로, 북한의 청년들은 남한을 타도해야 할 적으로 학습해 온 교육과 사회 분위기의 영향이 크다고 보는 것이 타당해 보인다. 교육이 만들어낸 이 거대한 인식의 문제는 교육이 아니면 풀어내기 어렵다.

그렇다면 어떤 형태로 변화를 도모해야 하는가. 우선 교육 내용의 구체적인 비교 분석을 통해 교과서에 반영된 역사관의 차이를 확인하고, 연구와 협력을 통해 점진적인 개선을 추구해야 한다. 지금처럼 분단 이후 우리 정부가 추진해 온 평화 통일 정책을 무미건조하게 나열하거나 통일의 당위성을 이상적으로만 강조할 것이 아니라 현실을 직시하여 군사적인 긴장 상황의 해소가 가져 올 이점을 학생들 스스로 찾아낼 수 있게 해야 한다. 정치 · 군사적 문제 뿐만 아니라 문화, 일상, 역사적 공통분모를 함께 다루는 접근 역시 중요하다. 우리 정부가 북한의 교과서 내용을 통제할 방법은 사실상 없지만, 남북 공동 학술연구 등을 꾸준히 제안하여 교과서 문제에 대해 장기적인 논의를 이어 갈 필요가 있다.

무엇보다 젊은 세대의 변화된 인식을 인정하고, 그들이 생각하는 새로운 형태의 남북 관계의 장단점을 명확히 분석해야 한다. 젊은 세대가 당장의 통일보다 평화적 공존, 점진적 교류 확대, 상호 이해 증진과 같은 단계적 접근을 선호한다는 점은 충분히 이해되는 사실이다. 그러나 새로운 남북 관계가 통일의식 조사를 통해 확인된 것처럼 영구적인 두 국가 체제를 고착화하거나 적대적 관계를 유지하는 방향으로 설정되는 것은 동의하기 어렵다. 우리는 그동안 한반도의 긴장 고조와 군사적 대치가 경제적 불안정, 안보 위협, 국제적 고립 등 심각한 리

소, 2024, 55쪽 참조.

스크로 작용해왔음을 수없이 경험해 왔기 때문이다. 따라서 젊은 세대가 추구하는 평화적 공존도 궁극적으로는 한반도의 항구적 평화와 통합을 지향하는 과정으로 설계되어야 하며, 분단 상태의 영속화가 아닌 점진적 통합의 토대가 되어야 한다는 점을 분명히 확인해 둘 필요가 있다.

북한 역사교육 연구 성과와 과제

지금까지의 북한 역사교육 관련 연구는 크게 세 가지로 구분할 수 있다. 첫 번째는 북한의 역사교육과정과 역사교육의 동향 변화에 주목한 연구이다. 북한 역사교육과정의 변화에 대한 선행 연구를 종합하면, 김정은 집권 이후 북한의 역사교육은 표면적인 변화와 내재적 지속성이라는 이중적 양상을 보인다. 2013년 개정 교육강령 도입으로 12년제 의무 교육제가 시행되면서 역사과 교육과정은 초급중학교 3년과 고급중학교 3년으로 이원화되었으며, <조선력사>와 <력사>가 각각 독립된 과목으로 편성되었다. 특히 교과서 체제에서는 주제 중심 구성에서 장·절 체계로의 전환, 컬러 도판 및 탐구 활동 추가 등 형식적 개선이 두드러졌다.[23] 그러나 이러한 변화의 본질은 여전히 주체사상과 선군 정치의 강화에 초점이 맞춰져 있다. 이처럼 구호와 실제가 다른 것은 북한이 표방하는 세계적 수준의 교과서 개발이 교수법의 도구적 진보에 머물렀음을 보여준다.[24]

남북한 역사과 교육과정을 비교해 보면, 북한의 최근 교수요강은 역량 신장을 강조하는 우리의 2015 개정 교육과정 시기의 역사과 교육과정과 형식적으로 유사하다는 점을 확인할 수 있다. 하지만 내용적 기반에서는 여전히 큰 차이를

---

23) 문경호, 「김정은 집권 이후 북한 역사교육의 변화와 남북한 역사교육 비교」 『사회과교육』 61(1), 한국사회과교육연구학회, 2022, 176쪽.

24) 위의 논문, 188쪽.

보인다. 북한에서도 탐구 활동을 도입하고 디지털 교재를 활용하는 등 교수 방법론에서 비슷한 시도를 하고 있지만, 역사를 바라보는 근본적인 시각은 다르다. 역사 인식의 기저를 이루는 주체 사관과 유물론적 해석은 오히려 김정은 시대에 더 체계화되었다.[25]

북한 역사교육의 이러한 특성이 실제로 어떤 영향을 미치는지는 정영환의 연구에서 구체적으로 드러난다.[26] 그는 북한 이탈민을 대상으로 한 연구에서 북한 역사교육이 '조선혁명'을 목적으로 유물사관과 주체 사관에 기반하고 있으며, 특히 김일성 항일 무장 투쟁 신화가 깊이 내재화되어 있음에 주목하였다. 북한 이탈민이 남한 사회에서 겪는 정체성 혼란과 문화 갈등의 상당 부분이 남북한 역사 인식의 차이에서 비롯된다는 점도 확인하였다. 또한, 북한 체제 위기로 공교육이 제대로 작동하지 않아 학력 저하가 우려되는 상황이지만, 그럼에도 북한의 역사교육이 남긴 영향력은 여전히 강력하다고 하였다. 정영환의 연구는 북한 교육이 표면적으로 현대적 교수법을 도입했지만, 체제 정당화를 위한 역사 인식 주입이라는 본질은 변하지 않았다는 점을 확인시켜 주었다는 점에 의미가 있다.

정하늘은 김정은 집권 이후 북한 세계사 교육의 변화와 그 원인을 분석하였다.[27] 2013년에 개정된 교육강령과 교과서를 이전과 비교한 결과, 세계사 교육의 위상이 약화되었음을 확인하였다. 사상 과목과 실용적 과목이 강조되면서 역사 과목의 시수가 줄어들었고, 세계사 학습 시간도 함께 감소했기 때문이다. 특히 한국사와 세계사의 학습 목적이 통합되면서 민족적 긍지와 자부심 함양이라

---

25) 위의 논문, 185쪽.

26) 정영환, 「새터민의 사회적응을 위한 역사교육 모형」, 서강대학교교육대학원 석사학위논문, 2009.

27) 정하늘, 「김정은 집권 이후 북한 세계사 교육의 변화」, 한국교원대학교대학원 석사학위논문, 2024.

는 목표가 세계사 분야까지 확대되었다는 점이 주목된다. 정하늘은 이러한 변화가 조선민족제일주의를 통해 한국사의 우수성을 부각하려는 의도에서 비롯되었다고 분석했다.

저자는 또한 서술 내용에서도 세 가지 뚜렷한 변화가 나타났음을 지적하였다. 그것은 민족적 우월성을 아시아 전체로 확장하려는 시도가 나타났고, 반침략·반제국주의 서술이 강화되었으며, 마르크스와 레닌 사상을 더욱 상세하게 다루고 있다는 점이다. 저자는 이러한 변화를 조선민족제일주의, 반미의식 심화, 수령론 강화 등 북한식 역사인식이 세계사 교육에까지 깊이 침투한 결과로 해석했다. 북한이 세계사를 자국 중심의 역사관으로 재편하고 있다는 사실은, 향후 남북 역사교육 통합 과정에서 세계사 인식의 격차를 좁히는 작업이 한국사 못지않게 중요한 과제가 될 것임을 시사한다.

둘째, 북한 역사 교과서의 내용 서술 분석에 대한 연구이다. 북한 교과서 관련 선행 연구는 주로 고대사와 근현대사를 중심으로 교과서 서술의 변화 양상을 추적하고 있다. 이정빈의 연구에 따르면, 1993년 단군릉 발견 이후 북한 역사 교과서는 단군조선의 역사성을 강조하는 방향으로 변화하였다고 한다.[28] 특히 고대사 서술에서 단군을 조선 민족의 시조로 위치짓고, 고조선-고구려-발해의 연속성을 강조하는 민족 사관이 도입된 것은 1970년대 이후 강화된 민족주의 경향과 1990년대 체제 위기 속에서 '김일성 민족' 개념을 정립하려는 정치적 의도가 반영된 결과라고 한다.[29]

김도형은 김정은 시대 교과서의 내러티브적 특성에 주목하였다.[30] 2012년에

---

28) 이정빈, 「김정은 집권 이후 북한의 '정통국가' 강조와 평양 정통론 부상의 궤적」 『역사교육』 166, 역사교육연구회, 2023.

29) 이정빈, 「북한의 고조선 교육과 '김일성민족'의 단군」 『한국사학사학보』, 한국사학사학회, 2015, 77-78쪽.

30) 김도형, 「김정은 시대 북한 중등 역사 교과서와 교수참고서 내용 분석 -고대사 서술

초급중학교 <조선력사>와 고급중학교 <력사> 교과서를 분석한 결과, 표면적으로 탐구 활동을 도입하는 등 교육 방법론적 변화를 보였으나, 여전히 수령의 영원성과 혁명 전통을 강조하는 서술 구조를 유지하고 있음을 확인하였다.[31] 특히 고대사 부분에서 단군-김일성-김정일로 이어지는 혈통론을 더욱 강화하여 체제 정당성을 확보하려는 시도가 두드러진다고 하였다.[32]

정영순 등은 김정은 시대에 편찬된 초급중학교의 <조선력사>, <김일성혁명력사>, <김정일혁명력사> 교과서를 분석하여 북한 역사교육이 지닌 내러티브적 특성을 규명하였다.[33] 연구에 따르면 북한 교과서는 시대 구분의 기점을 김일성 가문의 행적에 맞추어 설정하고 있다. 예컨대 근대사의 시작은 김일성의 증조부인 김응우가 주도했다고 주장하는 제너럴셔먼호 격퇴 사건으로, 현대사의 기점은 1926년 김일성이 결성한 '타도제국주의동맹'으로 각각 규정한다.[34] 특히 북한의 역사 서술은 근대와 현대를 대조하는 이분법적 구조를 취하고 있는 것으로 나타났다. 근대 시기 조선민족의 투쟁이 실패한 근본 원인을 '위대한 수령의 부재'로 귀결시키는 반면, 현대의 반일·반미 투쟁이 성공할 수 있었던 요인은 오직 김일성의 탁월한 영도력 덕분이라고 설명한다. 이러한 역사관은 공간과 주체의 왜곡으로 이어진다. 역사의 중심 무대는 백두산과 평양으로 과도하게 집중되고, 국가의 성립과 존속은 전적으로 백두혈통의 공로로 치환된다.[35] 그 결과 백두산 밀영과 같은 근거 없는 이야기가 조작되고, 평양은 '혁명의 성지'이자 역사의 중심지로, 김일성 가문은 역사의 유일한 주인으로 자리매김하게 된다. 반면

을 중심으로」『사회과교육』59(3), 2020.

31) 김도형, 위의 논문.

32) 김도형, 위의 논문, 251-253쪽.

33) 정영순 외, 『북한의 역사교육』, 한국학중앙연구원출판부, 2020.

34) 위의 책, 28-30쪽.

35) 위의 책, 182-193쪽.

인민은 역사의 능동적 주체가 아니라, 김일성 가문이 구축한 질서를 대대로 승인하고 이에 대한 충성과 희생을 감내해야 하는 수동적 존재로 규정된다는 것이다.

그와 연관하여 김정일 시대(2001~2002년판)와 김정은 시대(2015년판) 교과서를 비교한 연구도 있었다. 박진동의 연구에 따르면 두 시기의 교과서를 비교한 결과 내용의 90% 이상이 동일하게 유지되고 있다고 한다. 지도자는 바뀌었으나 반제·반침략 투쟁사와 김일성 가계의 혁명 전통을 강조하는 서술방식은 변함없이 이어지고 있다는 것이다.[36]

강진웅의 연구는 북한 역사 교과서에 나타난 민족 담론의 변천 과정을 체계적으로 추적했다는 점에서 주목할 만하다.[37] 그의 분석에 따르면, 1953년판 교과서는 유물사관을 바탕으로 계급론적 해석에 무게를 두었다. 그러다가 1982년판부터 주체 사관에 입각한 반제국주의적 자주 역사관이 본격적으로 등장했다. 2013년 김정은 체제에서 나온 교과서를 보면 더 흥미로운 변화가 나타난다. 단군조선의 역사성을 유물 사관과 주체 사관에 결합시켜 '평양 중심'의 단일 민족론을 만들어낸 것이다.[38] 특히 '조선 옛 류형 사람'이라는 개념을 내세워 민족의 혈통적 연속성을 강조하는 원초론적 접근 방식으로 발전시킨 점이 두드러진다.

근현대사 서술 부분도 눈여겨볼 만하다. 일본 식민지 시기와 해방 이후 역사가 북한 체제의 정당성을 뒷받침하는 수단으로 쓰이고 있기 때문이다. 야스이 유타로와 김숭배의 분석에 따르면, 북한 역사 교과서는 1905년부터 1945년까지를 일본 제국주의에 맞선 저항의 역사로 그려내면서 김일성을 혁명 투쟁의 핵심 인물로 내세웠다고 한다.[39] 연구자들은 이 무렵에 등장한 김일성 중심의 역사

---

36) 박진동, 「북한 김정은 시대의 역사교육 변화」 『역사교육연구』 43, 역사교육학회, 2022.

37) 강진웅, 「북한의 고등학교 『조선력사』의 고대사 인식과 민족 서사의 변화」 『현대북한연구』 27(3), 북한대학원대학교, 2024.

38) 강진웅, 위의 논문, 87-89쪽.

39) 야스이 유타로·김숭배, 「북한의 역사 교과서에 나타난 역사 정체성: 제국과 혁명투

서술이 북한 체제의 기원을 설명하는 전사(前史) 역할을 한다고 지적한다. 즉 김일성의 항일 무장투쟁을 북한 건국의 정통성과 직접 연결하는 서사 구조를 형성하였다는 것이다.

정진아는 북한 역사 교과서가 해방 3년사(1945~1948)를 서술하는 방식이 어떻게 변해왔는지 추적하였다.[40] 연구 결과에 따르면 북한의 초기 교과서에서는 소련군의 역할을 어느 정도 인정했지만, 시간이 지날수록 김일성의 항일 투쟁만이 해방의 원동력이었다고 서술하는 방향으로 바뀌었다고 한다. 모스크바 삼상회의 결정과 남북 협상을 다룬 부분에서도 북한을 '민주 기지'로 내세우면서 조선민주주의인민공화국 수립이 통일 정부 건설의 당연한 귀결이었다고 주장하는 형태로 기술되었다고 한다. 이는 냉전 시대의 대립 구도를 그대로 역사 서술에 반영하고, 북한 정권의 탄생을 불가피한 것으로 설명하는 방식이라 할 수 있다. 김정은 시기 교과서에서는 '쑥섬 회의'를 새롭게 부각하여 김일성의 주도적 역할을 더욱 강조하는 모습도 나타나는데, 이 역시 북한 정권의 정통성을 강화하는 서사로 활용되고 있다고 한다.

김인선은 김정은 집권 이후 역사 교과서가 어떻게 바뀌었는지 분석하였다.[41] 앞서 살펴본 것처럼 북한에서는 2013년 개정 교과서부터 초급중학교 <조선력사>와 고급중학교 <력사>가 별도 과목으로 나뉘면서 고대사와 근현대사 서술 체계가 분명하게 구분되었다. 근현대사 부분은 기존의 통사적 서술 방식에서 벗어나 항일 무장 투쟁과 북한 체제 건설 과정을 더 체계적으로 정리되었다는 특징을 보이기도 한다. 그러나 표면적으로는 교과서에 탐구 활동과 학습 자료를

쟁을 둘러싼 서술(1905-1945)」『동서연구』35(1), 연세대학교 동서문제연구원, 2023.

40) 정진아, 「북한 역사교과서의 해방 3년사 서술 변화」『동방학지』204, 국학연구원, 2023.

41) 김인선, 「김정은 계승 이후 역사 교과서 변화에 나타난 북한 역사교육의 성격」, 한국교원대학교 교육대학원 석사학위논문, 2022.

늘려 학생들이 '주체적'으로 역사를 인식하도록 유도하면서도, 실제로는 김일성-김정일-김정은으로 이어지는 혁명 전통의 계승을 교육 목표로 삼고 있다. 저자는 이를 근거로 북한 정권이 역사교육을 김정은 체제의 정당성을 뒷받침하는 도구로 활용하고 있다고 해석하였다.

셋째, 북한의 역사 교사 양성에 관한 연구들이 있다. 박혜숙과 허은철의 연구가 대표적인데, 이들 연구를 통해 북한 역사 교사 양성 체계의 형성과 변화 과정을 확인할 수 있다. 박혜숙의 연구는 1950년 미군이 북한에서 노획한 자료인 RG-242 자료를 바탕으로 1945~1950년 북한의 교원양성기관 교원 선발과 관리 과정을 분석한 것이다.[42] 저자는 연구를 통해 북한 당국이 교원 부족 문제를 해결하기 위해 일제 강점기의 구교원을 적극 활용하면서도 동시에 근로인민계급 출신의 새로운 인텔리 교원집단을 양성하는 이중적 정책을 추진했다는 사실을 밝혀냈다. 또한, 교원양성기관이 국가의 직접적 개입과 통제 히에 운영되었으며, 교원의 임용·평가·재배치 과정에서 정치이론 수준과 출신 성분이 중요한 기준으로 작용한 형태로 운영되었음을 확인하였다. 특히 교원대학 교수의 80%가 일제 강점기의 교원 경력자였던 반면, 교육간부양성소 교원은 대부분 해방 후 양성된 신진 교원으로 구성되어 있었다는 점을 규명하기도 하였다. 그런 면에서 박혜숙의 연구는 해방 직후 북한 사회주의 교육체제 형성기의 교원정책과 교원집단의 실체를 1차 자료를 통해 구체적으로 밝혀낸 선구적 의미가 있다.

허은철의 연구는 1946년 이후 북한의 교원 양성 과정이 어떻게 변화해 왔는지 추적한 것이다. 그에 따르면 초기 북한의 역사교육과는 명칭이 '인민역사과'였으며, 평양교원대학과 청진교원대학에서 각각 80명씩 총 160명의 교사를 양성한 것이 시작이었다고 한다. 이는 전체 정원의 16%에 해당하는 비중으로, 역

---

42) 박혜숙, 「사회주의체제 형성기 북한 교원의 충원과 관리 -교원양성기관 교원을 중심으로」『현대북한연구』15(3), 북한대학원대학교, 2012.

사 교육이 북한의 교사 양성 체계에서 중요한 위치를 차지했음을 보여준다.[43]

또한 '교사 후보생'들이 일반 역사 교과목보다 김일성 혁명역사, 주체사상, 항일 무장투쟁사와 같은 정치 이론 교육에 더 많은 시간을 할당받았다는 점도 중요한 특징으로 강조하였다. 현장 실습 기간에는 혁명 유적지 방문과 수령의 교시 재현 활동이 의무화되었고, 교원 자격검정위원회는 역사 교사의 이론 지식보다 당적 결의성과 수령에 대한 충성심을 주요 평가 기준으로 삼았다는 것이다. 이는 역사 교사 양성이 초기부터 특정한 의도에 따라 추진된 것으로 볼 수 있다고 분석하였다.[44] 박혜숙과 허은철의 연구는 북한 역사 교사 양성이 초기부터 단순한 교육 전문가 육성이 아니라 체제 유지를 위한 이념 전달자 양성에 초점을 맞추고 있음을 밝혔다는 점에 의미가 있다.

2010년대 이후 김정은 체제에서는 역사 교사 양성 과정에 일부 기술적 변화가 도입되었다. 디지털 교재 활용 능력이나 멀티미디어 수업 기법이 훈련 내용에 추가되는 등 교육 방법론적 측면에서의 변화가 나타났다. 그러나 이러한 변화는 도구적 개선에 그칠 뿐 이념교육의 본질은 유지되고 있다는 평가가 지배적이다. 실제로 김형직 사범대학의 1998년 교육과정을 분석하면, 역사 교사 양성을 위한 필수 과목 중 60% 이상이 여전히 정치 이론과 혁명 전통 교육 관련 과목으로 구성되어 있었는데,[45] 이러한 상황은 현재에도 크게 변하지 않은 것으로 확인된다. 이와 같은 교육과정 체계는 역사 교사들에게 김일성 주의를 길이 내재화시킴으로써 통일 이후 남북역사 인식의 갈등으로 작동할 가능성이 크다.

---

43) 허은철, 「북한의 역사교사 양성과 역사교육」『평화통일연구』2, 총신대학교 평화통일연구소, 2020, 87-90쪽.

44) 허은철, 위의 논문, 83-87쪽.

45) 한만길 외, 『수탁 연구 CR98-23, 북한 교육현황 및 운영실태 분석 연구』, 한국교육개발원, 1998, 244쪽(송두록, 「남북한 중등교사 양성체제 사례 비교 연구 -서울대학교 사범대학 · 김형직사범대학 중심으로」, 홍익대학교대학원 박사학위논문, 2008, 156쪽에서 재인용).

역사과 교육과정 운영 측면에서는 교사 부족 문제 해결을 위한 표준화 전략이 두드러진다. 2014년 이후 발행된 『력사교수참고서』는 차시별 지도 내용과 평가 기준 등이 상세하게 작성되어 있다. 그것은 사범대학 교육의 부실을 보완하고, 교사들이 수업을 일관성 있게 시행하도록 하려는 의도를 반영한 것으로 이해된다.[46] 특히 교사 양성 과정에서 정치 이론 교육이 전체 커리큘럼의 60%를 차지하며, 김일성 종합대학과 김형직 사범대학을 중심으로 수령의 교시 재현 등의 실천 훈련이 강조되는 점은 체제 유지 메커니즘으로서 역사교육이 어떤 기능을 하는지 확인시켜 준다.[47]

선행연구들을 검토한 결과, 북한 역사교육 연구는 세 가지 주요 영역에서 의미 있는 성과를 축적해 왔다고 할 수 있다. 첫째, 북한 역사교육과정과 교과서 서술을 분석한 연구들이 상당한 진전을 보였다는 것이다. 여러 연구자들이 북한 교과서 서술 변화를 고대사, 근현대사, 김정은 체제하의 내러티브 특성으로 나누어 추적하였다. 단군조선의 역사성을 강조하는 부분, 주체사관과 유물사관을 결합시키는 방식, 김일성 가계의 혁명 전통을 계승 서사로 구성하는 과정을 분석하면서 체제 정당화 메커니즘을 규명하였다. 특히 최근 연구들은 탐구 활동 도입이나 컬러 도판 추가 같은 교과서의 외형적 변화가 세계적 수준을 표방하지만, 실제 내용은 여전히 주체사상과 선군정치를 중심으로 구성되어 있다는 점을 지적했다.

둘째, 남북한 역사교육을 비교 분석한 연구들은 통일 이후 예상되는 과제들을 구체적으로 제시하였다. 정영환을 비롯한 연구자들은 북한 이탈민 인터뷰와 교과서 비교 분석을 통해 김일성 항일 무장투쟁 신화가 북한 주민들의 역사 인식에 얼마나 깊이 뿌리내렸는지 확인했다. 남북한 역사 해석의 차이가 단순한 관점 차이를 넘어 근본적인 인식 체계의 문제라는 점을 밝힌 연구들은 통일

---

46) 문경호, 앞의 논문, 2022.
47) 허은철, 앞의 논문, 2020.

후 역사교육 통합이 직면할 어려움을 예견했다. 이러한 연구들은 북한 주민들의 역사 인식 구조를 파악하는 데에 필요한 기본적인 자료를 제시했다는 점에서 실천적 의미를 지닌다.

셋째, 북한 교사 양성 체계를 다룬 연구들은 역사교육이 체제 유지 도구로 작동하는 메커니즘을 밝혔다. 북한의 교원대학과 사범대학 교육과정을 분석한 연구들은 이념교육의 비중, 수령에 대한 충성심을 평가 기준으로 삼는 구조, 교사들이 체제 재생산에 동원되는 방식 등을 구체적으로 드러냈다. 이러한 연구 성과는 북한 역사교육의 복합적 성격을 이해하는 데 기여했으며, 향후 남북 교육 교류나 통일 과정에서 참고할 수 있는 실증적 근거를 마련했다고 평가할 수 있다.

그러나 선행연구들이 북한 역사교육의 교과서 서술과 교육 내용에서 여러 중요한 사실을 밝혀냈음에도 몇 가지 한계가 존재한다. 우선 북한 사범대학의 역사과 교육과정과 교재 분석이 체계적으로 이루어지지 못했다. 사범대학의 전반적인 교육방법을 다룬 연구는 있었으나, 역사과의 교육과정 설계나 교재 내용, 강의 방식 등을 구체적으로 들여다본 연구는 찾기 어렵다. 북한에서 역사 교사를 어떻게 양성하고, 그 과정에서 특정한 역사 인식을 어떤 방식으로 전달하는지를 파악하기 위해서는 사범대학 교육과정에 대한 면밀한 분석이 필요한데, 기존 연구들은 이 부분을 충분히 다루지 못했다.

또 다른 한계는 북한 이탈 역사교사와 학생들의 증언을 통한 실태 파악이 부족하다는 점이다. 대부분의 연구가 교과서 텍스트 분석이나 북한 공식 문헌에 의존하고 있어, 실제 교실에서 역사 수업이 어떻게 진행되는지, 교사와 학생들이 교육 내용을 어떻게 받아들이는지에 대한 구체적인 정보가 부족하다. 문헌 자료만으로는 북한 역사교육의 현장 상황이나 학생들의 실제 인식 변화를 파악하는 데 한계가 있을 수밖에 없다.

따라서 앞으로의 연구에서는 북한 사범대학의 역사과 교육과정과 교재를 세밀하게 분석하여 교사 양성 과정의 구체적인 메커니즘을 밝혀낼 필요가 있다.

아울러 북한에서 역사를 가르치거나 배운 경험이 있는 이탈민들과의 심층 면담을 통해 최근 북한 역사교육의 실태와 그 영향력을 좀 더 입체적으로 파악하는 연구를 진행하여야 한다.

민족 인식 약화와 역사교육의 과제

앞서 살펴본 것처럼 선행연구들은 남북한 역사교육의 제도적 측면과 교과서 서술 체계를 개별적으로 분석하는 데 중요한 기여를 했다. 그러나 이러한 연구 성과에도 불구하고, 분단 이후 70여 년간 서로 다른 체제 속에서 형성된 역사교육의 차이가 실제 남북한 주민들의 상호 인식에 어떤 영향을 미치고 있는지에 대한 종합적 분석은 여전히 부족한 실정이다.

특히 김정은 집권 이후 13년간의 여론조사 결과는 우려할 만한 현실을 보여 준다. 북한을 같은 민족공동체로 인식하는 정체성은 과반 수준을 유지하고 있으나, 반복되는 안보 위협으로 인한 정서적 거리감은 고착화되었다. 더욱 심각한 것은 청소년층의 변화이다. 앞서 살펴본 것처럼 20~30대 젊은 층에서는 북한을 적대시하거나 통일 비용을 이유로 통일 자체를 부정적으로 인식하는 경향이 강화되고 있다. 이들에게 통일은 더 이상 민족사적 과업이 아니라 자신의 삶에 부담을 주는 정책 문제로 전락했다.

이러한 인식 변화의 근저에는 남북한이 각각 구축해 온 역사교육 체계의 근본적 차이가 자리하고 있을 가능성이 크다. 서로 다른 역사관과 국가 정체성을 학습한 세대가 성장하면서, 상호 이해의 토대 자체가 약화되고 있는 것이다.

따라서 이 책에서는 남북한 역사 교과서와 교육과정을 비교 분석함으로써, 양측이 어떠한 역사관과 국가 정체성을 미래 세대에게 전수하고 있는지 그 구체적인 실태를 규명하고자 한다. 이를 통해 멀어지는 통일 담론과 변화하는 역사 인식의 심층적인 원인을 진단하고, 갈라진 민족의 동질성을 회복하고 평화로운 미래를 열어가기 위한 역사교육의 새로운 방향을 모색하는 것을 궁극적인 목표로 설정하고자 한다.

　책은 크게 4부로 구성하였다. 먼저 1부에서는 남과 북의 역사과 교육과정에 대해 살펴보려 한다. 해방과 동시에 남북이 분단된 이후 남북은 서로 다른 체제와 교육방식을 채택하고, 각각의 체제에 부합하는 역사교사를 양성해 왔다. 또한, 정치체제의 부침, 민주화 과정, 북한의 권력 승계와 경제적 상황 등에 따라 교육과정이 적지않은 변화를 겪기도 하였다. 2000년대 이전까지의 북한 역사교육과정 및 교과서는 남한과는 비교가 안될 만큼 낙후된 상태였으나 북한이 김정은 집권 이후 세계 수준의 교육과정과 교수(수업)을 표방하면서 외형적으로나마 북한 역사교육은 상당한 수준의 변화를 보이고 있다. '깨우쳐주기 수업'에 입각하여 토의와 토론, 답사 등을 장려하고, 동료평가와 과정평가를 도입하는 등 종전과는 다른 수업과 평가방식을 채택했다. 그 결과 북한의 교수요강은 우리의 2015 개정, 2022 개정 교육과 상당히 유사한 구조로 변화하였다. 따라서 남북 역사과 교육과정의 변화과정을 고찰하고, 그에 따른 변화양상을 살피는 것은 현재의 역사교육에 이르기까지 각각 어떤 상황을 거쳤는지를 이해한 데에 중요한 단서가 될 것이다.

　2부에서는 해방 이후 지금까지 남북의 교사양성 시스템의 변화, 사범대학 역사과의 교육과정 변화, 그리고 역사교사 양성 기관의 변화 양상을 살필 것이다. 남북의 교사양성 시스템은 유사한 듯 다른 양상을 보인다. 남한의 역사교사들은 국공립 및 사립 사범대학을 비롯하여 일반 교직과정, 교육대학원 등 다양한 루트를 통해 양성된다. 반면, 북한의 역사교사는 은 중앙대학인 김형직사범대학과 각도에 1~2개씩 설립된 도급대학에서 교사를 양성하는 것으로 알려져 있다. 그러나 2020년 김정은이 인구의 감소에 대한 대비와 교육비 절약을 위해 대학 통폐합을 명령함에 따라 도급 사범대학이 대거 통합되었다. 또한, 2000년 이전까지 사범대학 '력사과' 또는 '력사학부'로 운영되었던 역사교육 담당 학과는 '력사학부' 또는 '력사지리학부'로 개편되었다. 이러한 교육 개혁의 맥락 속에서 사범대학 역사과는 어떻게 변화하였는지, 새로운 교육강령에 따른 역사교사 양성 체계는 어떤 특징을 보이는지 검토할 것이다.

3부에서는 12년제 의무교육제도 도입 이후 북한에서 발행한 사범대학 역사과 교재 3권, 즉 『중학교력사교수설계』, 『중학교력사교재분석』, 『중학교력사교수방 법론』을 분석하여 북한의 역사교사 양성의 실태를 살필 것이다. 세 교재는 현재 사범대학 역사과에서 실제로 사용하는 교재이고, 교수안 작성, 평가문항 제작 등 실제 북한의 역사교육과 관련된 모든 정보들이 실려 있다. 따라서 세 교재를 분석하면 북한 사범대학 역사과 학생들이 어떤 형태의 교육을 받고 있는지, 학교발령 후 어떤 형태의 수업을 진행하는 지에 대한 직접적인 정보를 얻을 수 있으리라 판단된다.

4부에서는 북한에서 이탈한 역사교사와 학생들의 생생한 증인과 경험을 통해, 실제 역사 수업이 어떻게 이루어지는지, 그리고 정권의 통제와 감시 속에서 교사와 학생이 겪는 교육의 실제 모습을 파악할 것이다. 2020년 코로나 19사태 이후 북한 이탈 주민들의 수가 급격히 줄어들면서 최근 북한의 교육실태를 분석하기는 어려워졌다. 그러나 2013년 교과서 간행 이후에 북한에서 교육받은 학생들과 그 이전에 학교에 다닌 주민들의 증언에 따르면 교육 내용이나 방법의 변화가 거의 없음이 확인된다. 오히려 최근에는 교수학습참고서가 발간 · 보급되면서 학교 역사수업이 거의 유사하게 진행되고 있다고 한다. 따라서 북한 이탈 학생과 교사, 그리고 최근의 교재 동향 등을 면밀히 분석하면, 북한의 학교에서 역사교육이 어떤 형태로 진행되고 있는지 파악할 수 있을 것이다.

남북의 역사교육과정, 역사교사 양성 과정, 교재, 수업 방식 등의 차이를 파악하는 것은 북한의 역사교육에 대한 이해와 남북 통일 후 역사교육의 방향 설정에 반드시 필요한 일이라고 할 수 있다.

1부

남한과 북한의 교육과정 비교

1. 교육과정의 개념과 특징

교육과정(curriculum)은 교육 목적을 달성하기 위해 학교에서 의도적으로 계획하고 제공하는 교육 내용, 활동, 경험의 총체를 뜻한다. 그것은 단순히 교과목을 나열하는 것이 아니라, 어떤 내용을 선정하여 어떻게 조직하고 가르치며 평가할 것인가에 대한 학습의 전 과정(계획 · 실행 · 평가)을 아우르는 종합적 설계라고 할 수 있다.

교육과정이라는 용어는 1820년경부터 사용되기 시작했으며, 미국에서는 약 1세기 후인 1900년대 초반에 이르러 전문 용어로 정착했다. 우리나라의 경우 미군정 시기에는 교수요목(courses of study)이라는 명칭으로 불렸으나, 제1차 교육과정이 제정되면서 현재와 유사한 의미로 사용되기 시작했다.

교육과정의 핵심 질문은 "무엇을 어떻게 가르칠 것인가"이다. 이 근본적인 물음은 교육목표 설정, 교수 · 학습 방법 선택, 그리고 교육평가 기준 마련과 긴밀하게 연결되어 있다. 따라서 효과적인 교육과정을 구성하기 위해서는 사회적 요구, 학문적 요구, 학습자의 요구를 균형 있게 반영해야 한다.

현재 우리나라 교육과정은 총론과 각론의 체계로 구성되어 있다. 총론은 교육과정의 전반적인 방향과 기준을 제시하고, 각론은 개별 교과의 구체적인 내용과 방법을 다룬다. 또한 정규 교과 활동뿐만 아니라 창의적 체험활동을 비롯한 다양한 교육활동을 포함함으로써, 학생들의 전인적 성장을 도모하고 있다. 이러한 포괄적 접근은 지식 전달을 넘어 역량 개발과 인성 함양까지 아우르는 현대 교육의 지향점을 반영한 것이다.

한편 북한에서는 우리의 국가 수준의 교육과정을 '교육강령'이라 부른다. 교육강령은 교육위원회에서 발간하는 공적 문서로서, 교육의 목적과 내용, 방법을 규정하는 국가의 법적 문건으로 정의된다. 구성은 총론에 해당하는 '과정안'과 교과별 각론인 '교수요강'으로 나뉜다. 과정안에는 학교급별 교육목표, 교과목 편제, 수업시수 등이 규정되고, 교수요강에는 각 교과의 구체적인 교수내용과 지도 방법이 제시된다. 형식만 놓고 보면 남한의 총론·각론 체제와 유사한 면이 있으나, 실제 운영 원리는 상당히 다르다.

북한 교육강령의 가장 두드러진 특징은 당의 교육정책을 직접적으로 반영한다는 점이나. 김일성·김정일주의를 교육의 최고 지침으로 삼고, 혁명적 세계관 형성과 주체형 인간 육성을 궁극적 목표로 설정한다. 이런 맥락에서 교육강령은 단순한 교육 지침서라기보다 사회주의 건설을 위한 인재양성의 청사진으로 기능한다. 교과 운영 역시 정치사상교육과 긴밀히 연결되며, 역사교육은 수령의 혁명역사와 당의 역사 중심으로 구성되는 경향이 강하다. 즉 교과 지식의 전달이 독립적으로 이루어지기보다는 체제 유지와 이념 교육의 목표 아래 재구성되는 구조를 띤다.

남북의 교육과정은 운영 방식에서도 뚜렷한 차이를 보인다. 북한의 교육강령은 중앙집권적 성격이 매우 강해 지역이나 학교 단위의 재량권이 거의 인정되지 않는다. 교원은 교육강령에 제시된 내용을 충실히 전달하는 역할에 집중하게 되고, 교육내용을 재구성하거나 수업을 창의적으로 해석할 여지는 제한적이다. 반면 남한의 교육과정은 국가 수준의 기준을 토대로 하되 학교 교육과정 편성·운영을 통해 일정한 자율성을 부여하려는 방향으로 발전해 왔다. 결과적으로 남한은 학습자 경험의 다양성과 학교 현장의 선택을 확대하려는 흐름이 보이는 반면, 북한은 국가 이념과 정책을 교육 전반에 관철하는 체제로 교육과정이 작동한다고 정리할 수 있다.

이 장에서는 해방 이후 남한과 북한의 역사과 교육과정 변화 과정에 대해 살펴보려 한다. 먼저 남한의 교수요목기로부터 2022 개정 교육과정 시기까지의 역사과 교육과정 변화과정을 검토하고, 이어서 북한의 력사과 육과정 변화를 분석할 것이다.

2. 남한의 역사과 교육과정 변화

한국의 근대 역사교육은 1894년 갑오개혁과 함께 본격적으로 시작되었다.[1] 갑오개혁으로 설치된 학무아문은 전통적인 서당식 유교 교육을 폐지하고 실용 위주의 새로운 교육제도를 도입하였으며, 1895년 학부로 개편되면서 교과서 편찬을 전담하는 편집국을 설치하였다. 학부는 1895년 『조선역사』를 시작으로 『조선역대사략』, 『조선약사』 등 최초의 근대적 역사 교과서를 간행하였다. 이후 1899년에는 『동국역대사략』, 『대한역대사략』, 『보통교과 동국사략』이, 1902년 김택영의 『동사집략』, 1905년 최경환의 『대동역사』와 정교의 『대동역사략』 등이 연이어 출간되었다. 이들 교과서는 『동국통감』이나 『동사강목』 등 전통 사서를 저본으로 하되, 점차 서구 역사학의 편사체제를 도입하는 변화를 보였다. 교과서 편찬자들은 학부 관료인 김택영, 현채를 비롯하여 보성중학 교사 원영의,

---

1) 崔敍鎬, 「開化期歷史教育科程研究」, 고려대학교 석사학위논문, 1975; 최양호, 「개화기의 교육이념과 역사교육 목표의식」『사총』20, 고려대학교역사연구소, 1976; 김유성, 「개화기(開化期) 개화파(開化派)의 역사인식(歷史認識)과 근대학교(近代學校)에서의 역사교육(歷史教育)」『청람사학』3, 청람사학회, 2000; 金麗柒, 「開化期 國史教科書를 통해서 본 歷史認識(Ⅰ) : 1899~1904까지를 중심으로」『서울 教育大學校 論文集』13, 1980 외 다수. 교과서 발간에 관한 내용은 우리역사넷 '역대 국사 교과서' 해제 부분에 상세하다.

대한매일신보의 유근, 독립협회의 정교 등 교육계와 언론계, 민족운동 단체에서 활동하던 인물들이었다.[2] 이들이 편찬한 교과서는 단군을 민족의 시조로 강조하고 중국 연호 대신 조선의 개국 연호를 사용하는 등 자주적 민족의식을 고취하려는 경향을 보였다.

1905년 을사조약 이후에는 학부의 교과서 편찬이 중단되고 개인이나 학회, 애국단체에서 역사 교과서를 편찬하였다. 이들 교과서는 공립학교에서는 사용하기 어려웠으므로 주로 사립학교에서 사용하였다. 그러나 1906년 통감부 설치 이후 일제는 교과서 검정제도를 도입하여 역사교육을 통제하기 시작하였다. 1908년 '교과용 도서 검정 규정'이 발표되면서 모든 교과서는 학부대신의 검정과 인가를 받도록 강제되었고, 민족의식을 고취하는 역사 교과서들이 압수되는 등 역사교육의 탄압이 본격화되었다. 이러한 개항기부터 일제강점 직전까지의 역사교육 경험은 해방 이후 역사교육 과정을 수립하고 교과서를 편찬하는 데 중요한 토대가 되었다.

해방 이후 남한의 교육과정은 역사교육 정책과 교과서 편찬 방식을 기준으로 크게 세 시기로 나누어 살필 수 있다.[3] 첫 번째는 1945년 교수요목기부터 제2차 교육과정 시기까지에 해당하는 '검정 국사 교과서 시기'이고, 두 번째 시기는 제3차 교육과정부터 제7차 교육과정 시기에 해당하는 '국정(1종) 국사 교과서 시기'이다. 세 번째 시기는 2007 개정 교육과정 시기부터 현재의 교육과정인 2022 개정 교육과정 시기에 해당하는 '검정 역사 · 한국사 교과서 시기'이다. 첫 번째 '검정 국사 교과서 시기'는 국가 정체성 형성과 이념 교육이 추진되었던 시기이

---

2) 우리역사넷 '역대 국사 교과서' 해제(https://contents.history.go.kr) 참조.

3) 김한종, 「지배이데올로기와 국사교과서 해방 이후 국사교과서의 변천과 지배이데올로기」 『역사비평』 17, 1991. 김한종은 이 글에서 교육과정의 변화에 따라 국사 교과서를 편찬 방식에 따라 '초기의 국사교과서-미군정 · 교수요목기', '검정(1종) 국사교과서-1 · 2차 교육과정', '국정 국사교과서(3차 교육과정~현재)'로 구분한 바 있다.

다. 이 시기 남한의 역사교육은 국가 정체성을 확립하고 정권의 정당성을 확보해야 하는 시대적 과제 속에서 전개되었다. 그 결과 순수한 학문적 탐구나 비판적 사고 함양보다는 국가 건설을 위한 도구적 성격이 매우 강하게 나타났다는 특징이 있다.

두 번째 '국정 교과서 시기'는 강력한 국가주의 이념 교육에 토대를 두고 국가의 통제 하에 역사교육이 시행되었던 때이다. 제3차 교육과정은 10월 유신이라는 정치적 격변 속에서 시작되었다. 박정희 정부는 '국적 있는 교육'을 내세우며 국민정신교육을 강화했고, 그 핵심에 국사 교육을 두었다. 그런 흐름은 6월 민주 항쟁 이후 시기까지 지속되었다. 이 시기의 역사교육은 민족주의 또는 국가주의적 성향이 강하였으며, 국가의 옹호와 통제 속에서 하나의 교과서를 토대로 시행되었다는 특징이 있다.

세 번째 '검정 역사 · 한국사 교과서 시기'는 현대사 교육 강화와 학습자 중심 교육으로 교육의 방향이 전환된 때이다. 이 시기에는 제7차 교육과정에서 제기된 '역사교육의 위기'를 극복하고 급변하는 사회적 요구를 반영하려는 노력이 지속되었다. 제3기의 가장 큰 특징은 역사 교과서 발행 체제를 둘러싼 첨예한 갈등, 현대사 교육의 강화, 그리고 지식 전달 중심에서 학습자 역량 함양 중심으로 교육 방법이 심화되었다는 점이다.

이런 구분법을 적용하는 경우 중 · 고등학교의 교과명이 모두 '역사'였던 2007 개정 교육과정 시기를 설명하기 어려운 부분이 있으나, 2007 개정 교육과정은 2009년에 곧바로 개편되어 실제 현장에는 적용되지 못하였으므로 전체적인 논리 전개를 저해할 만큼의 문제는 되지 않으리라 생각된다.

1) 검정 국사교과서 시기(교수요목~제2차 교육과정)

1945년 광복 직후 미군정은 자문기관인 학교교육위원회를 조직하고, '일반명령 제4호'를 발표하였다.[4] 이에따라 9월 24일부터 초등학교, 10월 1일부터 중등학교 교육이 재개되었다. 일반 명령에 제시된 교육의 기본 방침은 '교수 용어는 한국어로 할 것, 한국의 이익에 반하는 과목의 설치와 교수는 금할 것' 등과 같은 포괄적 내용이었다.

그러나 당시에는 학교에서 가르칠만한 역사 교재가 마땅치 않았다. 중일전쟁 이후 일제가 민족말살 정책을 펴면서 국사, 국어 등과 관련된 교과를 모두 폐지했기 때문이다. 이에 미군정은 1945년 11월에『초등국사교본(初等國史敎本)』을 제작하였다.[5] 이 책은 총 15장으로 구성되었는데, 1~9장은 옛조선과 단군왕검~통일신라 말까지, 10~11장은 고려시대, 12~13장은 조선, 14~15장은 개항 이후 일제 강점기까지의 내용으로 구성되었다.[6] 목차를 통해 볼 때 다른 시기보다 고대사의 비중이 컸던 것은 일제의 고대사 왜곡과 관련이 있을 것으로 추정된다. 1946년 5월에는 진단학회에 의뢰하여 중등학교용 국사 교재『국사교본(國史敎本)』을 발간하였다.[7]『국사교본』은 제1편 상고(태고-삼국시대), 제2편 중고(신

---

4) "군정청 학무국, 신교육방침 각도에 지시",「매일신보(1945.09.18.)」『자료대한민국사』1, 국사편찬위원회 한국사데이터베이스 ; "미군정청 학무국, 당면한 교육방침 결정",「매일신보(1945.09.22.)」『자료대한민국사』1, 국사편찬위원회 한국사데이터베이스.

5) 경기도학무과임시교재연구회(편),『초등국사교본』, 한양서적도매공사(발행), 4279(1946). 이 책은 11월에 발행되었으며, 본래의 편자는 미군정청 학무과 편수관인 황의돈이었다. 크기는 20.5×14.4cm이고, 쪽수는 58면이다.

6) 이에 따라 완성된『초등국사교본(初等國史敎本)』은 모두 15장으로 되어 있는데, 1~9장은 고조선~통일신라까지, 10~11장은 고려(고려가 일어남, 고려의 문화), 12~13장은 조선(세종대왕의 위업, 임진왜란과 이순신의 큰공), 14~15장은 근대(일본의 침략과 독립운동)로 구성 되어 있다.『초등국사교본』에 대해 분석한 저서로는 문동석,『초등역사교육 : 과거와 현재』, 국학자료원, 2005; 민성희,「해방 직후(1945~1948) 황의돈의 국사교육 재건 활동」, 한국교원대학교대학원 석사학위논문, 2015가 있다.

7) 이에 앞서 황의돈이 1945년 9월에『중등국사』를 출간하였으나 그것은 앞서 사용된『중등조선역사』를 일부 수정하여 출간한 것이다(민성희, 위의 논문, 24쪽).

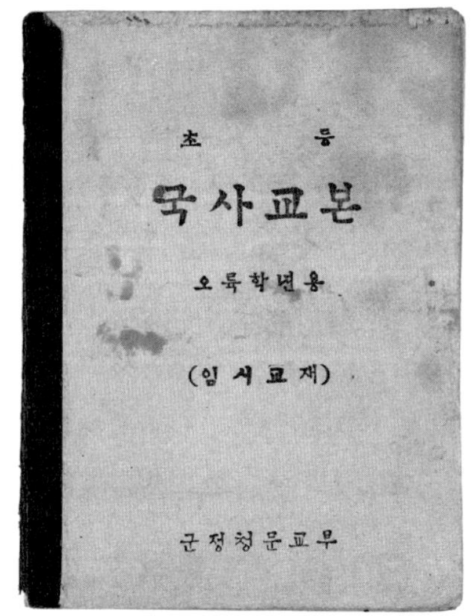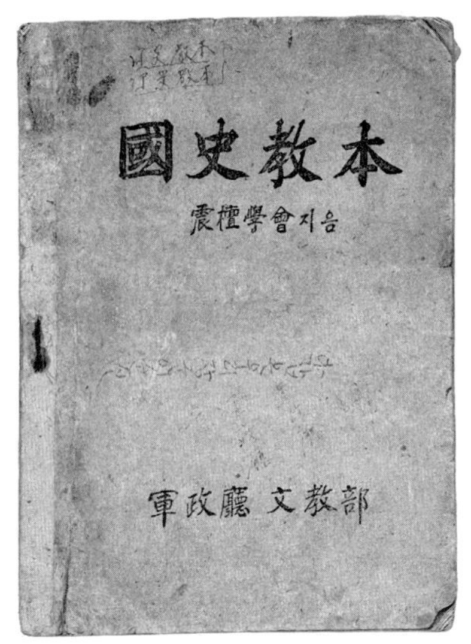

『초등국사교본』(국립민속박물관 소장)과 『국사교본』(대한민국역사박물관 소장)

라 통일기-고려), 제3편 근세 (이씨 조선), 제4편 최근(국기 4243~4278년, 서기 1910~1945년)로 구성되었는데, 상고 · 중고는 김상기(金庠基), 근세 · 최근 두 편은 이병도(李丙燾)가 집필한 것으로 알려져 있다.[8]

군정청 학무국은 이어 '교수요목 제정 위원회'를 조직하여 교수요목을 제작하고 교과서를 제정하였다. 이른바 '교수요목기'라고 부르는 이 시기의 역사 교과는 사회생활과에 속하였다. 중학교 사회생활과의 목표는 '사람과 자연환경 및 사회환경과의 관계를 밝게 인식시켜, 올바른 사회 생활을 실천 체득하게 함으로써, 민주주의 국가의 성실하고 유능한 국민을 양성하는 것'이었다.[9]

---

8) 군정청 문교부, 『국사교본』, 1946. 이 책은 미군정청 학무국 편수과에서 1945년 12월 진단학회에 집필을 의뢰하여, 1946년 1월 완성되었으며, 같은 해 5월 26일 국한문 혼용 177쪽으로 발행되었다.

9) 문교부, 『초중등학교 각과 교수요목집(12) 중학교 사회생활과』, 조선교학도서주식회

미군정기 중학교의 교수요목은 미국의 영향을 받아 사회생활과(social studies)를 도입했다는 특징이 있다.[10] 당시 사회생활과의 목적은 "사람과 자연 환경 및 사회 환경과의 관계를 밝게 인식시켜서 사회생활에 성실유능한 국민이 되게 함"이었다.[11] 이에따라 교수요목에서는 사회생활의 究明과 체험을 기본으로 역사·지리·공민을 종합하여 다루어야 함을 강조하였다. 학습 방법은 무비판적으로 사실을 암기하기보다는 자발적인 연구와 토론을 통해 판단력과 비판력을 기를 것을 중시하였다.[12]

교과의 구조는 하급 학년에서는 일상생활, 상급 학년에서는 역사·지리·공민이 어우러진 사회생활을 지도하도록 구성되었다. 당시 역사과목의 편제와 시수를 보면 초급중학교에서 1학년 '이웃나라 생활', 2학년 '먼나라 생활', 3학년 '우리나라 생활'을 각각 주 2시간씩 학습하고, 고급중학교는 '인류문화의 발달'과 '우리나라 문화'를 4학년 주 1시간, 5학년 수 2시간씩 학습하도록 하였다.[13] 또한, 역사 교과가 사회생활과의 한 부분인 만큼 너무 전문적인 역사학에만 치우치지 말고, 항상 현재와 연관 지어 현실적인 문제를 정확히 인식할 것을 요구하기도 하였다.[14] 요컨대 이 시기 교육과정의 목표는 당면한 사회의 여러 문제를 해결하기 위해 배운 내용을 실천하고, 국가와 세계의 발전을 위해 노력하는, '미국식 민주주의 국가를 한반도에 정착시킬 공민의 양성'이었다고 할 수 있다.[15]

사, 1948, 2쪽.

10) 문교부 조사기획과, 『1946년 문교행정개황』, 조선교학주식회사, 1947, 14-15쪽.

11) 문교부, 위의 책, 2쪽.

12) 위의 책, 45쪽 3~4번. 이에 따라 역사과 교수요목도 의문형으로 제시되었다.

13) 문교부, 『초중등학교 각과 교수요목집(12) 중학교 사회생활과』, 조선교학도서주식회사, 1948, 2쪽(조성운, 「교수요목기(1945~1955) 사회생활과 설치와 한국사 교육론」 『한국사학사학보』 40, 한국사학사학회, 2019, 224쪽에서 재인용).

14) 위의 책, 45쪽 3번, 7번.

15) 김상훈, 「1945~1950년 역사 교수요목과 교과서 연구」, 서강대학교 박사학위논문, 2014,

대한민국 정부 수립 이후 교육법 제정을 위한 노력이 추진된 결과, 1949년 12월 31일에 교육법이 공포되었다. 이후 1954년에는 교육 과정 시간 배당 기준령이 제정되었으며, 1955년 8월 1일에는 각급 학교의 교육 과정을 담은 제1차교육과정이 공식 발표되었다.[16] 이 시기의 교육 과정은 전쟁 직후의 상황을 반영하여 '우리나라의 특성에 맞는 반공 교육, 도의 교육, 실업 교육' 등을 지향하였다. 또한, 각 교과 간의 연계성을 중시하고 학생들의 발달 단계에 맞춘 내용 배치를 고려하였으며, 학습 부담을 경감하기 위해 교육 내용의 최소화를 추구하였다.

제1차 교육 과정은 교과 중심의 구조를 따랐으나 교육 내용은 미국의 진보주의 교육의 영향을 엿볼 수 있는 생활 중심 교육과정을 지향하였다. 중학교 역사 과목은 사회생활의 한 분야로 편성되어, 1학년에서는 주당 2시간 국사를 배우고, 2~3학년에서는 세계사를 주당 1시간씩 학습하도록 하였다. 고등학교에서는 '사회생활' 과목이 '사회과'로 바뀌었다.[17] 사회과 안에는 일반사회, 도덕, 국사, 세계사, 지리의 다섯 개의 분과가 있었다. 이 중 국사는 필수 과목으로 자리 잡았으나, 세계사는 선택 과목으로 분류되어 상대적으로 중요성이 줄어들었다.

제1차 교육과정 시기 역사과의 목표는 중학교 사회생활과 「우리 나라 역사」의 목표에 잘 드러나 있다. 「우리나라 역사」의 교육목표는 총 5개가 제시되어 있는데, 그중 1항과 5항에 민주국가 건설과 민주사회 형성이라는 조항이 포함되어 있다.[18] 5개 목표 중 2개 조항에서 민주주의를 강조한 것은 당시 사회가 전쟁 직

33-37쪽.

16) 문교부, 『문교부령 제45호 별책, 중학교 교육과정 사회생활과(역사 지리 부분)』, 1948, 2쪽; 「우리나라 역사」의 지도 목표와 유의할 사항, 1955.

17) 김한종, 『역사교육과정과 교과서 연구』, 선인, 2006, 29-30쪽.

18) 문교부, 『문교부령 제45호 별책, 중학교 교육과정 사회생활과(역사 지리 부분)』, 1948, 2쪽. 「우리 나라 역사」의 지도 목표와 유의할 사항, 1955, "한국사 교육을 통해 통일의 과업을 인식시키고, 민주국가의 육성에 이바지 하며, 신의와 협동정신으로 화

후의 상황이었다는 점과 관련이 있는 것으로 보인다.[19] 공산주의에 대적하고, 통일국가를 이루어야 한다는 주장의 당위성을 민주주의 국가, 민주사회로부터 찾으려 했던 것이다. 그러한 맥락에서 이 시기의 민주주의는 반공 민주주의라고 규정할 수 있다.

제2차 교육과정은 1963년에 도입되어 1973년에 제3차 교육과정이 적용될 때까지 약 10년 간 시행되었다. 제2차 교육과정의 중요한 특징은 총론에서 교육과정의 개정 경위, 교육과정 구성의 일반목표, 교육과정 개정의 요점 등을 상세히 제시했다는 점이다. 특히, 기존 교육과정이 우리나라의 현실을 고려하지 못한 채 선진국의 모방에 그쳤음을 비판한 대목이 주목된다.[20] 교육과정을 통해 양성해야 하는 인간상은 '우리 고유의 역사와 전통을 지니고, 역사적 현실 속에서 명확한 사명감을 자각하고, 그 사명을 수행하는 구체적인 대민민국의 국민'으로 설정하였다.[21]

제2차 교육과정시기에는 중학교의 사회생활과가 사회과로 명칭이 바뀌었다. 또한, 지리, 역사, 일반사회의 명칭 대신 사회1, 사회2, 사회3으로 구성되었다.[22] 그 중에서도 역사는 중학교 사회2에 포함되어 있었으며, 단원의 편성은 한국사와 세계사를 유기적으로 통합한 형태였다.[23] 고등학교에서는 국사를 공통필수, 세계사를 선택필수 과목으로 설정하여 학생들이 국사와 세계사를 모두 학습하

락하고 건전한 민주 사회를 이루게 한다."

19) 문교부, 『고등학교 국사 교육과정 해설(문교부 고시 88-7)』, 1948, 65쪽.

20) 문지은, 「제2차 교육과정 개정의 특징과 사회적 맥락(1958~1963)」『The SNU Journal of Education Research』, 서울대학교 교육종합연구원, 2018, 65-66쪽.

21) 문교부, 『제2차 교육과정 해설서』, 1963, 5쪽 총론 해설.

22) 문교부, 『중학교 교육과정 해설』, 1963.

23) 단원의 편성은 "1. 인류 문화의 시작 2. 삼국 시대와 고대 세계의 생활 3. 민족의 통일과 세계의 발전 4. 우리 나라와 세계의 근대화 5. 대한민국의 발달 6. 오늘의 세계와 우리의 할 일"이었다.

도록 하였다.[24] 1968년에는 국민교육헌장이 반포되면서, 교육에서도 '근대 산업화'와 함께 '반공', '국민정신', '국가발전'을 강조하는 서사가 강화되었다. 이어 1969년에는 교육과정이 부분 개정되어 중학교 사회2에서 국사를 앞부분에, 세계사를 뒷부분에 배치하는 방식으로 변경되었다.

한편, 교과 내용에는 당시의 한국사 연구성과가 반영되어 교육과정에 교과서 내용이 수정·보완되었다. 구석기시대와 청동기시대를 교과서의 선사시대 관련 서술에 추가되었고[25], 조선 후기 한국사회의 내재적 발전론도 강조되었다.

정부는 민족적 주체성 강화를 위해 1972년 '국사교육강화위원회'를 구성하였다. 국사교육강화위원회는 5월 10일 첫 회의를 개최하였으며, 대통령의 지시에 따라 교육과정 조직과 배열, 국사교육 내용구성, 국사의 학습지도, 국사의 대중화 문제 등을 논의하였다.[26] 그리고 국사과의 독립과 전 학교에서의 필수화를 건의하였다.[27] 시기적이나 내용면에서 볼 때 1972년의 국사 강화 조치는 유신체제의 준비 과정 중 하나였던 것으로 보인다.

2) 국정(1종) 국사 교과서 시기(제3차 교육과정~제7차 교육과정)

제3차 교육과정은 1973년 8월 31일 중학교 교육과정이 발표되고[28], 이어서 1974년 12월 31일 고등학교 교육과정이 공표되면서 전면적으로 시행되었다.[29]

---

24) 문교부, 『고등학교 교육과정 해설』, 국사과 지도목표, 1963(국가교육과정정보센터).

25) 과거 '금석병용기시대(金石竝用期時代)'라고 표현되던 것을 '청동기시대'로 수정하였다.

26) 윤종영, 『논쟁으로 읽는 한국사』 2, 역사비평사, 2009, 384-385쪽.

27) 조성운, 「제2차 교육과정의 제정과 국사교과서의 편찬」 『한국사학보』 66, 고려사학회, 2017, 343쪽.

28) 문교부, 『문교부령 제325호, 중학교 국사 교육과정』, 교학도서주식회사, 1973.

29) 문교부, 『문교부령 제325호, 고등학교 국사 교육과정』, 1974.

이 시기의 교육과정은 1972년 10월 유신 이후 제4공화국이 내세운 한국적 현실과 국가 정책적 의지를 강하게 반영한 것이 특징이다. 특히, 국적 있는 교육을 표방하며 국가적 이념과 정체성을 교육에 투영하려는 의도가 두드러졌다.

역사 교육 분야에서는 중학교와 고등학교에서 국사가 사회과에서 분리되어 독립적인 필수 교과로 자리 잡은 점이 가장 큰 변화로 꼽힌다. 이에 따라 중·고등학교 역사교육은 국사과에 속한 국사교육과 사회과 안의 세계사교육으로 이원화되었다.[30] 이러한 변화는 국사에 대한 중요성을 강조하고, 민족적 정체성을 강화하려는 의도가 반영된 결과라고 할 수 있다.

교과서 정책 면에서도 큰 전환이 이루어졌다. 제1차와 제2차 교육과정 시기에는 국정과 검정 제도를 혼합하여 운영했으나, 제3차 교육과정에서는 대부분의 교과서가 국정화되었다. 중학교 교과서는 전면적으로 국정화되었고, 고등학교 국사 교과서 역시 국정으로 제작되었다. 이는 국가가 교과서 내용을 통제하고 통일된 역사 인식을 심어주려는 의도를 드러낸 것이다. 또한, 이 시기에는 국난 극복의 정신을 강조하는 중·고등학교 독본용 국사 교재인 『시련과 극복』이 학교에 보급되었다. 이 교재는 우리나라의 대외 전쟁사를 중심으로 서술하며, 국가 위기 상황에서의 저항과 극복의 정신을 강조하는 데 초점을 두었다.

제4차 초·중·고등학교 교육과정은 1981년 12월 31일 문교부 고시 제442호로 공포되었다.[31] 제4차 교육과정에서는 교육의 목적을 '민주, 복지, 정의 사회의 건설에 적극적으로 이바지 할 수 있는 자주적이고 창의적인 국민을 길러 내는 것'으로 설정하였다.[32] 또한, 이전과 달리 특정한 이념이나 사조를 내세우지 않고, 종합적이고 복합적인 성격을 지향하는 방향성을 제시하였다.

---

30) 국사는 중학교 2~3학년에서 2시간씩, 인문계 고등학교에서는 학년 구분 없이 6단위씩 실시되었다(김한종, 앞의 책, 41쪽).

31) 문교부, 『문교부 고시 제442호(1981.12.31)』 교육과정 총론.

32) 문교부, 『문교부 고시 제88-7 고등학교 국사과 교육과정 해설』, 1988, 67-79쪽.

『중 · 고등 학교용 시련과 극복』 교재(대구교육박물관 소장)

국사 교과서의 경우 제4차 교육과정부터 상권과 하권으로 나뉘어 분책되었다. 상권에서는 우리 역사 시작부터 임진왜란과 병자호란 시기까지, 하권에서는 조선 후기부터 현대에 이르는 시기를 다루었다. 이 과정에서 조선 전기를 '근세'로 구분한 점과 근대의 시작을 18세기로 설정한 점은 이후 학자들 사이에서 논쟁을 불러일으켰다. 고대사 서술과 관련해서도 논쟁이 발생하였다(1차 고대사 파동).33) 역사를 둘러싼 갈등은 1982년 이른바 '일본의 역사교과서 왜곡 사건'을 계기로 더욱 격화되었다.34)

---

33) 1978년 9월 29일 초대 문교부 장관 안호상을 중심으로 한 8개 역사단체가 서울고등법원에 국사 교과서 내용 정정을 요구하는 행정소송을 제기하면서 시작되었다. 이들은 단군씨족 부정 등으로 조국의 뿌리를 모르게 한다고 비판했다. 논란은 1981년 8월 31일 안호상 명의의 청원이 국회에 제출되며 정치적 이슈로 확대되었고, 같은 해 11월 국회에서 열린 공청회에서 단군 · 기자의 실존, 고조선 영토 등에 대한 공방이 벌어졌다.

34) 1982년 7월과 1983년 4월 이후 사용될 일본의 초 · 중 · 고교 역사 교과서에서 한국의 고대사, 근대사, 현대사 전반이 왜곡 서술되었다. 특히 현대사 부분에서 왜곡이 심

이 두 사건은 역사 서술의 객관성과 민족적 관점의 충돌을 부각시키며 국사 교육의 방향성에 대한 논의를 심화시켰다. 이에 따라 1986년에는 '국사교육심의 회'가 조직되어 국사 교과서에 포함될 내용의 기준을 마련하고, 문제가 되었던 서술에 대한 통일된 방안을 작성하는 작업을 진행하였다.

제5차 교육과정은 1987년 3월 31일 중학교 교육과정이 고시되고, 이어 1988 년 3월 31일 고등학교 교육과정이 발표되면서 시행되었다. 전체적인 틀은 이전 제4차 교육과정을 유지하였으므로, 역사 교육의 구조 역시 국사과와 사회과 세 계사로 나뉘는 이원적 체제를 그대로 이어갔다. 다만, 6월 민주 항쟁 이후 발표 된 1988년 고등학교 총론에는 "인간의 존엄성을 인식하고 민주주의 이념을 실 현하며, 국가 사회의 발전과 인류 행복의 증진에 기여하려는 태도를 가지게 한 다."는 조항이 추가되었다. 고등학교 국사 교과목표에는 "한국사를 구조적으로 파악하여 그 발전의 특성을 이해하고, 역사석 남구기능과 문제 해결력을 기르 며, 올바른 역사의식을 바탕으로 새 문화 창조와 민주사회 발전에 기여하게 한 다."[35)는 조항이 생겨났다.

학교 급별로 역사 교육의 초점과 내용은 차별화되었다. 국민학교에서는 주제 중심의 생활사에 중점을 두어 학생들이 일상과 연결된 역사를 이해하도록 설계 되었다. 중학교에서는 정치사를 중심으로 시대별 흐름을 다루는 방식으로 구성 되었으며, 고등학교에서는 문화사와 사상사를 강조한 통사적 접근을 채택했다. 이와 같은 계열화의 시도는 각 교육 단계에 맞는 역사 인식의 깊이와 폭을 제공

각했는데, 한국 '침략'을 '진출', 외교권 박탈과 내정 장악을 '접수', 토지 약탈을 '토지 소유권 확인'이나 '관유지 접수', 독립운동 탄압을 '치안유지 도모'로 표현하며 사실을 호도했다. 또한 조선어 말살정책을 '조선어와 일본어 공용'으로, 신사참배 강요를 '신 사참배 장려'로 왜곡 서술하며 한국 역사를 폄하했다. 이 사건은 한국 내에서 큰 논란 을 일으키며 역사 교육과 국가적 정체성에 대한 논의를 촉발시켰다.

35) 문교부, 『문교부 고시 제88-7 고등학교 국사과 교육과정 해설』, 1988.

하려는 의도를 반영한 것이었다.

제6차 교육과정은 1992년 6월 30일 중학교 교육과정이 고시되고, 같은 해 10월 30일 고등학교 교육과정이 발표되면서 공식적으로 도입되었다.[36] 가장 큰 변화는 제3차 교육과정부터 독립 교과로 유지되어 왔던 국사과가 폐지되고, 다시 사회과에 통합된 점이다. 비록 수업 시수 면에서는 이전과 큰 차이가 없었으나, 국사 과목의 위상은 상대적으로 약화되었다. 또한 고등학교에서 세계사가 선택 과목으로 전환되면서 세계사 교육의 중요성이 낮아지는 현상도 나타났다.

역사 교육의 내용과 구조에서는 학교 급별로 차별화된 접근이 강조되었다. 초등학교에서는 생활사 중심의 주제 학습을 통해 역사와 일상생활의 연관성을 이해하도록 하였고, 중학교에서는 정치사를 중심으로 한 통사적 학습과 향토사 탐구, 그리고 사회의 다른 영역들과의 연계를 통해 사고력 증진을 도모하였다. 고등학교에서는 분류사 중심의 심화 학습을 원칙으로 삼되, 문화사와 사회경제사에 대한 이해를 강화하는 방향으로 내용을 구성하였다. 이러한 계열화는 각 학교 단계별로 역사 학습의 깊이와 관점을 달리하여 단계적 발전을 도모하려는 의도를 담고 있다.

제7차 교육과정은 1997년 12월 30일에 고시되었으며, 중학교 1학년 학생들에게는 2001년부터, 고등학교 신입생들에게는 2002년부터 적용되었다. 제7차 교육과정에서는 초등학교 1학년부터 고등학교 1학년까지를 '국민공통 기본교육과정(1~10학년)'으로, 고등학교 2~3학년은 '심화선택과정(11~12학년)'으로 나누는 새로운 외형적 틀을 도입했다.[37] 고등학교 1학년 국사는 국민공통기본교과에 포함되었으며, 교과서 내용도 수준별 교육과정에 따라 심화과정이 추가되었다.

---

36) 교육부, 『교육부 고시 제1992-11호 중학교 교육과정』, 1992.
37) 교육인적자원부, 『교육부 고시 1997-15호 고등학교 교육과정해설 (4) 사회』, 2001.

이 시기에는 중학교와 고등학교 국사 교육의 내용 구성 방식에도 차별화가 시도되었다.[38] 중학교 국사는 정치사를 중심으로 한 통사적 접근을 통해 역사적 사건을 시간 순으로 정리하며 큰 흐름을 이해하도록 설계되었다. 반면, 고등학교 국사는 정치, 경제, 사회, 문화 등 다양한 분야를 아우르는 분류사(분야사) 방식을 도입하여 주제별 심화 학습이 가능하도록 구성되었다.[39] 선택과목으로는 '세계사'와 '한국근현대사' 과목이 개설되었다. 국사와 별도로 한국근현대사 과목이 개설되면서, 한국사 교육은 전근대사 중심의 국사와 근현대사 중심의 한국근현대사로 이원화되었다.[40]

제7차 교육과정 시기 한국근현대사 교과의 신설은 그동안 소홀히 다루어졌던 근현대사에 대한 관심을 고조시키는데 기여하였다. 그러나 다른 한편으로는 다양한 파문을 불러일으켰다. 교과서 서술을 둘러싼 편향논란이 일어나고, 해묵은 주적논란이 재현되는 등 근현대사와 민주주의에 대한 보수와 진보 진영의 시각이 확연히 다름을 공식적으로 확인하는 계기가 되었다.[41] 그렇게 시작된 논쟁의 장은 이후에도 반복적으로 재현되며 정치·사회적 분열을 조장하고 있다.

---

38) 문교부,『교육부 고시 제1997-15호 [별책 7] 사회과 교육 과정』, 1997.

39) 국사편찬위원회·국정도서편찬위원회,『고등학교 국사』, 교육과학기술부, 2002, 머리말.

40) 7차 교육과정 시기 역사과 교육과정에서 가장 주목할 만한 점은 한국근현대사 교과가 선택과목으로 개설되었다는 것이다. 그동안 근현대사 교육이 거의 시행되지 않다시피 했던 상황에서 한국근현대사 과목의 신설은 현장 교사들로부터 매우 큰 호응을 얻었다. 이 시기에 제작된 교과서, 특히 금성출판사의 한국근현대사 교과서는 선택률도 매우 높았을 뿐 아니라 교과서의 체제와 학생활동 제시 방식 등은 이후 검정교과서의 제작에 큰 영향을 끼쳤다. 금성출판사『한국근현대사』교과서는 2008년의 경우 1,716개 고등학교 중 889개 학교(51%), 2009년에는 1,688개 학교 중 902개 학교(53.4%)가 선택하였다.

41) 진재관 외, 연구보고 RRC 2010-15 교과서 개발 및 편찬 과정에서의 쟁점 연구, 한국교육과정평가원, 2010, 27-32쪽.

3) 제3기 '검정 역사 · 한국사 교과서 시기'(2007 개정 교육과정~현재)

2007년 교육인적자원부 고시 제2007-79호로 발표된 2007 개정 교육과정은 한국 역사교육에 있어 중대한 전환점이 되었다. 2007 개정 교육과정이 가져온 가장 주목할 만한 변화는 오랜 세월 지속되어 온 국정교과서 체제를 검인정교과서 체제로 전환한 것이다. 국어, 도덕, 역사 교과서가 체제 전환의 대상이 되었고, 그 결과 교육 현장은 다양한 관점과 내용을 담은 교과서를 자율적으로 선택할 수 있게 되었다.[42]

2007 개정 교육과정의 핵심 성과는 역사과목이 독립적인 위상을 확보한 것이다. 기존에 사회 교과서에 포함되어 있던 중학교 세계사가 분리되어 '국사'와 함께 '역사'라는 단일 과목으로 편성되었다. 이에 따라 중학교 2학년은 역사(상), 3학년은 역사(하) 교과서를 사용하여 한국사와 세계사를 통합적으로 학습하게 되었다.[43]

이와 같은 교육과정 개정의 토대는 2005년에 수립된 '역사교육 강화 방안'에 있었다. 당시 중국은 고조선과 고구려사에 대한 역사 왜곡을 추진하고 있었고, 일본은 역사교과서 왜곡을 지속하고 있었기 때문에, 이에 대한 효과적인 대응책으로 역사교육의 근본적 강화가 필요하다는 공감대가 형성되었던 것이다. 아울러 급속한 세계화와 동북아시아 지역의 중요성이 부각되는 상황 속에서, 타 민족과 국가의 역사 및 문화를 깊이 이해하는 능력이 미래 세대에게 필수 역량으로 인식되었던 점도 중요한 변화였다.

교육과정의 체계적 구성 측면에서 주목할 만한 특징은 중학교와 고등학교 간의 계열성이 명확하게 확립되었다는 점이다. 중학교 과정에서는 전근대사를 중

---

42) 교육과학기술부, 『2007개정 교육과정해설서(사회과)』, 2007.

43) 교육인적자원부, 『교육인적자원부 고시 제2007-79호 [별책 3] 중학교 교육과정』, 2007, 2장 사회과 교육과정.

심으로 한국사와 세계사를 병렬적으로 배치하여 학습의 기초를 다지도록 하였다. 반면 고등학교 과정에서는 근현대사를 중심으로 한국사와 세계사를 유기적으로 연계하여 편성함으로써, 학생들이 역사적 사건과 흐름을 보다 통합적이고 심화된 관점에서 이해할 수 있도록 구성하였다.[44)]

그러나 한국사와 세계사의 통합, 국사라는 교과명의 탈피 등 여러 가지 면에서 관심을 받았던 2007 개정 교육과정은 현장에 적용되지 못하였다. 이명박 정부 출범 이후 교육과정이 다시 개편되었기 때문이다. 2009 개정 교육과정은 독특한 시행 체계를 지니고 있었다.[45)] 교육과정 총론은 2009년에 발표되어 2011년 고등학교 신입생부터 적용되었으며, 각론은 2011년 중순에 공표되어 2014년 고등학교 신입생부터 시행되는 이원적 구조를 취하였다. 이러한 단계적 적용 방식은 교육 현장의 혼란을 최소화하면서 새로운 교육과정을 안착시키려는 의도가 반영된 것이었다.

2009 개정 역사 교과서는 중학교 역사(상, 하)와 고등학교 한국사라는 과목명으로 제작되었다. 이 시기 역사과 교육과정에서 가장 주목할 만한 변화는 고등학교 1학년 과목의 재편성이었다. 2007 개정 교육과정에서 필수과목으로 지정되어 있던 '역사' 과목이 '한국사'라는 명칭으로 변경되었을 뿐만 아니라, 필수과목에서 선택과목으로 그 지위가 전환되었다.[46)] 이는 공통교육과정의 범위를 고등학교 1학년에서 중학교 3학년으로 하향 조정함에 따라 발생한 구조적 변화였다. 결과적으로 고등학교 전 학년이 선택교육과정으로 재편되면서, 한국사와

---

44) 교육인적자원부, 『교육인적자원부 고시 제2007-79호 [별책 4] 고등학교 교육과정(Ⅰ)』, 2007.

45) 교육인적자원부, 『교육과학기술부 고시 제2009-41호에 따른 고등학교 교육과정 해설-사회(역 사)』, 2009.

46) 교육과학기술부, 『교육과학기술부 고시 제2011-361호 [별책 7] 사회과 교육과정』, 2011.

세계사가 모두 선택과목이 되어 역사교육이 약화될 것이라는 우려를 낳았다.

이와 같은 우려 속에서 학계와 교육계를 중심으로 교육과정 개편에 대한 반대 여론이 확산되자, 교육과학기술부는 2011년 4월 22일 국사편찬위원회와 공동으로 「역사 교육 강화 방안」을 발표하였다.[47) 주요 내용은 2012학년도부터 고등학교 '한국사'를 필수 과목으로 재지정하고, 역사 교육과정과 교과서를 개선하며, 역사교육 지원 체계를 구축하는 것이었다. 그러나 여전히 모든 고등학교 과정이 심화선택 교육과정인 상황에서 한국사가 필수 과목으로 지정된 것은 역차별 우려를 낳았고, 역사교육 강화 방안의 취지에도 불구하고 세계사 과목의 지속적인 약화를 초래할 수 있다는 점이 문제로 지적되었다.

2009 개정 교육과정이 현장에 적용된지 채 2년이 되지 않아 역사과 교육과정은 또 한번의 개편을 겪었다. 이른바 2012 개정 교육과정이다.[48) 이 교육과정은 전근대사와 근현대사의 비율을 50:50으로 조정하고, 중학교 교육과정에서도 한국사를 먼저 배우고 이후 세계사를 배치하는 방식을 채택하였다.[49) 그 결과 세계사교육과 한국근현대사 교육이 약화되었다는 비판을 받았다. 또한, 교과 목표에 등장하는 민주주의를 이전의 '자유 민주주의'로 회귀시킴으로써 새로운 논쟁을 낳았다.[50) 민주주의와 자유 민주주의 차이에 대한 논쟁이 한동안 이어지면서 역사교육을 통해 추구해야 하는 민주주의에 대한 구체적 개념이 본격적으로 논의되기 시작하였다.

---

47) 위와 같음.

48) 2009 개정 교육과정의 개정본으로 본래 명칭은 '교육과학기술부, 『교육과학기술부 고시 제2011-361호 사회과 교육과정』'이다. 역사과 교육과정은 역사교육강화방안 발표와 함께 또 한 차례 개편되어 교육과학기술부, 『교육과학기술부 고시 제 2012-14호 [별책 7]』로 최종 고시되었다.

49) 교육과학기술부, 『교육과학기술부 고시 제2012-14호 [별책 7] 사회과 교육과정』, 2012.

50) 김한종, 『민주사회와 시민을 위한 역사교육』, 서울대학교출판문화원, 2017, 23-24쪽.

2015 개정 교육과정은 2013년에 발생한 고등학교 한국사 검인정 교과서의 부실 파동이 직접적인 계기가 되어 추진되었다. 일부 교과서가 교육부의 최종 검정을 통과하였음에도 불구하고, 내용의 이념적 편향성과 다수의 사실 오류가 지적되면서 교육 자료로서의 적합성에 대한 심각한 비판이 제기되었다.

정부는 이러한 문제의 원인을 검정 체제의 구조적 한계에서 찾고, 2014년 1월부터 역사 교과서의 국정화 전환 여부를 본격적으로 검토하였다. 그 결과 2015년 10월 국정화 방침이 최종 확정되었고,[51] 이어서 11월 3일에는 역사교과서 발행 체제를 검정에서 국정으로 전환하는 내용의 '교과용 도서 구분 안'이 고시되었다.

교육부는 국사편찬위원회를 교과서 편찬의 주체로 지정하고, 2016년 11월까지 집필을 완료한 후 현장 검토 과정을 거쳐 2017년 2월부터 전국의 학교에 배포한다는 구체적인 일정을 수립했다. 그러니 2016년 11월에 공개된 국정 역시 교과서는 기대와는 달리 또 다른 논란의 중심에 서게 되었다. 교과서 내용에서 여전히 편향성에 대한 비판이 제기되고, 사실 관계의 오류도 다수 지적되었다. 사태의 심각성을 파악한 교육부는 2016년 12월 27일, 국정 역사 교과서의 현장 적용을 1년 유예하고 2018년부터는 국정과 검정을 병행하는 혼용 체제로 운영하겠다는 수정안을 제시하기에 이르렀다.

역사교과서 국정화 문제는 2017년 3월, 박근혜 대통령 탄핵 사건으로 전환점을 맞았다. 2017년 5월 9일 대통령 선거 이후 취임한 문재인 대통령은 5월 12일 교육 분야의 첫 번째 업무 지시로 '국정 역사교과서 폐지'를 지시하였다. 이로써 약 1년 7개월간 이어진 국정 교과서 논란은 종결되었다.

2017년 7월 국정 역사교과서 폐지가 결정된 이후, 교육부는 새로운 역사교육의 방향을 모색하기 위한 후속조치로 2015 개정 역사과 교육과정의 수정본을 발

---

51) 교육부, 『교육부 고시 제2015-74호 [별책 7] 사회과 교육과정』, 2015.

표하였다.[52] 이른바 '2018 개정 교육과정'으로 불리는 이 교육과정은 2020년 3월부터 중학교 역사 과목과 고등학교 한국사 과목에 동시에 적용되었다. 개정의 핵심은 중학교 역사에서 통합되어 있던 한국사와 세계사를 다시 분리하여 독립 과목으로 재편성한 데 있다. 고등학교 한국사는 학교 교육과정에서 필수 과목으로 운영하도록 하였다.

중학교 역사 교육의 학습 순서는 세계사를 선행 학습한 후 한국사를 학습하는 체계로 확립되었다. 학생들은 중학교 2학년 과정에서 세계사를 먼저 학습하고, 이어서 3학년 과정에서 한국사를 집중적으로 학습하게 하였다. 이러한 순차적 학습 체계는 학생들이 세계사적 맥락과 보편적 역사 발전 과정을 먼저 이해한 다음, 그 속에서 한국사의 독특성과 특수성을 파악할 수 있도록 설계된 것이다. 한국사의 단원 구성은 중학교 역사의 경우 전체 6개 단원 중 전근대사 5개 단원과 근현대사 1개 단원을 배정하여 전근대사 중심으로 학습하도록 하였다. 반면, 고등학교 한국사는 전체 4개 단원 중 1개는 전근대사, 나머지 3개는 근현대사로 배정하여 근현대사 중심으로 학습하도록 하였다. 중학교에 근현대사 1단원, 고등학교에 근현대사 1단원을 둔 것은 역사의 연속성을 이해할 수 있게 하려는 의도가 반영된 것이었다.

2018년에 개정된 중학교 역사 교육과정에서는 다양한 문제를 존중하며, 민주와 평화의 정신을 바탕으로 문제를 해결하는 자세를 기를 것을 목표로 강조하였다. 고등학교에서도 '현대 사회를 살아가는데 필요한 민주 시민으로서의 역량을 기를 것'을 역사교과 목표로 설정하였다. 이전 교육과정에서 제시된 민주주의 관련 요소들이 다분히 선언적이고 추상적이었다면 2018 개정 교육과정에서 제시된 목표들은 '민주주의 역량 신장' 또는 '시민사회의 성장 결과 민주주의가 발전하는 과정'을 이해할 것을 강조했다는 특징이 있다.

---

52) 교육부, 『교육부 고시 제2018-162호(제2015-74호의 일부개정)[별책 7] 사회과교육과정』.

2025학년도부터 적용된 2022 개정 역사과 교육과정은 학생들이 미래 사회를 살아가는 시민으로서 필요한 역량과 자질을 갖추도록 설계되었다.[53] 이는 총론에서 제시한 '포용성과 창의성을 갖춘 주도적인 사람'이라는 비전을 토대로 구성된 것이다.

역사과 교육과정은 공통 교육과정과 선택중심 교육과정으로 나뉜다. 공통 교육과정은 중학교 '역사' 과목이고, 선택중심 교육과정은 공통 과목인 '한국사1, 2'와 선택 과목으로 구성되어 있다. 선택 과목은 일반선택 과목인 '세계사', 진로선택 과목인 '동아시아 역사 기행', 융합선택 과목인 '역사로 탐구하는 현대 세계'이다.[54]

공통 과목으로 개설된 중학교 역사는 ①과 ②로 나뉘었는데, ①에서는 세계사, ②에서는 한국사(전근대사 중심)를 다룬다. 고등학교 한국사는 고교학점제이 취지에 맞도록 1과 2로 구분하였다. '한국사 1'은 전근대사 2개 단원과 근대사 1개 단원, '한국사 2'는 근현대사 3개 단원으로 구성되었다.[55]

일반선택 과목인 '세계사'는 인류의 기원부터 현재까지의 역사를 주제별로 탐구하는 과목이다. 진로선택 과목인 '동아시아 역사 기행'은 동북아시아와 동남아시아를 포함한 동아시아 지역의 독자성과 교류, 갈등을 통해 형성된 역사적 연관성을 탐구하는 것을 목적으로 한다. 융합선택 과목인 '역사로 탐구하는 현대 세계'는 현대 세계의 주요 과제를 중심으로 국가, 지역, 세계의 역사를 상호 연관적으로 다룬다. 이들 선택과목은 역사적 관점에서 현재의 문제를 성찰하고 자신의 삶과 연결 지어 이해할 수 있도록 내용이 조직되어 있다.

---

53) 교육부, 『교육부 고시 제2022-33호[별책 7], 사회과 교육과정』, 2022.

54) 교육부, 위의 책, 72쪽.

55) 한국사 ①의 3개 단원은 '근대 이전 한국사의 이해', '근대 이전 한국사의 탐구', '근대 국가 수립의 노력'이고, ②의 3개 단원은 '일제의 식민통치와 민족 운동', '대한민국의 발전', '오늘날의 대한민국'이다.

3. 북한의 역사교육 변화

1) 북한 역사학의 흐름[56]

논자에 따라 다소 차이가 있기는 하지만 광복 이후 현재까지 북한 역사학 연구 흐름은 크게 4시기로 구분하는 것이 일반적이다.[57] 첫 시기는 광복~1950년대 중반까지로 유물사관이 수용된 시기이며, 두 번째 시기는 1956~1967년 무렵까지로 유물사관이 창조적으로 적용된 시기이다. 세 번째 시기는 1967년 이후~1980년대 말까지 주체적 역사관이 유일화된 시기이고, 네 번째 시기는 1980년대 말~현재까지로 조선민족제일주의가 표방된 시기이다. 그러나 종전의 연구는 대개 2000년 전후를 하한으로 하고 있어 이후의 변화를 파악하기에는 한계가 있다.

이러한 상황을 고려하여 이 책에서는 4시기에 해당하는 1980년대 말 이후 현재까지의 기간을 사회주의 헌법이 개정된 2009년을 기점으로 둘로 나누어 총 5개 시기로 구분하려 한다. 2009년에 특별히 주목한 이유는 헌법 개정과 김정일 사망, 김정은 권력 승계 등의 과정에서 북한 내부에 여러 가지 변화가 포착되기 때문이다. 특히, 역사학 분야에서는 그 시기를 전후하여 북한에서는 기존 연구 성과를 총 집대성한 『조선단대사』와 '조선부문사 시리즈' 등의 방대한 서적들이

---

56) 이 부분은 졸저, 「북한의 고려-거란 전쟁에 대한 역사인식과 평가 -강감찬과 귀주대첩을 중심으로」『한국중세사연구』 60, 한국중세사학회, 2020, 114-115쪽을 수정보완하여 수록하였다.

57) 이에 대해서는 2002년 국사편찬위원회에서 간행한 『북한의 역사학(1)』의 하원호, 「북한의 역사연구, 편찬 보급과정 연구」; 김한종, 「북한 역사교육의 목적과 교육과정의 변화」; 도면회, 「북한의 한국사 시대구분론」; 곽건홍, 「북한의 역사연구 방법론 변천」 등에 상세하다. 또한, 그에 대한 다른 연구자들의 견해는 김한종의 논문, 114쪽에 잘 정리되어 있다.

출판되었으며, 역사서술 및 교과서 서술에서도 과격한 민족주의적 표현이 순화되는 등의 변화가 포착되고 있다. 이를 간단히 정리하면 다음과 같다.

<표 1> 광복 이후 북한 역사학의 흐름

구분	시기	특징	주요 사건
제1기	광복 후~ 한국전쟁시기	유물사관 수용 시기	조선력사편찬위원회 조직(1947), 조선력사연구소 구성(1952.3), 과학원 개설(1952.12)
제2기	1956년~ 1967년 무렵	유물사관의 창조적 · 주체적 적용 시기	력사과학 편찬(1956), 조선노동당 제3차 대회(1956), 력사과학 폐간(1967)
제3기	1967년 무렵 ~1980년대	주체적 사관 유일화 시기	조선노동당 제5차 대회(1970), 제6차 로동당대회(1980)
제4기	1990년대 ~ 2009년	조선민족제일주의 표방 시기	김정일 집권(1995), 남북정상회담(2000, 2007)
제5기	2009년~ 현재	주체사상에 따른 역사 연구 성과 집대성 시기	제3차 사회주의 헌법 제정(2009), 김정은 집권(2011)

　제1기는 '식민사관의 극복'과 '유물사관에 따른 역사서술'을 표방한 해방 직후부터 한국전쟁 직후 시기까지이다. 이 시기 북한은 조선역사편찬위원회를 조직하고, 『歷史諸問題』라는 국한문 혼용의 논문집을 편찬하였다. 『력사제문제』에서는 유물사관에 대한 이해를 심화하기 위해 소련 학자들의 연구성과를 번역 · 소개하거나 인민들의 계몽 또는 애국심 고취를 위해 역사 속 명장들의 위인전 등을 연재하였다. 이러한 분위기에 편승하여 1949년에는 백남운, 박시형, 최창익 등이 『조선민족해방투쟁사』를 편찬하기도 하였다.[58]

---

58) 1949년에 편찬된 『朝鮮民族解放鬪爭史』는 김일성종합대학에서 발행한 근현대사 중심의 연구서이다. 책의 저자인 백남운과 박시형은 "유일한 과학적 역사관인 마르크스 · 레닌주의의 방법론"에 입각하여 책을 저술했음을 천명하였다. 공동 저자인 최창익은 1958년에 숙청되었으며, 1958년에 이 책의 개정판이 리나영에 의해 다시 편찬되었다.

제2기는 『력사과학』이 편찬된 1955년 무렵부터 1967년까지이다. 이 시기 북한 학계는 '천리마 운동의 성과로 력사 상 일찍이 볼 수 없었던 백화만발의 민족적 대번영기가 도래'했음을 표방하면서 기존의 유물사관에 조선 역사의 유구성 · 자주성 · 독자성 등을 강조하는 주체 사관을 접목하려 하였다. 그러한 역사관은 1962년에 개정된 『조선통사(상)』의 서문에 잘 드러나 있다.

> 우리 력사 학계도 당의 과학 정책을 관철하기 위한 투쟁에서 그 동안 괄목할 만한 성과를 쟁취하였다. 이는 이 『조선통사(상)』을 가지고도 말할 수 있다고 생각한다. 원시 시대로부터 1860년대 초에 이르는 수천 년간의 우리 인민사를 우리는 력사적 유물론의 기본 원칙에 따라 더욱 옳게 체계화할 수 있게 되었고, 주체의 입장을 또한 더욱 깊이 관철시킬 수 있게 되었다.[59]

주체사상이 북한의 핵심 사상으로 자리매김함에 따라 역사학에서는 유물사관의 '창조적', '주체적' 적용이 강조되었으며, '당성 원칙'과 '역사주의 원칙'이 역사연구의 방법론으로 채택되었다.[60] 그러한 분위기에서 저술된 것이 리나영의 『조선민족해방투쟁사(1958)』와 윤석원의 『우리나라 역사(1963)』이다.[61] 1949년의 『조선민족해방투쟁사』가 미숙한 유물사관에 따라 한국사를 설명하려 했던 북한 초기 역사학의 결과물이었다면, 1958년의 「조선민족해방투쟁사」는 주체사상에 따라 역사를 재구성하기 위한 노력의 산물이었다고 생각된다.

---

59) 『조선통사』, 과학원 력사연구소, 1962, 1-2쪽 서문.

60) 곽건홍, 「북한의 역사연구 방법론 변천」 『북한의 역사학(1)』, 국사편찬위원회, 2002, 329쪽.

61) 이후 북한 역사학의 목표는 유물 사관의 역사법칙이 우리의 역사에 어떻게 관철될 수 있을까 하는 점에서 유물사관을 창조적 주체적으로 적용하는 것으로 변화하였다(통일부 교육원, 『남북한의 역사인식비교』, 2005, 15쪽).

주체 사상의 확산과 함께 북한에서는 대외 항전과 반봉건 민중봉기가 역사학의 주요 연구주제로 부상하였다. 앞서 살펴본 제1기에 비해 양적으로도 증가하고, 연구의 영역도 확대되었음이 확인된다.

제3기는 기존 유물사관이 주체사상으로 대체된 1960년대 후반에서 조선민족제일주의가 대두되는 1980년대 말까지이다. 제2시기까지만 해도 북한 역사학의 기본은 여전히 유물사관이었다.[62] 그러나 1970년 조선노동당 제5차대회 개최 이후부터는 마르크스 · 레닌주의 대신 주체사상을 강화되면서 역사학에서도 이른바 '주체사관'이 적용되기에 이르렀다. 이후 주체사관은 유물사관을 적용하기 위한 지침이 아니라 그것을 포괄하는 상위의 원리이자 유일한 역사관으로 자리 잡아갔다.

이에 따라 모든 역사서와 역사교과서의 서두에는 김일성과 김정일의 교시가 추가되었으며, 역사하과 역사교육은 주체사상을 설명하고 이해시키는 도구가 되었다. 그러한 역사관이 반영된 대표적인 역사서로는 『조선통사(1977)』, 『조선전사(1979~1982)』, 『현대조선력사(1983)』 등이 있다. 『조선전사』의 서문을 보자.

해방 후 빈 터 우에서 출발한 우리 력사과학은 이 영예로운 임무를 감당할 수 있는 주체적이며 혁명적인 과학으로 발전하였다. …… 주체 사상에 기초한 사회력사발전의 합법칙성에 관한 리론은 자주성을 옹호하기 위한 근로인민대중의 투쟁이 사회발전의 근본동인으로 된다는 것을 과학적으로 밝혀주고 있다. …… <조선전사>는 인민들에 대한 주체사상교양과 혁명교양, 사회주의 애국주의 교양을 강화하고 그들을 사회와 력사 발전에 대한 과학적 지식으로 무장시키며, 온 사회를 주체사상화하는데 이바지하게 될 것이다.[63]

---

62) 곽건홍, 위의 글, 329쪽.

63) 사회과학원 력사연구소, 『조선전사』 1, 과학 · 백과출판사, 1979, 1-4쪽.

윗글을 통해서도 확인되는 것처럼 주체사관은 역사 발전의 주체를 근로인민대중으로 보고, 인류 역사는 인민대중의 자주성을 옹호하기 위한 투쟁의 역사로 간주한다.[64] 이들이 주장하는 투쟁이란 안으로는 '계급적 착취와 억압에서 벗어나기 위한 투쟁'이며, 밖으로는 '외세의 침략으로부터 자주성을 지키기 위한 반침략 투쟁'을 의미한다. 그러한 측면에서 볼 때 한국사는 인민대중이 역사발전의 주인공이 되는 창조의 역사이자 반봉건·반침략투쟁사로 정리된다.[65] 인민이 역사 발전의 주체로 간주되면서 그 역할이 강조됨에 따라, 전쟁의 영웅으로 일컬어지는 을지문덕, 강감찬, 이순신 등에 관한 서술은 상대적으로 축소되었다. 민중의 지위 격상과 관료 출신 지배층의 비판적 폄하, 그것이 당시 사회의 반영이자 제3기의 특징이라 할 수 있다.

제4기는 조선민족제일주의가 자리잡은 1990년경부터 2009년 무렵까지이다. 1980년대 후반 동유럽 사회주의 국가들의 붕괴가 진행되자 북한은 기존 사회주의 국가들과의 차별화를 강조하는 한편, 주민을 통합할 대안을 모색하기 시작하였다. 그러한 과정에서 북한이 주장한 것이 '조선민족제일주의'이며[66], 그에 따라 집중 조명된 것이 고조선과 고구려, 고려의 대외항쟁이었다. 이들 세 나라는 중국 또는 북방민족의 침략에 끝까지 저항하고, 자주성을 지켜낸 나라로 간주되었다. 그리고 그러한 자주성과 정통성을 북한이 계승했다는 논리가 형성되었다. 1993년의 동명왕릉 보수, 1994년의 왕건릉(현릉)과 단군릉 개건 등은 이러한 분위기에서 시행된 대표적인 '역사 만들기' 사업이다.

---

64) 지수걸, 「북한 중등학교 역사교과서의 서술체계와 내용」 『북한의 역사학(1)』, 국사편찬위원회, 2002, 149쪽.

65) 조동걸 외, 『한국의 역사가와 역사학(하)』, 창비, 1994, 382-383쪽.

66) 선행연구에 따르면 조선민족제일주의가 본격적으로 확산된 것은 1990년 전후이다. 이에 대해서는 하원호, 앞의 글, 26-31쪽 참조.

특히, 김일성은 노구를 이끌고 1992년 5월 5일에 개성으로 현지지도를 나가 왕건릉을 직접 돌아보고는 개건을 지시할 만큼 큰 관심을 보였다.[67] 80대의 수령이 이른 새벽에 곽밥(도시락)을 먹어가며 개경에 다녀갔다는 소식을 듣고 감동한 전씨 노인(왕씨 후예)이 김일성에게 고려왕실의 족보와 옥새를 바쳤다는 이야기가 미담처럼 퍼진 것도 이 무렵이다.[68]

제5기는 북한의 사회주의 헌법이 개정된 2009년 이후 현재까지의 시기이다. 1990년대의 북한은 이른바 '고난의 행군'이라고 표현되는 경제적 위기를 맞았으나 2000년에 접어들면서 다소 개선되었다. 이에 김정일은 고난의 행군을 극복했음을 선언하고, '선군정치'와 '강성대국론'을 내세우며 개헌을 단행하였다(2009. 4.9). 2009년에 개정된 사회주의 헌법의 중요한 특징은 ① 국방위원장과 국방위원회의의 지위와 권한 조정, ② '공산주의'라는 표현 삭제, ③ 선군정치의 명문화, ④ 근로인민의 범주에 군인 추가, ⑤ '인권 중시'라는 표현의 명기 등이나.[69] 이에 따라 북한에서는 명목상에 불과하지만 인권을 중시한다는 조항이 헌법에 명기되었으며, 특정한 한 명의 인물을 영웅화하기보다는 인민, 군인 등을 포함한 대중들의 존재를 강화하려는 움직임이 나타났다.[70]

한편, 이 무렵은 제2차 남북정상회담을 전후하여 개성 만월대 남북 공동조사사업이 시작되고, 그해 개성 관광이 허용되는 등 남북 관계가 다소 개선된 시기였다. 모처럼 찾아온 남북 화해 무드를 토대로 제한적이나마 북한 학계의 연구성과가 국내에 소개되고, 국내의 연구성과가 북한에 전해지기도 했다.

---

67) 리원희 편,「고려 왕씨 가문의 족보」『송도전설』, 문학예술출판사, 2002, 9쪽.

68) 위의 책, 11-12쪽.

69) 박정원,「북한의 2009년 개정헌법의 특징과 평가」『憲法學硏究』15, 한국헌법학회, 2009, 254쪽.

70) 위의 논문, 268-270쪽.

이러한 상황에서 북한은 이미 연구된 연구성과를 보완하고 집대성하여 『조선부문사』라는 주제중심의 역사서와 『조선단대사』라는 광범위한 통사를 발간하였다.[71] 대부분이 기존에 편찬된 서적들을 수정·보완한 것으로 보이는데, 이전과 비교할 때 달라진 점은 역사책 서두에 실린 교시가 김일성에서 김정일로 바뀐 점과 주체사관에 따라 시기 구분을 새롭게 했다는 점[72], 역사의 동력을 인민으로 재설정한 점, 종전에 사용된 과격한 선동용 구절들이 다소 순화되는 등 외형적으로나마 객관성을 확보하기 위해 노력했다는 점 등이다.

2010년을 전후하여 북한에서는 이례적으로 많은 역사서들을 발간하고 있다. 그러나 그 대부분은 새로운 연구성과라기보다는 이전에 발표된 것들을 보완하거나 묶어내는 정도에 그치고 있다. 1967년 이후 폐간된 『력사과학』이 10년 만인 1977년부터 재간되어 지금에 이르고 있으나 『력사과학』에도 새로운 연구성과를 제시한 사례는 찾아보기 어렵다. 다만, 주목되는 점은 1980~90년대까지만 해도 사회과학원 력사연구소 또는 력사과학연구소 등 단체의 이름으로 편찬되던 역사서들이 많았으나 최근 발간되는 서적들은 대부분 그 저자가 명확히 제시된다는 것이다. 이는 1959년에 개최된 과학원 사회과학부문위원회에서 결정한 집체적 연구사업에서 점차 벗어나는 세태를 반영한 것으로 해석된다.[73]

---

71) 조선부문사는 기존에 발표된 서적들의 개정판으로 2010~2012년에 40권으로 편찬되었으며, 조선단대사는 2010~2013년까지 38권으로 발간되었다.

72) 광복 이후 시대구분 기준이 되었던 원시공동체 사회-고대 노예제 사회-봉건사회라는 용어 대신 세 나라 시기, 고려 시기, 리조 시기와 같이 국가 이름으로 시대를 구분하는 방식이 적용되었다.

73) 1956년 종파사건 이후 '집체적 연구사업'이 북한 역사학의 가장 중요한 특징으로 자리잡았다(김보영, 「북한의 역사연구자 양성과 연구자의 활동 상황」 『북한의 역사학 (1)』, 국사편찬위원회, 2002, 53-54쪽). 이후 개인연구는 1960년대(소위 북한 학계의 르네상스 시기)에 다수 출간되었으나 1970년대 이후 줄어들었다가 이 시기에 다시 늘어났다.

2) 북한 역사과 교육과정의 흐름[74]

북한에서 국가 수준의 교육과정은 남한의 '교육과정'에 해당하는 '교육강령'이라는 공적 문서로 제시된다. 공개된 자료에 따르면 교육강령은 총론에 해당하는 '과정안'과 교과 교육과정에 해당하는 '교수요강(교수과정안)'을 포괄하는 개념이며, 과정안은 학년별 과목 수와 이수시간 등 학교 전반의 학업 진행계획을 규정하는 문건이다. 또한 북한은 교육강령을 단순 지침이 아니라 "교육의 목적과 내용, 방도를 규정한 국가의 법적문건"으로 규정하고, 이를 집행하기 위한 '교육강령집행법'을 통해 전국 단위의 규율과 통제를 제도화하고 있다.

현재 북한 역사교육의 특징을 살펴보기 위해서는 먼저 북한의 교육이 전체적으로 어떻게 변화했는지부터 점검할 필요가 있다. 1995년 북한에서 홍의유 등이 펴낸 『조선교육사』에 따르면 북한에서는 공식적으로 교육사를 크게 7시기로 나누고 있다.[75] 1920년대부터 1970년대까지는 혁명 단계와 정책 변화, 조선로동당대회 등을 고려하여 5시기로 나누고, 그 이후 시기는 별도의 시기 구분 없이 1970년대와 1980년대로 나누어 특징적인 정책을 중심으로 서술하는 방식을 취하고 있다.

1970년대 이후 시기를 앞의 5단계처럼 구분하지 않고, 주요 교육정책에 따라서만 기술한 것은 1960년대 후반에 주체사상을 중심으로 북한의 모든 체제가 재정비된 이래 큰 사상적 전환이 없는 것과 관련 있다고 생각된다. 그러한 점에서 볼 때 이 시기에 다소 특이한 몇 가지 현상이 나타난다손 치더라도 별도로 시기

---

74) 이 부분은, 졸저, 「김정은 집권 이후 북한 역사교육의 변화와 남북한 역사교육 비교」 『사회과교육』 61(1), 한국사회과교육연구회, 2022를 일부 수정하여 수록하였다.

75) 김동규, 김형찬, 『조선교육사』, 1~4권, 2000에 기술된 북한 교육의 시기 구분은 항일혁명 투쟁 시기(1926~1945.8), 새 민주조선 건설시기(1945.8~1950.6), 조국 해방전쟁시기(1950.6~1953.7), 전후 인민경제 복구발전과 사회주의 기초 건설시기(1953.7~1960), 사회주의 전면적 건설시기(1961~1970)이다.

를 구분하는 것에는 찬반 양론이 있을 수 있다.[76] 다만 『조선교육사』가 발간된 시기가 1995년이라는 점과 김정은 집권 이후 12년제 의무교육이 도입된 것을 고려하면 위에서 북한이 구분한 1980년대 이후 현재까지의 시기를 하나의 시기로 분류하는 것에는 다소 문제가 있어 보인다. 따라서 1980년대부터 김정일 집권 이전 시기까지를 하나의 시기로 보고, 그 이후 김정일 집권시기와 12년제 의무교육이 시작된 김정은 집권 시기를 또다시 별도의 시기로 구분하여 총 9개 시기(해방 이후는 8개 시기)로 나누어 파악하는 것이 타당하다고 생각된다.

한편, 북한에서는 학제의 개편 또는 교육과정이 개편될 때마다 역사 교과의 명칭과 시수, 교육내용을 조금씩 다르게 편성하고 있다. 1945년 학제가 마련될 때만 해도 초·중등 구분 없이 '력사'였던 교과명이 1949년 학제에서는 '조선력사'와 '세계력사'로 구분되었는가 하면, 1960년대에는 '조선력사'와 '세계력사'를 다시 '력사'라는 교과목으로 통합하였다. 1986년 고등중학교를 중학교로 개칭하면서 '력사' 교과를 다시 '조선력사'와 '세계력사'로 나누었다가 2002년에 인민학교를 소학교로, 고등중학교를 중학교로 개칭하면서 또다시 둘로 분리되었던 교과목을 '력사'로 통합하였다. 김정은 집권 이후 교육과정이 다시 개편되면서 2013년부터는 초급중학교에서는 '조선력사', 고급중학교에서는 '력사'라는 과목을 편성하여 운영하고 있다. 지금까지 살펴본 내용들을 시기별로 정리하면 다음의 표와 같다.

---

76) 1970년대부터 『조선교육사』가 편찬된 1995년까지의 긴 시기를 하나의 시기로 보는 것은 다소 문제가 있어 보이는 것은 사실이다. 이에 김한종은 북한에서 편찬한 『조선교육사』와 선행 연구자들의 북한사 시기구분 연구를 토대로 북한 교육의 흐름을 크게 4개 시기로 구분하기도 하였다. ① 제1기 사회주의 교육 도입기(해방~한국전쟁), ② 제2기 주체사상 형성·확립기(1950년대 전반~1960년대 후반), ③ 제3기 주체사상의 유일 사상화기(1960년대 후반~1980년대 말), ④ 제4기 '조선민족제일주의' 표방기(1980년대 말~현재)로 구분하기도 하였다(김한종, 「북한 역사교육의 목적과 교육과정의 변화」『북한의 역사학』(1), 국사편찬위원회, 2002, 115-142쪽).

<표 2> 북한 역사교육의 변화 과정[77]

시기	특징	학교급별 역사 교과명 (연간주별시수/총시수)
새 민주조선 건설시기 (1945~ 1950)	◦ 일제시대 교육강령 폐지, <u>1945년 학제 시행</u>(초급학교-초등과 6년, 고등과 2년/중등학교-중학교 및 고등여학교 4년) ◦ <u>1947년 학제 개편</u>(인민학교 5년, 초급중 3년 · 고급중 3년/초급기술학교 3년 · 기술전문학교 3년)	◦ 초급-력사(10/시수미상) ◦ 중등-력사(8/시수미상)
	◦ 1949년 학제 개편(인민학교 5년, 초급기술학교 폐지, 초급중 3년, 고급중 3년/기술전문학교 3년)	◦ 초급중-조선력사(5/175), 세계력사(7.5/261) ◦ 고급중-조선력사(3/105), 세계력사(8/280)
조국 해방전쟁 시기 (1950 ~1953)	◦ 1951년 과정안 개편(인민학교 5년→4년, 초급중 3년, 고급중 3년)	◦ 초급중-조선력사(5/175), 세계력사(7.5/263) ◦ 고급중-조선력사(2/70), 세계력사(8/280)
	◦ 1953년 학제 개편인민학교 5년→4년, 초급중 3년, 고급중 3년/기술전문학교 4년)	◦ 초급중-력사(12/396) ◦ 고급중-력사(10/323)
전후 인민경제 복구발전과 사회주의 기초 건설시기 (1953~1960)	◦ 1954년 과정안 개편(초급중-조선력사 · 세계력사, 고급중-조선력사 · 세계력사) ◦ 1956년 초등 의무교육제도(인민학교 4년) 시행 ◦ 1958년 7년 의무교육제도 시행(인민학교 4년, 중학교 3년)	◦ 초급중-조선력사(4/139), 세계력사(6/198) ◦ 고급중-조선력사(4.5/152), 세계력사(6/198)
사회주의 전면적 건설시기 (1960~ 1980년대 후반)	◦ <u>1960년 학제 개편</u>(고급중 폐지→초급중 3년, 기술학교 2년, 고등기술학교 2년)	◦ 초급중-조선력사(5.5/186), 세계력사(2.5/86) ◦ 기술학교-조선력사(2/70), 세계력사(3.5/110) ◦ 고등기술학교-(?/140)
	◦ <u>1967년 학제 개편</u>(기술학교→중학교에 흡수, 중학교 5년제, 고등학교 2년/고등기술학교 2년), 9년제 의무교육제도 도입(인민학교 4년, 중학교 5년) ◦ 1968년 <위대한 수령 김일성 동지 혁명력사>, <위대한 수령 김일성 원수님의 혁명활동>, <위대한 수령 김일성 동지 노작> 등이 정식 교과목으로 채택	◦ 중학교-력사(13/시수 미상)

---

77) 김선규 외, 『남북한 역사교과서 분석』, 2000, 37쪽; 김한종, 위의 논문, 2002, 115-142쪽; 김지수, 「북한 의무교육제도의 전개와 12년제 의무교육제도 추진에 대한 연구」 『교육사회학연구』 23(3), 2013, 23쪽, 61쪽; 김형찬, 『북한의 교육』, 을유문화사, 1990, 256-278쪽을 참고하여 정리하였다.

시기	특징	학교급별 역사 교과명 (연간주별시수/총시수)
	◦ 1972년 학제 개편(중학교→고등중, 고등기술학교→ 고등 전문학교) ◦ 1975년 11년제 의무교육제도 도입(유치원 1년, 인민학교 4년, 고등중 6년) ◦ 1983년 과정안 개편(분과형 교과목, 고등중 6년간 총 24개 교과목 설치)	◦ 고등중-력사(2~4학년 조선력 사 5/172, 5~6학년 세계력사 4/108)
조선민족 제일주의 표방 시기 (1980년대 후반~ 2012)	◦ 1986년 과정안 개편, 고등중 명칭 변경(고등중→중학교), 수학연한은 6년으로 변화없음	◦ 중학교 2~4학년-조선력사 (5/172), 중학교 5~6학년-세 계력사(4/108)
	◦ 1998년 과정안 개편, 중학교 명칭 변경(중학교→고등중), 수학연한은 6년으로 변화없음	◦ 고등중-1·2학년 조선력사 (주제사), 3·4학년 조선력사 (통사), 5·6학년 력사(세계 사), 총10/298
	◦ 2002년 과정안 개편, 학교 명칭 변경(인민학교→소학교, 고등중→중학교), 수학연한은 변동 없음	◦ 중학교-1·2학년 력사(2/100), 3·4학년 력사(4/130), 5·6 학년 력사(4/160)
12년제 의무교육 시기 (2012~)	◦ 2012년 12년제 의무교육 추진 법령 발표 ◦ 2013년 학제 개편, 소학교 4년→5년, 중학교 분리·명칭 변경(중학교 6년→초급중 3년, 고급중 3년) ◦ 2017년 12년제 의무교육 전면 시행	◦ 초급중-조선력사(4/200) ◦ 고급중-력사(4/160)

<표 2>의 하단에서 확인되는 것처럼 북한은 김정은 집권 이후 12년제 의무교육강령을 발표하고, 2017년부터 전면 시행하였다.[78] 이에 따라 소학교는 기존의 4년과정에서 1년이 늘어나 5년제로 바뀌었고, 6년 과정이었던 중학교가 초급중학교 3년, 고급중학교 3년으로 분리·운영되는 학제 개편이 이루어졌다.

이 중 역사교과는 소학교, 초급중학교, 고급중학교 전반에서 시행되고 있다. 우리나의 초등학교에 해당하는 소학교에서는 '혁명역사'에 해당하는 김일성, 김정숙, 김정일, 김정은의 어린 시절에 관한 내용을 학습하고, 초급중 과정에서는

---

78) 통일교육원, 『2016 북한이해』, 2016, 219쪽.

혁명역사와 함께 『조선력사』를 4단위 학습한다. 그리고 우리나라의 고등학교에 해당하는 고급중학교에서는 혁명역사와 함께 『력사』과목을 4단위 학습한다. 초급중학교의 『조선력사』는 한국사 중심이고, 고급중학교의 『력사』는 한국사와 세계사가 혼합된 형태이다. 2014년 이후 북한에서 시행되는 학교급별 역사교과 목과 주당 시수, 교과서의 내용 범위를 표로 나타내면 다음과 같다.

<표 3> 2013년 이후 북한의 학교급별 역사 교과목과 주당시수

학교급	교과목	1학년	2학년	3학년	4학년	5학년	계
소학교	위대한 수령 김일성 대원수님 어린 시절	1	1	1	1	1	5
	위대한 령도자 김정일 원수님 어린 시절	1	1	1	1	1	5
	항일의 녀성영웅 김정숙 어머님 어린 시절	1	-	-	-	-	1
	경애하는 김정은 원수님 어린 시절	1	1	1	1	1	5
초급 중학교	위대한 수령 김일성 대원수님 혁명활동	2	2	2			6
	위대한 령도자 김정일 원수님 혁명활동	-	2	2			4
	항일의 녀성영웅 김정숙 어머님 혁명활동	1	-	-			1
	경애하는 김정은 원수님 혁명활동	1	1	1			3
	조선력사	1	1	2			4
고급 중학교	위대한 수령 김일성 대원수님 혁명력사	3	2	-			5
	위대한 령도자 김정일 원수님 혁명력사	-	3	-			3
	항일의 녀성영웅 김정숙 어머님 혁명력사	-	1/2	-			1/2
	경애하는 김정은 원수님 혁명력사	1	1	1			3
	력사	1	1	2			4

<표 3>에서 확인되는 것처럼 북한의 학생들은 소학교에 입학하여 5년 동안은 김일성 일가의 생애에 관한 내용만을 학습한다. 이른바 '혁명력사'라 불리는 이 과목들은 김일성-김정일-김정숙-김정은으로 이어지는 김일성 일가의 내력을 지속적으로 배움으로써 3대 세습체제를 정당화하기 위한 목적으로 개설된 것이다. '혁명력사'과목은 초급중·고급중은 물론, 대학에 입학해서도 지속적으로 학습해야 한다.

김정은 집권 이후 발간된 북한의 <조선력사>, <력사> 교과서(통일부 북한자료센터 소장)

조선사 관련 내용은 초급중학교 3년간 이루어지는데, 학습 범위는 고조선에서 조선 후기까지이다. 고급중학교에서는 김일성의 아버지 김형직으로부터 시작되는 근현대의 북한사와 세계사가 합쳐진 형태의 과목을 '력사'라는 이름으로 가르친다. 전체 시수는 초급중 4단위, 고급중 4단위로 혁명력사에 비하면 현저히 적다.

3) 남한의 '역사과 교육과정'과 북한의 '력사 교수요강'비교

교육과정은 교육의 기본 설계도이자 국가가 추구하는 기본 지침서이다.[79] 따라서 교육과정에는 교육을 통하여 추구하고자 하는 인간상과 그것의 형성을 위하여 학교 교육에서 공통적으로 다뤄야할 교육목표, 내용, 방법, 평가 등에 관한 기준이 제시되어 있다. 북한 역시 교육과정을 통해 교육의 방향과 구체적인 방안을 제시하고 있다. 다만, 북한에서는 교육과정을 '교육강령'이라고 하고, 우리의 교육과정 총론격에 해당하는 문서를 '과정안'이라고 한다. 또한, 교육과정 각

---

79) 함수곤, 『교육과정과 교과서』, 대한교과서, 2000, 6쪽.

론에 해당하는 부분은 '교수요강'이라고 한다.[80] 남한의 교육과정과 북한의 교수요강의 구성요소를 비교하면 <표 4>와 같다.

<표 4> 2022 개정 교육과정과 북한 력사교수요강 체제 비교

2022 개정 교육과정	력사 교수요강
교육과정 설계의 개요	1. 교수목적과 교수목표
1. 성격 및 목표	1) 교수목적
(성격)	2) 교수목표
(목표)	- 품성과 태도
2. 내용 체계 및 성취기준	- 지식
(내용체계)	- 능력
■ 영역	2. 교수내용
■ 핵심아이디어	1) 내용범위 수준
■ 내용요소	- 국가의 형성과 발전에 관한 문제
지식, 이해	- 반침략투쟁과 관련한 문제
과정, 기능	- 문화유산과 관련한 문제
가치, 태도	2) 학년별 내용범위수준
(성취기준)	- 목표
■ 성취기준 해설	- 범위와 수준
■ 성취기준 적용시 고려사항	- 도달기준
3. 교수ㆍ학습 및 평가	3. 교과서집필에서 지켜야 할 원칙
(교수학습)	4. 학과목교수에서 지켜야할 원칙
■ 교수ㆍ학습의 방향	5. 학업성적 평가원칙
■ 교수ㆍ학습의 방법	
(평가)	
■ 평가의 방향	
■ 평가 방법	

먼저 2022 개정 교육과정에서는 중학교 역사 교과의 성격을 '인류가 살아온 과거의 다양한 모습을 폭넓게 이해함으로써 현재를 성찰하고 미래를 조망하는 능력을 기르는 과목'[81], 고등학교 한국사는 '우리나라 역사의 흐름을 변화와 지

---

80) 백과사전출판사, 『조선대백과사전』 2, 백과사전출판사, 1995, 600쪽.
81) 교육부, 『교육부 고시 제2022-33호[별책 7], 사회과 교육과정』, 2022, 93쪽.

속의 관점에서 이해하고, 현재 우리의 모습을 과거와 연관 지어 살펴보며 인간과 사회에 대한 심층적 이해를 바탕으로 현대 사회를 통찰할 수 있는 안목을 기르는 과목'으로 규정하고 있다.[82) 두 과목의 성격에서 공통적으로 확인되는 것은 폭넓고 지속적인 이해와 미래에 조망과 통찰이다. 이를 통해 볼 때 중등학교의 역사과목은 오늘날과 같은 세계가 형성된 과정을 역사적으로 이해함으로써 인간과 사회를 심층적으로 이해하기 위해 설정된 교과라고 정의할 수 있을 것이다. 역사과 공통 교육과정 핵심 아이디어는 한국사와 세계사의 학습에서 관통하는 지식·이해, 과정·기능, 가치·태도를 종합적으로 고려하여 도출하고 총괄적으로 제시하였다.[83)

한편, 2022 개정 교육과정의 역사와 한국사에서는 각각 교과의 목표를 다음과 같이 제시하고 있다.

'역사'는 한국과 세계의 역사를 체계적·종합적으로 이해하는 것을 목표로 한다. 탐구 과정을 통해 비판적으로 사고하고 판단하여 역사 지식과 역사관을 형성한다. 이를 통해 현대 사회의 다양한 문제들에 대한 통찰력을 갖추도록 한다.[84)

'한국사'는 근대 이전 한국사의 특징을 체계적으로 파악하고 근현대사를 다각적으로 탐구하여 현대 사회를 심층적이고 종합적으로 이해하는 것을 목표로 한다. 역사 사실에 대한 폭넓은 지식을 바탕으로 비판적으로 사고하는 능력을 기르며, 학습자 스스로 다양한 자료를 활용하여 역사를 탐구함으로써 현대 사회를 살아가는 데 필요한 시민으로서의 자질을 갖추도록 한다.[85)

---

82) 교육부, 위의 책, 75쪽.
83) 교육부, 위의 책, 73쪽.
84) 교육부, 위의 책, 75쪽.
85) 교육부, 위의 책, 93쪽.

위의 목표를 통해 볼 때 두 과정은 역사 교육의 본질적 지향점을 공유하면서도 학습자의 발달 단계에 따른 계열성을 추구하려 했다는 것을 알 수 있다. 두 교육과정의 공통점은 첫째, 역사적 사고력 함양을 핵심 목표로 설정한다는 점이다. 중학교 역사는 '역사적 사고력'을, 고등학교 한국사는 '비판적으로 사고하는 능력'을 명시하여 사고력 중심의 역사 교육을 지향한다. 둘째, 현재 사회에 대한 이해를 최종 목표로 제시한다. 중학교는 '현대 사회의 다양한 문제들에 대한 통찰력', 고등학교는 '현대 사회를 심층적이고 종합적으로 이해하는 것'을 목표로 삼아 역사 학습의 현재적 의미를 강조한다. 셋째, 시민 양성이라는 역사 교육의 궁극적 목적을 공유한다. 두 과목 모두 민주시민으로서의 자질 함양을 지향하고 있는 것이다.

한편 두 교육과정 간 차이점은 학습의 깊이와 범위에서 뚜렷하게 나타난다. 중학교 역사가 '(기초적인) 역사지식과 역사관의 형성'을 목표로 한다면, 고등학교 한국사는 '폭넓은 지식'과 '비판적 사고 능력'을 추구하여 인지적 수준의 상승을 보여준다. 또한 역사가 '현대 사회의 다양한 문제를 통찰'하는 수준에 머문다면, 한국사는 '심층적이고 종합적으로 이해'하는 단계로 발전한다. 학습 방법 측면에서도 한국사는 '학습자 스스로 다양한 자료를 활용하여 역사를 탐구'하는 자기주도적 학습을 명시적으로 강조한다.

이러한 분석을 통해 교육과정 집필자들은 두 과목 모두 역사적 사고력과 시민성 함양이라는 공통의 목표를 추구하되, 학습자의 인지적 발달과 학습 역량의 성장에 따라 지식의 폭과 깊이, 사고의 수준, 학습의 자기주도성 측면에서 체계적인 계열성을 구현하려 했음을 확인할 수 있다. 이러한 계열성은 역사 교육이 단계적이고 체계적인 발전 과정을 거쳐 궁극적으로 비판적 사고력과 역사 의식을 갖춘 민주시민 양성이라는 목표에 도달하도록 구조화되어 있다. 중학교에서 형성된 기초적 역사 이해와 사고력은 고등학교에서 심화·확대되어 종합적이고 비판적인 역사 인식으로 발전하며, 이는 곧 현대 사회를 능동적으로 이해하고 참여하는 시민적 역량으로 전환된다. 따라서 두 교육과정은 분절적 관계가 아닌 유기적이고 발전적인 연속성 속에서 역사 교육의 목표를 실현하는 체계적 구조를 형성한다고 평가할 수 있다.

내용체제에서는 중학교 역사와 고등학교 한국사가 다루는 시기와 핵심적인 내용요소, 성취기준을 제시하고 있다. 내용체계 및 성취기준은 크게 내용체계와 성취기준으로 나뉘어 있다. 내용체계는 중학교 역사와 고등학교 한국사가 다루는 범위와 수준을 나타내는 것으로, 영역, 핵심 아이디어, 내용 요소로 구성되어 있다.[86] 그 중 영역은 과목의 성격에 따라 기반 학문의 하위 영역이나 학습 내용을 구성하는 일차 조직자료이다. 핵심 아이디어는 영역을 아우르면서 해당 영역의 학습을 통해 일반화할 수 있는 내용을 핵심적으로 진술한 것으로, 해당 영역 학습의 초점을 부여하여 깊이 있는 학습을 가능하게 하는 토대가 된다. 내용 요소는 과목에서 배워야 할 필수 학습 내용으로, 지식·이해, 과정·기능, 가치·태도의 세 가지 범주로 구분된다. 지식·이해는 과목 및 학년별로 해당 영역에서 알고 이해해야 할 내용이며, 과정·기능은 과목 고유의 사고 및 탐구 과정 또는 기능이고, 가치·태도는 과목 활동을 통해 기를 수 있는 고유한 가치와 태도를 의미한다.[87]

성취기준은 영역별 내용 요소인 지식·이해, 과정·기능, 가치·태도를 학습한 결과 학생이 궁극적으로 할 수 있거나 할 수 있기를 기대하는 도달점을 의미한다. 성취기준에는 성취기준 해설과 성취기준 적용 시 고려 사항이 포함되는데, 성취기준 해설은 해당 성취기준의 설정 취지 및 의미, 학습 의도 등을 설명하며, 성취기준 적용 시 고려 사항은 과목 고유의 성격을 고려하여 특별히 강조하거나 중요하게 다루어야 할 교수·학습 및 평가의 주안점, 총론의 주요 사항과

---

86) 교육부, 위의 책, 일러두기.

87) 위와 같음.

해당 영역의 학습과의 연계 등을 설명한다.[88]

　끝으로 교수 · 학습 및 평가 부분은 교수 · 학습의 방향과 평가의 방향으로 구분되어 있다. 교수 · 학습은 성취기준 달성을 위해 학습 경험을 설계하고 수업을 운영하는 원리와 방법의 체계를 의미한다. 2022 개정 교육과정에서는 역사적 사고력과 탐구 능력을 기르기 위한 학생 중심의 탐구 학습을 강조하고 있다. 교육과정의 각 과목 말미에는 사료 학습, 지역사 학습, 인물 학습, 주제 학습 등 다양한 교수 · 학습 방법을 제시되어 있다. 또한, 디지털 시대, AI의 발전 등을 고려하여 디지털 기술을 활용한 온오프라인 연계 학습을 시행할 것을 권장하고 있다.[89]

　평가에서는 평가의 방향과 평가 방법을 제시하고 있다. 평가의 방향은 과정 중심 평가를 지향하며, 지식 · 이해, 과정 · 기능, 가치 · 태도를 균형 있게 평가하는 것이 중요하다는 점을 강조한다. 각 과목에는 역사적 사고력과 탐구 능력을 평가하기 위해 서술형 · 논술형, 프로젝트 형, 포트폴리오형 등 다양한 평가 방법의 활용의 예시가 제시되어 있다. 또한, 결과를 학습자의 성장과 발달을 지원하는 피드백 자료로 활용할 것을 강조하고 있는데, 그것은 학습 결과뿐 아니라 학습 과정에서의 성장과 수행을 지원하여 과목의 목표와 역량 함양이라는 교육과정 목표 달성을 고려한 것이다.

북한의 초급중 '조선력사'와 고급중 '력사' 교수요강

　북한의 교수요강은 과정안에 따라 학과목의 교육교양 목적과 과업, 교수 내용을 구체적으로 규정한 교육강령 해설, 시간 배정표, 본문으로 이루어진 문서이다. 먼저 교수 목적 부분에서는 초급중학교 조선역사교육의 교수목적이 학생들의 수준과 준비 정도, 연령별 심리적 특성 등을 고려한 상황에서 설정되어야 함을 강조하고 있다. 제시된 구체적인 목적은 다음과 같다.

---

88) 위와 같음.

89) 위와 같음.

우리나라(북한) 정통국가들의 형성과 발전, 대표적인 반침략투쟁, 세계적인 자랑으로 알려진 문화유산들에 대한 학습을 통해 학생들에게 민족적 긍지와 자부심을 키워주어 김정일 애국주의로 튼튼히 무장시키는 데 있다.[90]

위의 글에서 핵심단어를 추출하면 정통국가, 반침략투쟁, 김정일 애국주의 등으로 요약된다. 교수목적의 하위에 설정된 교수목표는 북한의 역사교육이 추구하는 구체적인 방향과 영역을 제시한 것이다. 이에 따르면 북한의 교수목표는 품성과 태도, 지식, 능력을 키우는 것에 중점을 두고 있다. 그 중 '품성과 태도'는 뱅크스(Banks)가 제시한 사회과의 행동영역별 목표 중 가치·태도 영역에 속하는 것이다(Banks, 1990: 429). 북한의 사범대학 교재인 『교재분석』에 따르면 '품성과 태도' 관련 내용요소는 '외적의 침입으로부터 나라와 민족의 존엄과 자주성을 지키며 찬란한 문화를 창조한 인민들의 투쟁을 통하여 민족적 긍지와 자부심을 간직하기', '자기 자신도 력사를 전진시키고 발전시키는 사회의 한 성원이라는 자각을 가지고 조국과 인민의 부강번영을 위한 길에 이바지할 각오를 안겨주기', '진지한 학습태도와 탐구정신을 키워주며 다른 사람과 협력하여 학습할 줄 아는 품성 키우기' 등 5개의 항목이다.[91]

'지식'은 행동영역별 목표 중 지식·이해에 해당하는 것으로 '인류 력사가 낮은 단계로부터 높은 단계로 부단히 발전하여 왔으며, 또 발전하고 있다는 것을 인식시키기', '우리민족이 이룩한 자랑찬 문화적 성과들을 인식시키기', '대표적인 반침략 투쟁을 통하여 정의롭고 용감한 우리 민족의 전통적 기질 인식시키기' 등 7개 항목이 제시되어 있다.[92] 표면상으로는 역사 사실에 대한 지식의 습득을

---

90) 정성철 외, 『중학교 력사교재 분석 -사범대학 력사학과-』, 교육도서출판사, 2017, 12-15쪽.

91) 위의 책, 12쪽.

92) 위의 책, 13쪽.

의미하는 것으로 보이지만 단순히 지식의 습득에 그치는 것이 아니라 인류의 발전 단계, 민족문화의 우수성, 대표적인 반침략 투쟁 등에 관한 내용을 기반으로 북한 정권이 추구하는 이데올로기를 주입하는 형태로 보는 것이 타당하다.

끝으로 '능력'은 행동영역별 목표 중 기능 영역에 해당하는 것으로 '교재의 내용을 읽고 분석하는 능력', '력사 발전 단계에 따라 시기별로 구분할 수 있는 능력', '력사적 인물들을 평가할 수 있는 능력' 등 8개 항목으로 되어 있다.[93]

다음으로 제시된 교수내용은 북한 역사교육의 학년별 내용 범위와 학교급별 계열성에 관하여 규정한 것이다. 그 중 교수내용의 범위는 크게 국가의 형성과 발전에 관한 문제, 반침략 투쟁과 관련된 문제, 문화유산과 관련된 문제 등 3개로 제시되어 있다.[94] 국가의 형성과 발전에 관한 문제는 우리나라 역사발전에서 주도적인 역할을 한 고조선, 고구려, 발해, 고려, 조선봉건왕조를 취급한다고 하여 역사상에서 다뤄야 할 주요 국가로 이들 5개 국가를 정통으로 제시하고 있다. 또한, 이들 나라의 건국자, 건국과정, 중심지를 인식시키는 데에 중점을 두고 있다. 앞서 살펴본 교수목표의 '지식' 영역에서 첫 번째로 제시한 목표와 일치하는 부분이다.

반침략 투쟁과 관련한 문제로는 '우리나라 정통국가들의 대표적인 반침략 투쟁을 인식시키는 것' 등이 있다. 북한은 일찍부터 반민족투쟁사를 자국사의 주요 특징으로 규정하고, 그와 관련된 부문사 서적들을 꾸준히 편찬해 왔다. 교과서에 수록된 반침략 투쟁사는 그러한 연구성과를 반영한 것이라 할 수 있으며, 그것은 곧 북한이 강조하는 주체사상의 뿌리이자 주요 이데올로기인 '사회주의 강성대국', '자주국방' 등의 기반이라 할 수 있다.

문화유산과 관련해서는 인민들의 창조적 지혜와 재능을 보여주는 대표적인

---

93) 위와 같음.
94) 위의 책, 66-68쪽.

문화유산들을 알게 하고, 민족의 문화가 세계문화발전에 기여했다는 점, 그리고 과학과 기술의 발전이 사람들의 생활과 역사발전에 미친 영향을 인식시키는 것을 역사교육의 주요 영역으로 규정하고 있다.[95]

고급중학교 <력사>과목의 교수 목적은 초급중학교 조선력사에서 규정한 목적보다는 좀 더 심도있게 설정되었다. 고급중학교 력사의 학습목적은 '지배와 예속에 맞선 인민 대중의 투쟁에 의하여 력사가 발전해 왔다는 것을 인식 시킨다는 점', '력사적 사실에서 경험과 교훈을 찾아 혁명에 이바지하는 능력을 키워 준다는 점', '현실적인 국제 문제를 이해할 수 있는 기반을 마련해 준다는 점' 등으로 요약된다.[96] 인민의 반침략 투쟁이라는 점은 초급중학교와 고급중학교의 교육목적에서 공통으로 강조하는 중요한 요소이다. 다만, 초급중학교 조선력사가 정통성, 문화유산의 우수성, 김정일 애국주의 신장을 강조하고 있다면, 고급중학교 력사는 역사에서 교훈을 찾고, 국제 문제를 이해하는 안목을 키워준다는 것으로 내용이 심화되었다는 점에 차이가 있다. 한국사와 세계사를 표면적으로나마 통합한 형태로 력사교과서를 발행한 것도 이러한 목표의 달성을 위한 의도라고 생각된다.

지식도달목표에서는 '정통 국가들의 면모와 계승 및 연관관계을 정확히 인식시키고, 대표적이 노예 폭동과 반봉건 투쟁을 통해 계급사회를 타파하려 했던 역사적 사건들을 이해해야 한다'는 점을 강조하고 있다.[97] 또한, '세계사와 조선사의 연관 속에서 사회주의가 인류의 이상이라는 진리를 인식하고, 신민 기사와 텔레비전에서 소개되는 주요 국제 문제를 이해할 수 있는 기초적 지식을 습득하는 능력을 함양할 것'을 목표로 제시하였다. 정통 국가의 계보를 파악하고, 국제

---

95) 위의 책, 66-74쪽.

96) 위의 책, 80쪽.

97) 위와 같음.

문제를 이해하기 위한 기초 지식을 함양한다는 내용이 핵심이다.

능력도달 목표에서는 '역사발전 단계와 역사 발전의 합법칙성에 대한 원리를 체득하고, 학생들이 역사적 사건의 원인과 결과를 찾고 평가하는 능력을 갖게 할 것'을 요구하고 있다.[98] 또한, '역사 이야기와 사료, 전설, 신화 등이 담고 있는 역사적 내용을 올바로 이해할 수 있는 능력, 역사적 지식을 요점화하여 발표하거나 토론글로 표현하기, 도표와 지도로 간략하게 표기하기 등을 익힐 것'을 제시하기도 하였다. 사회주의 체제의 우수성을 체득하고, 역사 지식을 논리적으로 표현하거나 도표 또는 지도로 표현하는 기능이 능력도달 목표의 핵심인 셈이다.

전체적으로 볼 때 초급중학교 조선력사의 목표 분석에서도 확인한 것처럼 고급중학교 력사의 목표 역시 품성과 태도, 지식, 능력이라는 영역이 명확히 구분되지 않는다. 또한, 두 과목 모두 내용범위가 '국가의 형싱과 발전에 관한 문제', '반침략 투쟁과 관련된 문제', '문화유산과 관련된 문제'라는 3가지 영역으로 동일하다. 두 과목에서 공통적으로 한반도에서 세워진 국가들의 정통성 문제와 대외 항쟁 문제, 문화유산의 우수성을 강조한 것은 북한의 정통성과 체제 홍보를 위한 목적이 반영된 것이라고 해석된다. 그 외에 애국 명장들의 활약, 일본에 전해준 고대 및 중세 시기의 문화와 관련된 내용은 우리의 한국사 교과서에 서술된 내용과 유사하다.

교과서 집필과 교수과정에서는 김일성, 김정일, 김정은의 교시와 당(필자주-조선로동당)의 방침을 철저히 구현하고, 김정일 애국주의와 조선민족제일주의 정신을 키워주어야 한다는 점을 강조하고 있다.[99] 또한, 교수 방법에서는 학생들의 사고를 계발시켜 글쓰기 능력과 발표 능력을 키우고, 학생중심의 수업을

---

98) 위의 책, 81쪽.
99) 위의 책, 74-75쪽, 94-96쪽.

실현할 것과 학생들의 발달 과정을 고려하여 토론, 발표 모임 등의 다양한 수업 방법을 시도할 것을 요구하고 있다.[100]

평가 원칙과 방법은 교수·학습 활동에 대한 이해와 기억 정도를 점검하는 데 중점을 둔다. 평가는 교수요강에 근거하여 이루어져야 하며, 교원은 평가를 통해 교수 목표 도달 여부와 학생의 학습 태도 및 학습 방식의 긍정·부정 요소를 파악하고, 그 결과를 학생에게 환류하여 학습 개선을 도모하도록 요구된다. 특히 학생을 평가의 객체이자 주체로 참여시키고, 평가 과정에서 심리적·정신적 부담을 최소화해야 한다는 점을 강조한다. 『중학교 교재분석』에 제시된 평가 방식을 정리하면 다음과 같다.[101]

<표 5> 북한의 초급중학교와 고급중학교 '교수요강'에 제시된 평가 방법

종류	내용
필답	◦ 제시된 문제를 글이나 도표, 지도 등으로 실현하는 과정을 통해 학생들의 지식과 능력을 평가. 학기·학년·과목평가의 방법이 가장 대표적
구답	◦ 교원이나 학생들 호상 간의 질문에 대한 답을 통하여 력사지식과 능력 및 학습론을 평가 ◦ 명백하고 간단한 문제를 수업 중이나 마감 등 임의시간에 적용
느낀점 말하기	◦ 영화나 록화물, 력사소설, 력사박물관과 유적유물, 신문 및 각종도서 등을 보고 느낀점을 이야기하는 과정을 통하여 학생들의 인식정형과 학습태도 방법론을 평가
자료집 만들기	◦ 학생들이 여러 가지 형태의 력사자료집을 만드는 과정을 통해 력사 학습에 대한 관심을 높이고, 다방면의 지식과 상식 소유 ◦ 과거자료, 현재자료, 미래에 대한 예상자료와 정치·경제·문화·과학기술 등이 다 포함되도록
실천 활동	◦ 습득된 지식을 활용할 수 있는 능력을 교원과 학생들 자신이 평가하는 방법 ◦ 지도에 표기하기, 표 작성, 토론 등을 통해 습득된 력사지식을 활용할 수 있는 능력 평가

이에 따르면 북한의 평가방법은 필답, 구답, 느낀점 말하기, 자료집 만들기, 실천 활동 등으로 구분되어 있으며, 평가의 주체는 교원 평가, 학부형 평가, 자

---

100) 위의 책, 76쪽, 96-97쪽.
101) 위의 책, 78-79쪽, 98-99쪽.

체 평가, 동무들 호상평가 등으로 구성되어 있다. 필답과 구답은 현재 우리가 시행하는 수행평가 중 집필평가와 구술평가에 해당한다. 다만 느낀점 말하기와 구답은 다소 구분이 어려운데, 교수참고서에 따르면 구답은 수업 전, 수업 중, 수업 후에 이루어지는 형성평가에 해당한다. 그에 비해 느낀 점 말하기는 영화나 녹화물, 소설, 박물관과 유적, 신문, 각종 도서 등을 보고 이야기하는 과정을 평가하는 수행평가의 영역에 가깝다.[102] 요컨대 구답은 인지 · 기억적/수렴적 발문, 느낀점 말하기는 확산적/평가적 발문을 포함하는 평가에 가깝다고 할 수 있다.

자료집 만들기는 학생들이 여러 가지 형태의 자료집을 만드는 과정을 평가하는 것으로 수행평가의 영역 중 포트폴리오 제작이나 프로젝트 학습에 가깝다. 끝으로 실천활동은 여러 가지 역사 수업 활동을 통해 형성된 지식을 활용하는 저용력, 문제해결력, 응용력 등을 평하하는 방법이다. 앞의 활동들이 주로 특정한 지식이나 활동 과정 등을 평가하는 방식이라면 실천활동은 앞서 활동한 것을 토대로 지식을 활용하는 활동에 해당한다고 할 수 있다.

4) 남북한 역사교육 과정의 특징 비교

남한의 교육과정은 중학교 역사와 고등학교 한국사 · 동아시아사 · 세계사로 구성되어 있으며, 북한 중등학교의 역사 교과는 초급중학교의 『조선력사』와 고등중학교의 『력사』로 구성되어 있다. 현재 시행하고 있는 우리의 2022 개정 교육과정과 북한의 2013 교육강령에 따라 시행되고 있는 학교급별 교과목과 그 범위를 표로 제시하면 다음과 같다.

---

102) 넓은 의미에서는 모두 수행평가의 영역에 포함할 수 있지만 현재 학교 현장에서 진행되는 평가의 보편적인 개념에서 구분하자면 구답은 구술형 수행평가보다 형성평가에 가깝다.

<표 6> 남북한 역사 교과목과 내용 범위[103]

남한				북한			
학교	학년	교과명	범위	학교	학년	교과명	범위
초등학교	5	사회	구석기~6.25전쟁	소학교	-	-	-
	6	사회	평화통일을 위한 노력~현대	초급중	1	조선력사	구석기~고구려
중학교	1	-	-		2	조선력사	발해~고려
	2	역사①	문명의 발생~현대 세계 (세계사)		3	조선력사	위화도회군~독립운동
	3	역사②	고조선~근현대(한국사)	고급중	1	력사	원시사회~발해
고등학교	1	한국사	구석기~현대		2	력사	고려~조선봉건왕조
	2	동아시아사, 세계사	○ 동아시아 역사의 시작~ 오늘날의 동아시사 ○ 인류의 출현과 문명의 발생~현대 세계의 변화		3	력사	19세기 후반~20세기 초
	3						

북한의 학생들은 남한의 6학년에 해당하는 초급중학교 1학년 때 처음으로 한국사를 배우기 시작하여 3학년 때까지 선사~독립운동 시기의 역사를 주제사 형태로 학습한다. 이후 고급중학교에 입학한 후에는 원시사회부터 10세기 초까지의 역사를 세계사와 한국사가 통합된 형태로 학습한다. 초급중학교는 한국사 중심, 고급중학교는 한국사를 중심으로 하는 세계사 형태로 계열화를 시도하고 있는 셈이다.

흥미로운 점은 북한에서 강조하는 교수목표가 우리의 '2015개정(2018년 수정본) 교육과정' 시기에 중·고등학교 역사과목에서 추구하는 5개의 핵심역량과 매우 유사하다는 점이다. '품성과 태도의 목표'와 '지식 도달 목표'는 역사과 5개 역량 중 '역사적 판단력과 문제 해결 능력' 또는 '정체성과 상호 존중' 영역과

---

103) 북한의 초급중학교 1학년 과정이 현재 우리의 6학년 과정에 해당하기 때문에 위의 표는 독자의 이해를 돕기 위해 남한은 초등 5학년부터 고등학교 과정까지 포함하여 작성하였다. 북한의 경우 소학교 과정에서는 혁명역사만 취급하므로 표에서는 공란으로 처리하였다.

유사하고, 지식 도달 목표는 연대기 파악력, 역사 자료 분석과 해석, 역사 정보 활용 및 의사소통(지식 분야 교수목표와 일부 중복됨) 역량에 가깝고 할 수 있다. 다만, 우리 교육과정에서 추구하는 기능이 대개 'Skill'에 가까운 것과 달리 북한의 교수목표에 제시된 기능영역은 가치와 태도 영역을 포함하고 있다. 또한, 행동영역별 목표나 핵심역량이 낮은 단계에서 높은 단계(지식·이해→기능→가치·태도)로 제시되는 것이 일반적인데, 북한의 역사교육 교수목표는 가치 태도 분야의 역량을 가장 먼저 제시하고 있다는 점도 이채롭다.

또한, 초급중학교와 고급중학교의 력사 과목이 전체적인 맥락에서 연결되어 있으며, 일관적으로 '당적, '노동계급적', '결사주의적 원칙'과에 기반한 주체주의적 역사관을 강조하고 있다는 점도 간과해서는 안된다. 그러한 점에서 고급중학교 력사는 세계사와 조선사의 통합을 표방했지만 실제로는 중심 논지가 크게 다르지 않다고 평가할 수 있다. 두 과목의 내용범위에서 공통적으로 확인되는 핵심 요소는 교육목적에서 강조하는 정통성, 인민의 투쟁, 사회주의의 우수성, 우수한 민족문화 유산 등이다.

한편, 중학교 교수참고서 등을 통해 볼 때 북한의 역사교육과 우리의 역사교육에는 몇 가지 공통점이 있음이 확인된다. 첫째, 교육과정에 학생들이 역사 수업을 통해 익혀야 하는 필수 개념이 제시되어 있다. 북한 중학교 교수요강에 제시된 범위와 수준이 그것인데, 필수 학습요소라는 측면에서 보면 우리의 2015 개정 시기의 교육과정에 제시된 성취기준과 내용요소에 해당한다. 좀 더 구체적으로 살펴보면 북한 초급중 1학년 학생들의 1단원 목표는 '고조선, 고구려의 성립과 발전, 이 시기 문화유산들과 반침략전쟁, 해당시기의 인물, 사건 등에 대한 학습을 통하여 력사학습의 기초능력을 키우는 것'이다.[104] 이에 따라 초급중학교 1학년 교육과정에서는 고구려와 고조선의 건국신화를 토대로 하는 인물학습

---

104) 차영남 외, 『조선력사교수참고서:초급중학교 제1학년』, 교육도서출판사, 2013, 11쪽.

이나 고대 국가의 영토문제, 대표적인 민족문화 등을 학습하도록 되어 있다.

그것은 우리의 2015 개정 초등학교 6학년 교육과정에 제시된 '[6사03-01] 고조선의 등장과 관련된 건국 이야기를 살펴보고, 고대 시기 나라의 발전에 기여한 인물(근초고왕, 광개토대왕, 김유신과 김춘추, 대조영 등)의 활동을 통하여 여러 나라가 성장하는 모습을 탐색한다.'[105]라는 조항과 상응한다고 할 수 있다. 북한에서 <조선력사>를 처음 배우는 시기가 초급중학교 시기임을 고려하면 초급중학교 저학년 과정이 우리나라의 초등학교 고학년 수준으로 설정되었다고 이해해도 큰 문제가 없을 것이다.

다만, 우리의 초등학교 한국사가 주로 생활사, 인물사 중심인데 비하여 북한의 초급중학교 '조선력사'는 외부 침략을 무찌른 전투나 전쟁 영웅에 초점이 맞춰져 있다는 점에는 차이가 있다. 단군의 건국 이야기를 역사적 사실로 서술하고 있다는 점, 삼국 중에서 고구려만을 강조하고 있는 점, 고조선의 성기 장군·고구려의 명림답부·뉴우와 밀유 등 전쟁 영웅들의 역할을 부각시킨 것도 북한 조선력사의 특징이다.

둘째, 교사 중심의 설명식 수업을 지양하고, 학생의 자기주도적 학습과 학생 중심의 활동을 강조하고 있다. 중학교 역사교재 분석의 학과목 교수에서 지켜야 할 원칙에는 학생들의 연령 심리적 특징에 맞는 효과적인 교수 방법을 적극 수용해야 한다는 점과 복습 및 학습 토론을 통해 학생들의 사고를 개발하여 글쓰기 능력과 발표 능력을 키워주어야 한다는 내용이 적시되어 있다. 또한, 지식 전수와 능력의 배양이라는 두 가지 요소를 유기적으로 결합시킬 것과 학생들에게 올바른 역사 학습의 방법론을 키워주는 능력배양의 교수를 추구해야 한다는 점도 강조되어 있다. 능력배양이라는 용어는 다소 낯설지만 전체적인 맥락을 고려

---

105) 교육부, 『교육부 고시 제2018-162호(제2015-74호의 일부개정)[별책 7] 사회과교육 과정』, 39-40쪽.

하면 2015 개정 교육과정에서 강조하는 역량의 의미에 가깝다.

'교수·학습이 교재에 대한 해설이 아니라 력사 문제 연구의 방법론을 가르쳐 주는 형태로 되어야 한다'거나 '학생들이 교수 내용의 접수자가 아니라 역사문 제 해결의 주동적인 참가자 입장에 설 수 있도록 교수를 이끌어 나가야 한다'고 강조한 구절은 우리가 강조하는 학생 중심의 수업과 맥이 닿아 있다. 학습자 중심, 사고력 신장, 역량중심의 교육이라는 세계적인 교육의 흐름이 북한의 교육 과정에도 영향을 주었다고 보아도 무방할 것이다. 그것은 또한 김정은이 표방한 세계적 수준의 교육 실현이라는 목표의 반영이라고도 할 수 있다.

셋째, 평가 방법의 다양화를 추구한다는 점에서도 공통점을 찾을 수 있다. 북 한 학업 성적평가는 필답 50%와 구술 50%로 규정되어 있지만 평가 방법 면에 서는 '교사의 주관직이고 독단저인 평가로 끝나지 않도록 한다'거나 '양적·질적 평가를 병행해야 한다'는 점을 원칙으로 강조하고 있다. 평가 방법의 면에서도 범위에 따라 필답, 구답, 느낀점말하기, 자료집 만들기, 실천 활동 등 다양한 형 태의 방식으로 진행할 것을 제안하고 있다. 또한, 평가의 종류를 범위에 따라 교 수 시간 평가, 소재 평가, 학기평가, 학년 평가, 과목 평가 등으로 구분하여 시행 하도록 하고 있다. 교수 시간 평가는 형성평가에 해당하며, 소재평가는 하나의 소재를 중점적으로 평가하는 프로젝트 평가에 해당한다. 학기 평가는 한 학기 교수 목표 달성을 측정하는 기말고사라고 보면 무방할 것 같다.

그러나 그동안 북한이 추구해 온 역사교육의 틀이 변화한 것은 아니다. 교과 서의 구조는 여전히 김일성, 김정일의 교시로부터 시작하고 있으며, 내용 역시 북한 체제를 홍보하고 유지하기 위한 것이 중심을 이룬다. 그것은 '미제의 반공 화국고립압살책을 인식시키고, 일부 사회주의 국가에서 실행된 개혁과 개편정 책의 후파를 인식시킨다'거나 '제국주의와 자주를 지향하는 나라들 간의 모순으 로 제국주의는 반드시 멸망한다는 것을 알도록 해야 한다'는 현대 단원의 서술

원칙에도 잘 드러나 있다.[106] 학습자가 학생이라는 점을 고려하면 이러한 서술은 선동적 성격을 띤다고 할 수 있다.

북한이 표방하는 역사교육의 목적에서 '정통성'과 '반침략투쟁', '김정일 애국주의에 대한 무장'이라는 세 가지 요소가 일관되게 강조되고 있다는 점도 주목해야 할 부분이다.[107] 중학교 조선력사와 고등학교 력사의 교수목적에서 한결같이 정통국가의 형성과 발전이라는 구절을 가장 앞에서 강조한 것은 1990년대 이후 북한이 체계화한 조선력사의 정통성 즉, 고조선-고구려-고려-조선-북한으로 이어지는 계보를 명확히 하려는 의도가 반영된 것으로 해석된다. 앞서 언급한 것처럼 북한은 1990년을 전후하여 단군릉, 동명왕릉, 고려태조 현릉을 대대적으로 보수하고, 체제 선전을 위해 전략적으로 홍보해 왔다. 통일신라를 후기 신라라고 하고, 고려를 최초의 통일국가라고 서술한 것도 같은 맥락이라고 생각된다.

반침략 투쟁은 1990년대 전후 북한이 강조해온 조선민족제일주의, 선군주의와 연계선상에 있다고 할 수 있다. 북한은 내부 단결을 위해 외부의 침략에 맞서 싸운 역사적 인물들의 활약을 적극 강조해 왔다. 1990년대 중반 이후 지속적으로 발행된 『조선민중의 반침략투쟁사』가 그 대표적인 예이다. 그러한 역사관이 역사 교과서에도 반영한 것이라고 생각된다.

김정일 애국주의에 대한 '튼튼한 무장'은 김일성 일가의 권력 세습을 정당화하기 위한 조치로 해석될 수 있다. 김일성 사후 김정일이 '유훈 통치'라는 명분으로 권력을 장악한 흐름과도 맞닿아 있다. 역사교과서의 머리말과 본문 곳곳에 김정일의 교시를 인용한 것은 그러한 의도가 반영된 것으로 보인다. 그렇다면 그들이 주장하는 김정일 애국주의는 무엇인가? 그것은 앞서 살펴본 『위대한 령

---

106) 정성철 외, 앞의 책, 2017, 74쪽.
107) 위의 책, 10-15쪽.

도자 김정일 원수님 혁명활동』에 강조된 것처럼 '3대혁명소조운동'에서 '광명성 1호'로 이어지는 선군정치이자 사회주의 강성대국의 실현임을 어렵지 않게 추론할 수 있다.

지금까지 살펴본 것처럼 남한의 교육과정과 북한의 교육강령은 국가 수준의 교육 기준을 제시한다는 공통점을 지닌다. 두 체제 모두 중앙집권적 교육과정 운영 체제를 유지하며, 국가가 교육의 방향과 내용을 결정하는 구조를 갖추고 있다. 역사교육을 포함한 교과교육은 국가의 교육이념을 반영하며, 미래 시민 양성이라는 목표를 공유한다.

그러나 근본적인 차이점도 뚜렷하다. 남한의 교육과정은 민주시민 양성과 개인의 자아실현을 강조하는 반면, 북한의 교육강령은 집단주의와 당에 대한 충성을 최우선 가치로 설정한다. 남한은 교육과정 개정 과정에서 다양한 사회 구성원의 의견을 수렴하려 노력하지만, 북한은 당의 일방적 결정에 따라 교육강령을 제정한다. 남한 교육과정이 학습자 중심 교육을 지향한다면, 북한 교육강령은 국가와 당 중심의 교육을 추구한다.

교육내용 선정에서도 뚜렷한 차이가 나타난다. 남한은 학문적 체계성과 학습자의 발달 단계를 고려하여 교육내용을 조직하지만, 북한은 정치사상적 기준을 최우선으로 적용한다. 남한의 역사교육과정이 역사인식, 역사적 사고력과 비판적 사고력 함양을 목표로 한다면, 북한의 역사교육강령은 수령과 당에 대한 충실성 함양을 핵심 목표로 설정한다.

교육과정 운영의 유연성 측면에서도 격차가 존재한다. 남한은 국가 수준 교육과정을 기준으로 하되, 시도교육청과 단위학교가 지역 특성과 학생 특성을 반영한 교육과정을 편성·운영할 수 있는 자율성을 부여한다. 교사들은 교육과정 재구성을 통해 창의적인 수업을 설계할 수 있으며, 다양한 교수학습 방법을 적용할 수 있다. 반면 북한은 교육강령에 명시된 내용을 그대로 따라야 하며, 교사의 재량권은 극히 제한적이다.

평가 체제에서도 차이가 드러난다. 남한은 과정 중심 평가와 성장 중심 평가를 지향하며, 학습자의 개별적 성장을 중시한다. 북한은 당성과 혁명성을 평가의 주요 기준으로 삼으며, 집단주의적 경쟁을 통한 사상 강화를 추구한다.

남북한 교육과정의 차이는 단순한 교육 방법론의 차이를 넘어 체제와 이념의 근본적 차이를 반영한다. 남한의 교육과정이 다원주의와 민주주의 가치를 기반으로 한다면, 북한의 교육강령은 일원주의와 전체주의 이념을 토대로 구성된다. 비록 동일한 역사적 사건을 교육의 대상으로 하지만, 역사교육을 통해 전달되는 내용은 큰 차이가 있다. 동일한 사건을 전혀 다른 관점에서 해석하고 가르치고 있는 셈이다. 통일 시대를 준비하는 과정에서 남북한 교육과정의 차이를 이해하고 공통분모를 찾아가는 노력이 필요한 이유가 바로 여기에 있다.

2부

남북한 역사교사 양성과정과 사범대학 역사교육과의 현황

1. 남한의 역사교육

한국인들의 교육열은 다른 무엇보다 강하고 절실하다. 그 뿌리를 찾는 것은 불가능하지만, 개항 후 근대학교가 건립되고, 신분제가 폐지된 뒤 더욱 강화된 것은 분명해 보인다.[1] 신교육을 받은 사람과 일본 유학을 다녀온 사람들이 사회의 요직을 차지하고, 경성제국대학 입학이 출세의 지름길이 되었던 일제 강점기에는 교육에 대한 열의가 더욱 고조되었을 것이다.

그러나 누구나 원하는 교육을 받을 수 있었던 것은 아니었다. 생계를 유지하기도 어려웠던 이들에게 학교 교육은 그 자체가 꿈에 가까웠다. 능력이 있는 사람이 원하는 만큼의 교육을 받는 것이 지금도 쉬운 일이 아니란 점을 생각하면 쉽게 이해할 수 있는 일이다. 게다가 해방 이전에는 학교의 수도 많지 않았다. 조선총독부가 표방한 '6면 1교 주의', '3면 1교주의', '1면 1교주의'와 같은 말들은

---

1) 갑오개혁 이후 서얼 · 중인 · 평민 출신들이 고위직에 대거 진출하며 소수 벌열가문의 관직 독점체제가 붕괴되었다. 과거제가 폐지되고 새로운 관료임용제도가 도입되어 국문 · 산술 · 외국사정 등 근대적 지식을 평가하게 되었다. 특히 1898년 이후 법령들은 국내외 근대학교 졸업생과 법률 · 정치경제 전공자를 우선 임용하도록 규정하여, 전통적 문벌보다 신교육을 받은 실무능력자를 중시하는 방향으로 전환되었다(柳永益, 「甲午更張과 社會制度 改革」 『韓國社會發展史論』, 一潮閣, 1992, 238-264쪽).

당시 학교 수가 얼마나 열악했는지를 보여주는 단적인 사례이다.[2]

　이러한 상황은 해방 이후 급격히 변화하였다. 일제강점기에 10만 명이 채 되지 않았던 중등학교 학생 수는 1945년부터 증가하여 정부수립 직전 시기에는 247,260명으로 증가하였다.[3] 학교수 또한 증가하여 1945년 말 기준 중학교는 257개에서 434개로, 고등학교는 19개에서 29개로 증가하였다. 그러나 교사의 수는 턱없이 부족했다. 1945년 말 5,639명이었던 중등학교 교사 수는 1948년에 11,289명으로 2배 정도 늘어난 정도에 지나지 않았기 때문이다. 따라서 교사 양성은 당시 사회의 가장 시급한 문제로 부상하였다.

사범대학의 설립

　1945년 해방이 되었을 때 국내에는 교원양성 기관으로 16개의 사범학교가 있었다. 그 중 10개는 남한에 있었으며, 6개는 북한에 자리하고 있었다.[4] 그러나 이들 대학은 대개 초등교원을 양성하는 학교였기 때문에 중등교원양성이 시급

---

2) 정규영, 「'공립보통학교 1면1교 계획'과 조선인 초등교육(1928~1936)」『한국 근대사회와 문화』Ⅲ, 서울대학교출판부, 2007, 2장 참조. 일제가 표방한 초등 교육정책은 1910년대 초반 만 해도 6개 면에 1개의 학교를 설치하는 6면 1교주의였으며, 교육연한도 4년이었다. 그러나 1918년에 이르러 3면 1교주의로 바꾸었으며, 조선인들의 교육에 관한 요구가 더 커지자 1929년에는 1면 1교주의를 내세우게 되었다. 그러나 원칙이 그러했을 뿐 실제로 소학교(초등학교)가 건립된 것은 아니었기 때문에 학교 수는 늘 부족하였다.

3) 지수걸, 「한국 사범교육의 성취와 한계 -창립·재건기(1948~1969) 공주사범대학 사례를 중심으로」『역사와 역사교육』41, 웅진사학회, 2020, 123쪽.

4) 우용제·안홍선, 「근대적 교원양성제도의 변천과 사범대학의 설립」『아시아교육연구』7(4), 2006, 201쪽. 경성사범학교(서울대), 대구사범학교(경북대), 평양사범학교(김형직사범대), 경성여사범(서울대), 전주사범학교(전주교대), 함흥사범학교(김형권신포사범대), 공주여사범학교(공주교대), 광주사범학교(광주교대), 춘천사범학교(춘천교대), 진주사범학교(진주교대), 청주사범학교(청주교대), 신의주사범학교(신의주제2사범대학), 대전사범학교(폐교), 해주사범학교(리계순사범대), 청진사범학교(청진제2사범대), 원산여사범학교(금강대학)이다.

한 문제로 대두되었다. 이에 미군정청 학무국은 경성사범학교, 경성여자사범학교, 대구사범학교를 중등교원을 양성하는 사범대학으로 개편하고, 나머지 7개교에서는 초등교원 양성을 담당하도록 하였다.

사범대학 신설이 처음 보도된 시기는 1946년 3월 7일이다.[5] 학무국이 「조선대학령」에 따라 사범대학을 설치하여 중등, 전문학교의 교원을 양성하기로 결정함에 따라 전문교육을 받은 교원을 배출하게 된 것이다. 당시 발표된 '사범대학 설치령'의 주요 내용은 다음과 같다.[6]

1. 사범교육의 목적은 민주주의, 애국심, 국제협력에 기초한 교육제도 내에서 교사가 되고자 하는 사람들에게 교육자로서의 인격, 지식, 교수법을 완전하게 갖추도록 하는 것이어야 한다.
2. (a) 초급중학교 수준의 사범학교 폐지
   (b) 각 도에 고급중학교 수준의 남·여 사범학교 각 1교씩 설립
   (c) 사범대학 설립
   (d) 사범학교와 사범대학에 단기의 교원양성과정 설치
   (e) 모든 사범학교에 부속 유치원과 부속 초등학교 설립, 사범대학에 부속 유치원, 부속초등학교, 부속 중등학교 설립

사범대학의 입학자격은 고급 중등 수준의 사범학교 졸업생이나 당시 초등학교 교원 수준으로 설정되었고, 수업연한은 4년으로 하였으며, 학교 시설은 임시로 경성사범학교를 사용하기로 결정하였다. 당시 신문은 사범대학이 일본에도

---

5) 「조선일보」, 1946년 3월 7일. 1946년 초 조선교육심의회 제7분과위원회(사범교육)가 학무국에 보고한 최종적인 결의안에 따라 학무국에서 사범대학 신설을 공식적으로 발표한 것이다.
6) 정태수 편, 『미군정기 한국교육사료집성』(상), 홍지원, 1992, 119쪽(박진동, 「韓國의 敎員養成體系의 樹立과 國史敎育의 新構成 : 1945~1954」, 서울대학교대학원 社會敎育科 歷史專攻 박사학위논문, 2004, 50쪽에서 재인용).

없는 전문적인 학교라고 소개하고 있다.

경성여자사범학교는 1945년 해방 후 중등교원양성기관으로 승격하여 국문, 영문, 지력(지리역사), 가사과를 운영하고 있었다. 1946년 2월에 사범대학으로 승격하면서 고등여자학교 졸업자는 사범대학 예과 1학년, 구(舊) 경성여사범학교 강습과 졸업자는 2학년, 연습과 졸업자는 대학 1학년으로 편입하도록 하였다.[7]

경성사범학교는 1946년 9월부터 경성사범대학으로 명칭을 바꾸고, 중등교육 기관으로 승격되었다. 사범대학의 본과에는 교육, 국문, 역사, 영문과 등이 있었으며, 예과는 부속중학교로 개편되었다. 당시 예과는 결원이 많아 대규모로 보결생을 모집하였다.

선발 인원은 이과 1년에 해당하는 학생 약 80명(1947년 9월 사범대학, 수학, 물리화학, 생물과 등에 진학 예정), 문과 2학년생 약간 명(당해 9월 문과대학 진학 예정), 사범대학 1학년 학생으로 교육, 국문, 역사, 영문과 등 약간 명(당해 9월 사범대학 2학년 편입 예정), 예과(부속중학) 1~4학년 각각 약간 명이었다. 시험기간은 3월 14일부터 2일간, 등록기간은 2월 25일부터 3월 10일까지였다.[8]

1946년 5월 20일 「동아일보」 2면에는 당시 경성사범대학과 경성여자사범대학에서 선발한 학생 정원을 추정할 수 있는 기사가 실려 있다. 당시 기사에는 대학으로 승격되는 24개 대학과 모집정원이 제시되어 있는데, 경성사범대학(전 경성사범학교)은 예과의 경우 문과와 이과 정원이 각각 150명이고, 학부생은 교육과, 국문과, 사학과, 영문과 체육과 각 40명이었다.[9] 경성여자사범대학(전 경성여자사범학교)의 모집정원은 국문과 예과, 영문과 예과, 역사과 예과, 교육과 예과, 가사과 예과, 미술과(신설준비) 등에서 각각 50명씩 모집하는 것으로 나타났다.[10]

---

7) 「조선일보」(1946.02.12.)

8) 「동아일보」(1946.03.11.)

9) 「동아일보」(1946.05.20.)

10) 「동아일보」(1946.05.20.)

　1946년 6월 3일자 신문에 실린 경성사범대학 학생모집 광고에 따르면 모집 인원은 교육과, 국문과, 영문과, 사학과 약간 명, 체육과 30명, 문과와 이과 각 50명이었다. 시험과목은 공통과목으로 국어, 외국어(영·중·불·독), 논문(전공과목별), 상식, 구두질문, 신체검사 등을 시행했고, 전공 과목은 전공별로 다르게 시행하였다(예: 심리·철학, 국문과는 국문, 영문과는 영작, 사학과는 국사·서양사, 체육과는 체육 생리 등).[11]

　한편, 같은 해 6월 21일에는 경성여자사범대학에서도 학생을 모집하였다. 학과는 국문, 영문, 역사(지리), 생물, 예술, 교육, 가사과 등이었고, 전문부 1학년은 각과 50명, 학부 1학년은 각과 별로 약간 명이었다.[12] 시험과목은 전문부의 경우 국어, 영어, 수학, 상식이었고, 학부의 경우는 국어, 영어, 국사 및 각 전공과목이었다.

　1946년 8월 3일 「동아일보」에는 당해 치러진 시험의 수험자와 입학생 수를 소개한 흥미로운 기사가 실려있다.[13] 기사에 따르면 대학 지원자가 많아 경쟁률이 높았다고 한다. 경성대학 예과의 경우 문과가 약 4:1로 가장 높았고, 이과 갑은 2.5:1, 이과 을은 3:1이었다. 이에 대학에서는 당초 모집정원 400명이었던 것을, 905명으로 늘려서 합격시켰다. 경성사범대학의 경우 학부생은 교육과에 20명이 지원하여 6명이 입학하였고, 국문과에는 14명이 지원하여 7명이 입학하였으며, 국사과와 영문과는 각각 15명이 지원하여 10명과 6명이 합격하였다.

　한편, 미군정은 부족한 교사를 충원하기 위해 중등교원임시양성소를 설치하여 운영하였다. 1946년 4월에 실린 모집 광고에 따르면 당시 임시양성소에서 선발한 인원은 문교부 중등교원임시양성소 산하 경성중학교 국사과 100명(5개월), 경성사범학교 국사과 50명, 경성여자사범학교 국사과 50명, 경성대학 예과

---

11) 「동아일보」(1946.06.03.)

12) 「동아일보」(1946.06.21.)

13) 「동아일보」(1946.08.03.)

국사과 50명, 연희전문학교 국사과 50명이었다.[14] 임시 양성소 입학을 위한 응시 자격은 2종 훈도 이상 자격증 소지자, 5년제 중등학교 졸업자, 증등학교 4년 수료자로서 별도의 자격시험 합격자, 보육학교 졸업자, 그리고 이상과 동등한 학력이 있다고 인정되는 자 등이었다. 그해 선발 시험은 1946년 4월 19~20일에 실시되었으며, 시험과목은 국어와 영어 및 각 전공 과목이었다.

전국적인 규모의 사범대학 설립과 역사교육과 증설

경성사범대학과 경성여자사범대학에 이어 같은 해에 대구사범학교가 국립대구사범대학으로 개편됨에 따라 사범대학은 3개로 늘어났다. 1948년에는 충남 공주에 공주사범대학이 설립되었다. 이로써 서울과 경상권, 충청·전라권의 사범대학에서 중등교사를 양성하는 체제가 마련되었다. 이들 대학의 역사교육과 개설 및 변화 과정을 살펴보면 다음과 같다.

1946년 서울대학교 사범대학에는 문학부 국문과, 영문과, 사회생활과, 이학부 수학과, 물리화학과, 생물과 등이 있었다. 역사교육과는 초기에 일반사회교육과 지리교육과와 함께 사회생활과에 속해 있다가 1950년에 사범대학 문학부 사회과 역사전공으로 분리되었다. 이후 1956년이 되어서야 사범대학 문학부 역사과로 독립하였다.[15] 1946년 서울대학교 사회생활과의 전공 개설 현황은 다음과 같다.

<표 7> 1946~1947년 서울대학교 사범대학 사회생활과 전공과목[16]

연도(학기)	개설과목(시수)
1946.1학기 (1946.09)	문화사(4), 고고학(2), 국제법(3), 사학개론(3), 조선중세사(3), 조선사연습(3), 동양사연습(2), 조선구미관계사(3)

---

14) 「동아일보」(1946.04.03.)

15) 서울대학교 사범대학 홈페이지(https://edu.snu.ac.kr) 연혁 및 역사교육과 홈페이지(https://histoedu.snu.ac.kr) 연혁 참조.

16) 서울대학교 사범대학 30년사 편찬위원회, 『民主敎育의 搖籃』, 1976, 61-71쪽(서울대

연도(학기)	개설과목(시수)
1946년 2학기 (1947.04)	문화사(4), 조선중세사(3), 근세철학사(4), 국제법(3), 동양사연(2), 사학개론(3), 조선사연습(2)
1947년 1학기 (1947.09)	문화사A(4), 문화사B(4), 조선사개론(3), 서양사개론(3), 철학개론(4), 지리학개론(3), 근세철학사(3), 종교철학(3), 윤리학개론(2), 법학개론(2), 세계지리각론(2), 동양윤리(3), 사학개론(3), 동양사연습(3), 조선사특강(2), 조선사연습(2), 서양사특강(2), 철학연습(2), 지리학특강(2)
1947년 2학기 (1948.04)	국사개론(2), 서양사개설(3), 조선지지(4), 근세철학사(3), 십구세기문화사(4), 윤리학개론(2), 세계지지(미주, 4), 세계지리(아세아, 2), 동양철학사(3), 인문지리(경제, 4) 인식론(4), 사학개론(3), 동양사연습(3), 조선사특강(2), 국사특강(2), 지질학(2), 칸트의 윤리사상(2), 서양사특강(3), 지리연습(3), 지리학방법론(2), 동양사개설(2), 사회생활과교수법(2), 사회생활과교육연습(6)

경북대학교 사범대학은 1946년 10월에 국립대구사범대학으로 개교하였다.[17] 학부로는 예과와 함께 6개학부(교육학과, 국문학과, 영문학과, 사회생활과, 수학과, 물리화학과)가 설치되었다. 서울내와 마찬가지로 경북대학교 사범대학의 역사교육과 역시 본래는 사회 생활과에 속해 있다가 1947년 10월에 사회생활과를 역사과와 사회과학과로 분리하였다.

공주사범대학은 1948년 국문과, 수학과, 가사과로 출범하였다. 초창기에 개설된 과목은 대략 다음과 같았던 것으로 보인다.

<표 8> 공주사범대학 초기의 교과목 개설 상황[18]

전공	국문과, 수학과, 가사과 각종 전공과목	총 142학점
교양	국어, 문화사(국사), 철학, 윤리, 영어, 법제, 사회학, 독어, 윤리, 체육, 음악 등	
교직	교육학, 심리학, 교육사, 교육행정, 아동심리, 교수법	

학교 역사교육과 홈페이지에서 재인용). 경성사범대학이 개교한 것은 1946년 9월이다. 따라서 1946년 인용한 책에 수록된 1946년 1학기는 그해 9월부터 시작되었을 것이다. 그러나 당시 국대안 파동으로(1946~1948) 강의는 정상적으로 운영되지 못하였다.

17) 경북대학교 사범대학 홈페이지(https://knutc.knu.ac.kr) 연혁 참조.

18) 지수걸, 앞의 논문, 131쪽.

공주사범대학의 역사교육과는 1962년 2월에 사회생활과 역사전공으로 처음 개설되었다. 초기에는 일반사회, 지리 교과와 함께 선발하였으나 그해 12월에 사회교육과 역사전공으로 개편하였으며, 1980년 10월 공주사범대학 역사교육과로 개칭되었다.

그러나 이들 양성기관만으로는 중등교사 충원이 어려웠다. 그나마도 1948년에 새로 설립된 공주사범대학의 경우 정원을 채우지 못하였다.[19] 같은 해 5월 말~6월 초 대구사범대학이 연이어 학생 모집 광고를 게재한 점을 고려하면[20], 당시 사범대학의 학생 충원률은 생각보다 낮았던 것으로 보인다.

상황이 이에 이르자 문교부는 1950년대 말까지 정규양성 과정으로 임시중등교원양성소를 두어 부족한 인원을 보충하였다. 이와 함께 비정규 교사양성제도로서 교직과정이 정착하였다. 교직과정은 일반대학에서 전공 외에 일정한 교직과목을 이수하면 2급 정교사 자격증을 부여하는 제도로 해방 직후인 1945년부터 운영되어 왔다. 1950년 대에는 사립대학교 내 사범대학도 설립되기 시작하였다. 1951년 이화여자대학교에 사범대학이 설립되었고, 1954년에는 수도여자사범대학이 2년제로 설립되었다.

1960년대 교사양성제도는 늘어난 초중등 교사의 질을 높이는 방향으로 개편되었다. 이 시기에 나타난 가장 큰 변화는 1961년 「교육에 관한 임시특례법」이 제정되어 중등교사를 모두 4년제 대학에서 양성하도록 한 것이다. 1962년에는 「국립학교설치령」이 제정·공포되면서 전국에는 9개의 교육대학이 설립되었

---

19) "公州師範大學學生追加募集要項"(「경향신문」, 1948.10.31. 2면 광고); "公州師範大學學生追加募集要項"(1948.11.02. 2면 광고).

20) 대구사범대학의 상황도 마찬가지였다. 1948년의 경우 대구사범대학은 1948년 5월 29일에 「조선일보」, 5월 30일에 「동아일보」와 「경향신문」, 6월 2일에 「조선일보」 등 학생모집 광고를 내보내고 있었음이 확인된다("大邱師範大學 男女學生募集", 「조선일보」, 1948.05.29; 「동아일보」, 1948.05.30, 1면 광고; 「경향신문」, 1948.05.30, 1면 광고; 「조선일보」, 1948.06.02, 2면 광고).

다.[21] 그럼에도 교사의 수가 부족하게 되자 정부는 1968년부터 중등교원양성소를 설치하여 초등교원에게 일정 시간의 재교육을 실시한 뒤 중등교사로 임용하기도 하였다.[22] 사립 사범대학들이 대량으로 설치·인가된 것도 이 무렵이다.

이에 따라 14개의 국·사립 사범대학이 추가로 신설되어 총 27개로 증가하였다. 입학정원도 1970년대까지만 해도 4,300명 수준이었던 것이 1980년대에 이르러 15,000명으로 늘어났다. 1985년에는 정예 교원 양성을 목표로 초·중등 교원을 모두 양성하는 한국교원대학교가 설립되었다. 신생 대학이나 기존에 교직과정이 없던 대학에는 교직과정이 지속적으로 개설되었다.[23]

1970~1980년대 교원수 부족은 제2차 베이비붐 세대(1964~1974년생)의 대학 입학과 관련이 있었다. 잘 알려진 것처럼 제1차 베이비붐 세대(1955~1963년생)는 경제 재건과 산업화를 주도하면서 고도 경제성장과 민주화의 주역으로 부상했다.[24] 그들은 경제수준이나 교육수준이 그들의 부모보다 훨씬 높았을 뿐 아니라 교육열도 높았다. 따라서 그들의 자녀는 대개 고등학교를 졸업하거나 전문대학 또는 4년제 대학에 입학했다. 게다가 1980년대 전두환 정부 시기에 졸업정원

---

21) 국립학교설치령(시행 1963.3.1)] [각령 제1148호, 1963.1.16., 일부개정]. 부칙 2조, "서울사범학교는 서울대학교 병설교육대학으로, 인천사범학교는 인천교육대학으로, 청주사범학교는 청주교육대학으로, 공주사범학교는 공주교육대학으로, 전주사범학교는 전북대학교 병설교육대학으로, 대구사범학교는 경북대학교 병설교육대학으로, 춘천사범학교는 춘천교육대학으로, 제주사범학교는 제주대학 부설교육과로 각각 개편한다."

22) 임시교원양성소규정(시행 1968.7.25.) [대통령령 제3532호, 1968.7.25., 일부개정]

23) 교원 수의 증가는 교원의 질 하락 문제를 야기하였다. 정부는 문제 해결을 위해 교직과정과 전공 성적이 각각 80점 이상인 자에게만 교사자격증을 발급하는 형태로 제도를 개선하였으며, 1982년 6월 「교원자격검정령시행규칙」을 개정하여 교직과정 신청자 중 당해학년의 학과별 졸업정원의 30% 범위 안에서만 교직과정을 이수할 수 있게 하였다.

24) 이주미, 「1, 2차 베이비붐세대의 소득 및 자산 특성 비교」『정책분석과 동향』, 보건복지포럼, 2025, 69-72쪽.

제를 구실로 대학 입학 정원을 크게 확대함에 따라 중등 학교의 수요가 더욱 증가하게 되었다.

그러나 문제는 단기적인 인구증가와 맞물려 학교의 수가 증가한 속도보다 교원자격증 소지자의 수가 더 빨리 늘어났다는 데 있었다. 정부의 정책은 정부의 정책은 시기별 수요에 대응하여 교원 수를 늘리는 형태로만 추진되었을 뿐, 장기적 대책은 충분하지 않았다. 그 결과 국공립 사범대학 졸업생 우선 발령 제도를 시행하였음도, 1980년대 중후반에는 국공립대 사범대학 졸업후에도 발령을 받지 못하는 미발령 적체 인원이 크게 증가하였다.[25]

교원 과잉 공급과 적체로 인한 불만의 목소리가 높아지자 정부는 이를 해소하기 위해 1989년 정부는 「교원양성ㆍ임용제도 개선을 위한 종합대책안」을 발표했다.[26] 이 대책의 핵심은 국ㆍ공립 교원양성기관 졸업생 우선 임용 제도를 폐지하는 것이었다. 즉 교원자격증 소지자 전체를 대상으로 공개경쟁 채용 시험을 실시하는 제도로 전환하기로 하였으며, 해당 정책은 1990학년도 입학생부터 적용하기로 했다.

---

25) 이들 중 일부는 미발령 교사 완전발령 추진위원회(미발추)를 결성하고 당시 정부의 정책이 부당함을 알리는 집회를 열고 법원에 위헌 소송을 제기하였다. 이에 헌재는 2003년 12월에 1990년 헌법재판소의 위헌결정에 따라 교사로 임용되지 않은 국립사대 졸업생들을 구제해야 한다는 판결을 내렸다. 2005년 5월 4일 국회는 본회의를 열어 1990년 헌재의 위헌결정에 따라 교사로 임용되지 않은 국립사대 졸업생들을 구제하는 내용의 '국립사대졸업자 교원미임용자 임용특별법'과 '병역의무 관련 교원미임용자 채용특별입법'을 통과시켰다.

26) 문교부, 「교원양성ㆍ임용제도 개선을 위한 종합대책안」, 1989. 8. 1980년대 초반 도입된 졸업정원제로 인해 대졸자들의 일반 직장 취업이 어려워지자 임용 포기자가 줄면서 국립 사대생들이 주를 이룬 발령 대기자가 급증하였다. 1987년도부터는 사립 사대생을 위한 순위고사 자체를 폐지하였다. 이와 함께 교육부는 90학번이 졸업할 때부터(94학년도)는 공개경쟁선발제도를 도입하겠다는 '교원양성ㆍ임용제도 개선을 위한 종합대책안'을 발표하였다("교단에 서는 꿈으로 견뎌왔어요", 「한국교육신문」(20020.9.16); "(교원정책 진단) 초등임용시험 양극화와 교사 이탈 사태의 원인과 대안-광주ㆍ전남지역 사례", 「에듀인뉴스」(2017.10.16).

그러나 1990년에 중등교원 임용 과정에 중대한 변화가 발생했다. 사립 사범대학 졸업생과 재학생이 국·공립 우선임용 규정(교육공무원법 제11조 제1항)에 대해 헌법소원을 제기한 것이다. 사안을 접수한 헌법재판소는 1990년 10월 해당 조항이 평등권과 직업선택권을 침해한다며 위헌 판결을 내렸다.[27] 그 결과 1990년 입학생부터 적용하기로 했던 중등교사 임용시험을 3년 앞당겨 1990년 말부터 시행하게 되었다. 국·사립 사범대학, 일반대학 교육학과, 교직과정, 교육대학원 등에서 교원자격증을 취득한 사람이라면 누구나 동일한 시험을 통해 교사가 될 수 있게 된 것이다.

역사교육 또한, 사범대학의 역사와 함께 부침을 겪어왔다. 1970년대까지는 사범대학에 역사교육과가 설치된 대학이 그리 많지 않았으나 사범대학이 크게 증가하던 1980년대에는 부산대학교를 비롯하여 7개 대학에 역사교육과가 설치되었다. 그리고 2010년대 이후 인천대학교와 가톨릭관동대학교에 역사교육과가 설치되었다. 2025년 기준 전국에는 23개의 국공립 및 사립대학에 역사교육과 또는 사회교육과 역사전공(역사교육전공)이 설치되어 있으며, 약 500명(정원 외 포함) 정도의 학생을 매년 모집하고 있다.

<표 9> 전국의 사범대학 역사교육과 현황

대학	학과(전공)	설립연도	정원	유형	비고
서울대학교	역사교육과	1946	18	국립	
경북대학교	역사교육과	1946	17	공립	
이화여자대학교	사회과교육과 역사교육전공	1951	24	사립	
공주대학교	역사교육과	1962	19	국립	
동국대학교	역사교육과	1969	27	사립	
전남대학교	역사교육과	1973	19	국립	

---

27) 헌법재판소, 「교육공무원법 제11조 제1항 등에 대한 헌법소원(교원채용차별 사건)」, 전원재판부 89헌마89(1990.10.8.).

대학	학과(전공)	설립연도	정원	유형	비고
원광대학교	역사교육과	1973	25	사립	
신라대학교	역사교육과	1973	30	사립	
홍익대학교	역사교육과	1973	21	사립	
대구가톨릭대학교	역사교육과	1973	19	사립	
서원대학교	역사교육과	1973	25	사립	
강원대학교	역사교육과	1974	16	국립	
충북대학교	역사교육과	1977	15	국립	
대구대학교	역사교육과	1978	30	사립	
부산대학교	역사교육과	1980	18	국립	
총신대학교	역사교육과	1980	25	사립	
한남대학교	역사교육과	1980	29	사립	
경상국립대학교	역사교육과	1981	15	국립	
성균관대학교	역사교육과	1981	-	사립	1997년 폐지
고려대학교	역사교육과	1984	30	사립	
한국교원대학교	역사교육과	1984	19	국립	
전북대학교	사회교육학부 역사교육전공	1984	12	국립	
인천대학교	역사교육과	2011	10	국립	
가톨릭관동대학교	역사교육과	2016	30	사립	

※ 2025년 12월 기준

역사교사 자격 취득을 위한 교육과정 이수 조건

현행 법령(교원자격 무시험검정, Certification without Additional Testing)에 따르면 사범대학 역사교육과를 졸업하거나 교직과정을 이수하면 2급정교사 자격을 취득할 수 있다.[28] 「행정권한의 위임 및 위탁에 관한 규정」 제22조 2항 2~3호(국공립대학교, 종합교원양성대학 등), 「행정권한의 위임 및 위탁에 관한 규정」 제45조 1항 1~2호(사립대학 등)에 따라 각 대학의 총장은 다음과 같은 자

---

28) 「교원자격검정령 시행규칙」 [교육부령 제353호(2025.3.4. 일부개정)], 56-57쪽. 교육대학원 석사 졸업, 교직이수 등도 포함된다.

격 요건을 갖추고, 전공 성적 평균 75점 이상, 교직과목 평균 80점 이상을 취득
하면 교사 자격증을 부여한다.

<표 10> 역사교사 자격 요건

전공과목	교직과목	교직적성 및 인성검사	응급처치 및 심폐소생술	성인지교육
50학점(기본이수 과목 7과목 21학점 이상, 교과교육영역 3과목 8학점 이상)	22학점(교직이론 6과목 12학점 이상, 교직소양 6학점 이상, 교육실습 4학점 이상)	2회 이상	2회 이상	4회 이상

　　사범대학 역사교육과의 교육과정은 교육부에서 규정한 표시과목을 토대로
편성된다. 중등 교원 임용을 위한 표시과목은 크게 역사교육론, 역사학방법론,
분야사, 한국사, 세계사, 현대사 등 6개 분야로 구분된다. 이 가운데 역사교육론
에 해당하는 과목으로는 역사교육론, 역사교재연구 및 지도법, 역사교과논리 및
논술, 역사교육교재개발 및 과정연구, 역사교과교수 및 평가 등이 있다. 역사교
육론과 역사교재연구 및 지도법, 역사교과 논리 논술은 전공 필수 교과이고, 나
머지는 전공선택 또는 심화과목이다. 내용학에 속하는 과목으로는 전공기초에
해당하는 한국사 · 서양사 · 동양사 강독 교과가 있고, 전공 필수에 해당하는 한
국사개론, 역사학개론, 사학사가 있다. 그 밖의 시대사 및 분야사 교과는 선택
또는 심화과정에 해당한다.

　　교과교육학은 교육과정과 교수학습방법론을 포괄하는 영역으로 학생들에게
역사를 가르치고 평가하는 이론과 방법을 학습하고 실연하는 과정에 초점을 둔
다. 반면, 교과내용학은 역사교과를 이루는 기본적인 내용 지식으로서, 역사교
육의 냉요적 토대를 이룬다. 따라서 전문성을 갖춘 교사로 성장하기 위해서는
교과교육학과 교과내용학 관련 역량을 함께 신장할 필요가 있다.[29]

---

29) 「교원자격검정령 시행규칙」 [교육부령 제353호(2025.3.4. 일부개정)]

<표 11> 중등학교 교사자격 취득을 위한 역사교과 표시과목[30]

표시과목	관련학과 또는 학부	기본이수과목(또는 분야)	비고
역사	역사교육, 역사학 및 관련되는 학부 (전공·학과)	(1) 역사교육론(또는 사회교육론) (2) 역사학방법론(역사학개론, 사료강독) (3) 분야사(한국근현대사, 한국사회경제사, 한국사상·문화사, 한국대외교류사, 동서교류사, 사학사) (4) 한국사(한국고대사, 한국중세사, 한국근세사, 한국근대사) (5) 세계사(동아시아 고대사, 동아시아 중세사, 동아시아 근세사, 동아시아 근대사, 서양고대사, 서양중세사, 서양근대사, 인도·동남아시아사, 서남아시아·아프리카사, 아메리카사) (6) 현대사(한국현대사, 동아시아현대사, 서양현대사, 20세기 현대사, 현대세계와한국)	(1)-(6) 분야 중 각 분야에서 1과목 이상 이수

역사교사 자격취득을 위한 평가 요소

<표 12> 역사교사 자격 취득을 위한 평가영역 및 평가내용 요소[31]

구분	기본 이수 과목 및 분야	평가 영역	평가 내용 요소	중등학교교육과정 관련성
교과 교육학	역사 교육론	역사 교육 이론	역사교육학의 이론과 체계	無
			역사교육 연구방법론	無
			외국의 역사교육	無
			역사교육과 역사학의 관계	無
			역사교육의 목표와 내용 선정 조직의 원리	無
			역사교육사	無
		역사 교육 과정	역사교육과정의 목표와 체계	○ 사회, 역사, 한국사, 세계사, 동아시아사 교육과정-목표
			역사교육과정의 내용 체계의 연계성	○ 사회, 역사, 한국사, 세계사, 동아시아사 교육과정-내용-내용체계
			교육과정의 내용 체계에 따른 적절한 수업 계획 설계	○ 사회, 역사, 한국사, 세계사, 동아시아사 교육과정-교수학습방법
			역사교과서의 구성 원리와 체계	無

---

30) 교육부, 『2025년도 교원자격검정 실무편람』, [별표3] 교사자격종별 및 표시과목별 기본이수과목(또는 분야), 213쪽.

31) 한국교육과정평가원·역사교육연구회, 「중등학교교사 표시과목 역사 평가영역 및 평가내용요소」, 2008, 7-10쪽.

구분	기본 이수 과목 및 분야	평가 영역	평가 내용 요소	중등학교교육과정 관련성
		역사 수업 능력	역사 수업 유형에 관한 지식과 실천	◦ 사회, 역사, 한국사, 세계사, 동아시아사 교육과정-교수학습방법
			학습 주제에 맞는 수업 자료에 대한 정보	◦ 사회, 역사, 한국사, 세계사, 동아시아사 교육과정-교수학습방법
			수업 교재나 수업 자료의 제작과 활용	◦ 사회, 역사, 한국사, 세계사, 동아시아사 교육과정-교수학습방법
			수업 활동 종류의 특성	◦ 사회, 역사, 한국사, 세계사, 동아시아사 교육과정-교수학습방법
		학생에 대한 이해	학생의 역사적 사고와 인지발달	無
			역사교과와 관련된 학생의 선개념 및 오개념	無
			학생이 가지고 있는 관심, 흥미를 고려한 수업	◦ 사회, 역사, 한국사, 세계사, 동아시아사 교육과정-교수학습방법
		학생 평가	역사학습의 평가 원리 및 이론	◦ 사회, 역사, 한국사, 세계사, 동아시아사 교육과정-평가
			적절한 평가 도구의 개발과 적용	◦ 사회, 역사, 한국사, 세계사, 동아시아사 교육과정-평가
			평가 결과의 분석 해석 활용	◦ 사회, 역사, 한국사, 세계사, 동아시아사 교육과정-평가
		교과 교육과 교과 내용의 연계 능력	역사교육 이론과 역사적 사실의 연계	無
			역사적 자료의 수업 자료로의 변환	◦ 사회, 역사, 한국사, 세계사, 동아시아사 교육과정-교수학습방법
			역사적 자료나 역사적 사실로부터 역사교육적 의미 도출	◦ 사회, 역사, 한국사, 세계사, 동아시아사 ◦ 교육과정-내용-영역별 내용
			역사적 개념, 용어, 일반화를 역사교육에 적용할 수 있게 재구성	◦ 사회, 역사, 한국사, 세계사, 동아시아사 ◦ 교육과정-내용-영역별 내용
교과 내용학	역사학 개론	역사학의 성격 이해	역사학의 학문적 특성	◦ 역사 Ⅰ.1. 역사의 의미와 역사 학습의 목적 ◦ 세계사 Ⅰ.1. 세계사 학습의 필요성 ◦ 동아시아사 Ⅰ.1. 동아시아와 동아시아사
			역사철학과 역사설명 역사이해에 관련된 이론	無

구분	기본 이수 과목 및 분야	평가 영역	평가 내용 요소	중등학교교육과정 관련성
			역사학의 사조	無
			사료의 종류와 사료 비판	無
			역사학의 연구 방법론	無
	한국사	고대사	기본적인 역사적 사실 지식	◦중학교 역사2 Ⅰ. 선사문화와 고대국가의 형성 Ⅱ. 남북국의 시대 전개 ◦고등학교 한국사 Ⅰ.1. 고대 국가의 지배 체제 Ⅰ.2. 고대 사회의 종교와 사상

		중세사	시대사 이해에 필요한
			용어, 개념, 일반화
			
			중요한 사건의 선정 및
			그것이 가지는 역사적 의미
			
			사학사
				◦중학교 역사2
				 Ⅲ. 고려의 성립과 발전
				 Ⅳ. 고려 사회의 변천
				 Ⅴ. 조선의 성립과 발전
				
				◦ 고등학교 한국사
				 Ⅰ.3. 고려의 통치 체제와 국제 질서
				  의 변동
				 Ⅰ.4. 고려의 사회와 사상
				 Ⅰ.5. 조선 시대 세계관의 변화
				 Ⅰ.6. 양반 신분제 사회와 상품 화폐
				  경제

		근대사	세계사적 흐름과의 관련성 역사적 자료의 분석	◦중학교 역사2 Ⅵ.1. 국민 국가의 수립 Ⅵ.2. 자본주의와 사회 변화 ◦고등학교 한국사 Ⅱ. 근대 국민 국가 수립 운동
		현대사	역사적 자료와 역사적 개념의 연계	◦중학교 역사2 Ⅵ.3. 민주주의의 발전 Ⅵ.4. 평화 통일을 위한 노력 ◦고등학교 한국사 Ⅱ. 국민 국가의 수립 Ⅲ. 일제 식민지 지배와 민족 운동의 전개 Ⅳ. 대한민국의 발전

구분	기본 이수 과목 및 분야	평가 영역	평가 내용 요소	중등학교교육과정 관련성
	세계사 (동 서양사)	고대사	기본적인 역사적 사실 지식	◦ 중학교 역사1 Ⅰ. 문명의 발생과 고대 세계의 형성 Ⅱ. 세계 종교의 확산과 지역 문화의 형성
			시대사 이해에 필요한 용어, 개념, 일반화	◦ 고등학교 동아시아사 1. 동아시아 역사의 시작
			중요한 사건의 선정 및 그것이 가지는 역사적 의미	◦ 고등학교 세계사 1. 인류의 출현과 문명의 발생 2 동아시아 지역의 역사
		중세사	사학사	◦ 중학교 역사1 Ⅲ. 지역 세계의 교류와 변화 ◦ 고등학교 동아시아사 Ⅱ. 동아시아 세계의 성립과 변화
			한국사, 세계사적 흐름과의 관련성	◦ 고등학교 세계사 Ⅲ. 서아시아 · 인도 지역의 역사 Ⅳ. 유럽 · 아메리카 지역의 역사
		근대사	동 · 서양사의 각 지역별 특성 비교	◦ 중학교 역사1 Ⅳ. 제국주의 침략과 국민 국가 건설 운동 Ⅴ. 세계 대전과 사회 변동
			동서양 교류사	◦ 고등학교 동아시아사 Ⅳ. 동아시아의 근대화 운동과 반제국주의 민족 운동
			역사적 자료의 분석	◦ 고등학교 세계사 Ⅴ. 제국주의와 두 차례 세계 대전
		현대사	역사적 자료와 역사적 개념의 연계	◦ 중학교 역사1 Ⅵ. 근 · 현대 사회의 전개 ◦ 고등학교 동아시아사 Ⅴ. 오늘날의 동아시아 ◦ 고등학교 세계사 Ⅵ. 현대 세계의 변화

한편, 「중등학교교사 표시과목 역사 평가영역 및 평가내용요소」에는 역사교사의 자격기준이 함께 제시되어 있다. 작성 이후 10여 년이 경과하였으나 역사교육과의 교육과정과 국가교육과정, 그리고 교사론 관련 내용이 균형있게 포함되어 있어 역사교사 양성 기준 설정에 시사하는 바가 크다. 영역은 크게 교과교육, 교과내용, 학생평가 등 세 부분으로 구성되며, 각 영역별 자격기준과 세부 자격 기준이 제시되어 있다.

<표 13> 역사교사의 자격기준[32]

영역 (대범주)	역사교사 자격기준	세부자격기준
교과 교육 영역	1. 역사교사는 역사교육 이론 전반을 이해한다.	1.1 역사교사는 역사교육학의 체계를 이해한다. 1.2 역사교사는 역사교육 연구 방법론을 이해한다. 1.3 역사교사는 역사교육사를 이해한다. 1.4 역사교사는 외국의 역사교육을 파악한다.
	2. 역사교사는 역사교육과정을 이해한다	2.1 역사교사는 역사교육과정의 목표와 체계를 이해한다. 2.2 역사교사는 역사교육 목표와 내용 선정 조직의 원리를 이해한다. 2.3 역사교사는 역사교육과정의 내용 체계의 연계성을 이해한다. 2.4 역사교사는 역사교육과정의 내용 체계에 맞는 수업 계획을 설계할 수 있다.
	3. 역사교사는 역사학의 연구 성과를 역사교육에 적용하는 자세를 갖는다.	3.1 역사교사는 지속적으로 역사학의 연구 동향에 관심을 가지고 파악한다. 3.2 역사교사는 최근의 역사학 연구 성과를 역사교육에 도입하여 활용할 수 있다.
	4. 역사교사는 바람직한 역사교육관을 갖는다.	4.1 역사교사는 전문성 개발을 위해 끊임없이 노력하는 자세를 갖는다. 4.2 역사교사는 학생의 역사 이해에 어려움이 파악되면 적극적으로 이를 해결하기 위해 반성한다. 4.3 역사교사는 교육공동체 구성원들과 강한 유대를 맺고자 노력한다. 4.4 역사교사는 역사의 본성과 관련하여 역사교육의 목적을 이해한다. 4.5 역사교사는 학생의 학습과 진로에 관해 소통하고 상담하는 자세를 갖는다.

---

32) 한국교육과정평가원 · 역사교육연구회, 「중등학교교사 표시과목 역사 평가영역 및 평가내용요소」, 2008, 3-5쪽.

영역 (대범주)	역사교사 자격기준	세부자격기준
	5. 역사교사는 역사교과서나 교재에 대해 분석 능력을 갖춘다.	5.1 역사교사는 역사교과서의 구성 원리와 내용을 파악한다. 5.2 역사교사는 역사교과서 내용을 재구성하여 수업에 제시할 수 있다. 5.3 역사교사는 다양한 역사교재의 종류와 특성을 파악한다.
교과 내용 영역	6. 역사교사는 역사학의 성격을 이해한다.	6.1 역사교사는 역사학의 학문적 특성을 이해한다. 6.2 역사교사는 사료의 성격을 이해하고 사료를 비판하는 능력을 갖춘다. 6.3 역사교사는 역사학의 연구 방법론을 이해한다. 6.4 역사교사는 역사적 자료의 역사학적 가치를 이해한다.
	7. 역사교사는 학문적으로 중요한 개념 및 일반화를 이해한다.	7.1 역사교사는 역사 연구에 필요한 인접 학문의 중요 개념 및 일반화를 이해한다. 7.2 역사교사는 역사학에 필수적인 개념 및 일반화를 이해한다. 7.3 역사교사는 정치사, 경제사, 사회사, 문화사 등의 특징을 파악한다.
	8. 역사교사는 고대사, 중세사, 근대사, 현대사의 시대적 성격과 변화 발전의 흐름을 파악한다.	8.1 역사교사는 각 시대별로 기본적인 역사적 사실을 이해한다. 8.2 역사교사는 각 시대별 중요 사건을 선정하고 그 내용을 이해한다. 8.3 역사교사는 각 시대의 성격의 변화와 발전의 흐름을 이해한다.
	9. 역사교사는 한국사, 동서양사를 비교하여 파악한다.	9.1 역사교사는 한국사 및 동 서양사의 지역적 특성을 파악한다. 9.2 역사교사는 각 지역의 역사를 비교하여 공통점과 차이점을 이해한다.
	10. 역사교사는 세계사적 전망에서 역사를 이해한다.	10.1 역사교사는 각 시대의 변화와 발전, 지역간 교류사를 종합적으로 이해한다. 10.2 역사교사는 세계사적 관점에서 각 지역별, 시대별 역사가 가지는 보편성과 특수성을 이해한다.
학생 평가 영역	11. 역사교사는 학생을 이해한다.	11.1 역사교사는 학생의 역사적 사고와 인지발달 단계를 이해한다. 11.2 역사교사는 역사교과와 관련된 학생의 선개념 오개념을 파악한다. 11.3 역사교사는 학생의 관심 흥미를 고려하여 수업을 설계한다.
	12. 역사교사는 수업 능력을 갖춘다.	12.1 역사교사는 내용에 적합한 수업 유형을 선정할 수 있다. 12.2 역사교사는 다양한 수업방법의 특징을 파악하고 적절하게 응용할 수 있다. 12.3 역사교사는 학습 주제에 맞는 수업자료에 대한 정보를 파악하고, 이를 제작 활용할 능력을 갖춘다. 12.4 역사교사는 수업 중 학생 활동의 종류나 특성을 이해한다.
	13. 역사교사는 역사를 역사교육에 적합한 지식으로 연계하고 변환하는 능력을 갖춘다.	13.1 역사교사는 역사교육 이론과 역사적 사실의 관련성을 파악한다. 13.2 역사교사는 역사적 자료를 수업 자료로 변환할 수 있다. 13.3 역사교사는 역사적 개념, 용어, 일반화를 역사교육에 적용할 수 있게 재구성할 수 있다. 13.4 다양한 교수내용지식을 개발하고, 이를 수업에 적용할 수 있다.

영역 (대범주)	역사교사 자격기준	세부자격기준
	14. 역사교사는 학생평가에 관한 원리와 이론을 이해한다.	14.1 역사교사는 역사적 사고력과 연계한 평가 원리와 이론을 이해한다. 14.2 역사교사는 서술형 논술형 평가 문항과 선택형 평가 문항의 제작 원리와 공정하고 객관적인 채점 방안을 이해한다. 14.3 역사교사는 학생의 특성 및 배경을 고려하여 공정하게 평가를 실시하고, 평가의 적절성을 판단한다.
	15. 역사교사는 적절한 평가 도구의 개발과 적용 능력을 갖춘다.	15.1 역사교사는 학생이 달성해야 할 학습목표를 고려하여 평가의 목적을 분명히 하고 구체화한다. 15.2 역사교사는 학습목표 및 평가 목적에 적합한 평가방법을 개발한다. 15.3 역사교사는 평가문항의 타당도, 신뢰도를 높이는 방안을 이해한다
	16. 역사교사는 평가결과를 분석하여 그결과를 수업에 활용한다.	16.1 역사교사는 학습 단계별로 학생의 특성과 수준에 적합한 평가방법을 선택한다. 16.2 역사교사는 평가결과를 정확하고 타당하게 분석 및 해석해야 한다. 16.3 역사교사는 평가결과의 피드백을 통해 수업 및 학생에 대한 교육적 의사결정에 활용한다.

위의 표에서 주목할 점은 교과교육 영역의 자격 기준이 교과내용에 기반하여 작성되었다는 점과 교과교육-교육내용-교육평가 영역이 밀접하게 연관되어 있다는 점이다. 그것은 2015개정 교육과정 이후 학교 현장에서 강조하는 '교육과정-수업-평가-기록 일체화'와도 맥락을 같이한다.[33] 사실상 사범대학의 역사교사는 세 영역을 기준으로 교육과정을 편성하고, 이론과 실습을 병행하는 방식으로 양성된다고 할 수 있다.

---

33) 이명섭 외, 『교육과정-수업-평가-기록 일체화: 실천편』, 에듀니티, 2017, 39-40쪽, "학생의 성장을 목표로 교과 교육과정을 성취기준 중심으로 재구성하여, 학생이 참여하고 중심이 되는 수업을 실천하고 수업 활동 과정을 관찰하여 평가하고 그 평가 과정을 구체적이고 맥락적으로 기록하는 것이다."

2. 북한의 교사양성 제도와 사범대학 교육과정

조선을 식민지화한 일본은 한반도를 원료공급지이자 상품시장으로 만들고자 하였다. 이를 위해 일본은 각 지역의 특성에 맞는 차별화된 산업정책을 추진하였다. 농지가 풍부한 남부 지역에는 대규모 농장을 조성하여 식량 수탈의 기지로 삼았고, 지하자원이 풍부한 북부 지역에는 제철소와 석탄 공장 등 중공업 시설을 집중적으로 건설하였다. 1910년대 후반부터 목포, 군산, 진남포(남포), 신의주, 함흥, 원산 등 해안 지역이 항구도시로 급속히 발전한 것도 이러한 식민지 산업정책과 밀접한 관련이 있었다.

1930년대에 접어들어 일본의 대륙침략이 본격화되면서 북한 지역의 공업화는 한층 더 가속화되었다. 정치권력과 결탁한 일본의 거대 기업재벌들은 값싼 노농력과 풍부한 원료를 활용하기 위해 북한 지역에 앞다투어 진출했다. 그 결과 관서, 관북, 함흥 일대를 중심으로 대규모 군수공업 단지가 조성되었다. 노구치 콘체른(日窒コンツェルン)이 건립한 흥남비료공장과 조선송전회사[34], 일본제철주식회사가 건립한 청진제철소, 오지제지(王子製紙)가 설립한 신의주 조선제지주식회사(朝鮮製紙株式會社) 등이 이 시기 건설된 대표적인 시설이었다.

이러한 집중적인 공업투자 결과 해방 당시 북한 지역에는 화학, 비철금속 중심의 군수공업과 대규모 발전소 등 상당한 수준의 중공업 시설이 집중되어 있었다. 이들 공장과 시설은 일제가 패망한 후에도 대부분 가동 가능한 상태로 남아 있었다. 따라서 해방 직후 산업시설 면에서 북한은 남한보다 상대적으로 우위에 있었다.

그러나 이러한 산업시설의 발달과는 대조적으로 교육시설은 극도로 열악한 상태였다. 그나마 남한에는 경성제국대학을 비롯하여 약 20여 개의 전문학교가

---

34) 손정목, 「일제하 화학공업도시 흥남에 관한 연구(上)」 『한국학보』 16(2), 일지사, 1990, 204-206쪽; 차승기, 『식민지/제국의 그라운드 제로, 흥남』, 푸른역사, 2022, 23-49쪽.

있었지만 북한에는 3개의 기술전문학교와 6개의 사범학교가 전부였다. 특히 심각했던 것은 교원 부족 문제였다. 해방 직후 북한 지역의 조선인 교원은 초등교사 8,596명, 중등교원 669명에 불과했으며, 조선인 출신 대학교원은 단 7명뿐이었다.[35] 이는 1945년 해방과 함께 식민지 시대에 억압되었던 교육 열망이 폭발적으로 분출되면서 학교 설립과 학생 수가 급증한 당시 상황과 대비되는 것이었다.

북조선임시인민위원회는 이러한 문제를 해결하기 위해 1946년 3월부터 평양과 각 도에 단기 교원양성소를 설치하여 긴급하게 교원을 양성하기 시작했다. 당과 정부, 공장, 기업소에서 근무하던 사람들 가운데 일정한 지식을 갖춘 이들을 선발하여 국가 부담으로 교육을 실시한 결과, 1946년 7월까지 2,000명의 인민학교 교원을 배출하게 되었다.[36]

사범전문학교와 교원대학의 창설

1946년 7월 7일은 북한 사범교육의 중요한 전환점이 되었다. 북조선임시인민위원회는 이날 중등교원 양성을 위한 교원대학과 초등교원 양성을 위한 사범전문학교 창설을 결정하였다.[37] 사범전문학교는 초급 중학교 졸업 후에 입학하는 3년제 후기 중등교육기관이고, 교원대학은 중등학교 졸업 후에 진학할 수 있는 2년제 대학이었다. 사범전문학교 졸업자는 보육원과 인민학교 교원자격을 받았으며, 교원대학 졸업자는 중등학교 교원자격을 인정받았다. 이때 건립된 대학이

---

35) 박혜숙, 「사회주의체제 형성기 북한 교원의 충원과 관리」 『현대북한연구』 15권 3호, 2012, 213쪽.

36) 이동윤, 「북한의 교원양성제도 연구」, 한국교원대학교 석사학위논문, 2008, 32-33쪽; 김창호, 『조선교육사』 3, 사회과학출판사, 1990, 136쪽. 이후에도 교원양성소는 계속 운영되어 1947년 2월에도 2,000명이 더 양성되었으며, 1948년에는 44개의 인민교원양성소에서 3,180명이 배출되었다(박혜숙, 앞의 논문, 212쪽).

37) 국사편찬위원회, 『북한 공보』 「북조선임시인민위원회 법령공보 제56호, 북조선 고등교육사업 개선에 관한 결정서」, 1946.7.22(작성일:1946.7.7).

평양교원대학과 청진교원대학이었다. 두 대학은 7개 학과(청진은 6개 학과)를
개설하여 총 1,000명의 중등 교원을 양성하는 것을 목표로 하였다.

<표 14> 교원대학의 학과 구성 계획[38]

학교명	개설학과	모집인원
평양교원대학	수물과(數物科), 인민역사과(人民歷史科), 국어문과(國語文科), 화학과(化學科), 박물과(博物科), 지리과(地理科), 외국어과(外國語科)	600
청진교원대학	수물과(數物科), 인민역사과(人民歷史科), 국어문과(國語文科), 화학과(化學科), 박물과(博物科), 지리과(地理科)	400

두 대학에 설치된 학과 중 역사교육을 담당한 곳은 인민역사과였다. 인민역
사과에서는 조선사와 세계사를 함께 가르치는 것을 목표로 하였으며, 전체 정원
1,000명 가운데 정원은 160명이었다.[39]

교육부와 인민위원회의 적극적인 관심과 지원 속에서 평양과 청진에 건립된
교원대학이 어느 정도 자리를 잡게 되자 신의주, 해주, 원산 등 주요 도시에도
교원대학을 설립하기 시작하였다. 그것은 1946년 7월 10일 북조선임시인민위원
회의 결정에 따른 것이었다.[40]

---

38) 국사편찬위원회, 『북한 공보』「법령공보 증간 2호, 敎員大學(師範專門) 設立에 關한
件」, 1947.01.15(작성일: 1946.7.7). 당시 북한 당국은 1000명의 학생을 모집할 계획
을 세웠는데, 선발 인원은 평양교원대학 600명(1학년 360명, 2학년 240명), 청진교
원대학 400명(1학년만)이었다고 한다. 인민역사과의 정원은 평양교원대학 80명(1학년
40명, 2학년 40명), 청진교원대학 80명으로 총160명이었다. 자세한 내용은 허은철,
위의 논문, 81쪽 참조.

39) 국사편찬위원회, 『북한 공보』「북조선임시인민위원회 법령공보 제56호, 북조선 고등
교육사업 개선에 관한 결정서」, 1946.7.22(작성일: 1946.7.7); 허은철, 「북한의 역사교
사 양성과 역사교육」『평화통일연구』 2호, 총신대학교 평화통일연구소, 2020, 81쪽.

40) 1946년 7월 10일에 발표된 북조선임시인민위원회 제54호 결정에 따라 각 도에 중등
교원 양성을 위한 교원대학이 설립되었다.

<표 15> 1947년~한국전쟁 이전에 건립된 북한의 교원대학과 학과[41)]

대학명	설립일자	학과	모집학생수
평양교원대학	1946.10.1	교육학과, 력사지리과, 어문과, 수물과, 생물화학과, 체육과	300
평양사범대학	1948.10.1	교육학과, 력사지리과, 어문과, 수물과, 생물화학과, 체육과	150
청진교원대학	1946.10.1	력사과, 조선어문과, 지리과, 화학과, 박물과, 로어과	270
신의주교원대학	1947.10.10	력사과, 조선어문과, 수물과, 화학과, 박물과, 로문과, 체육과	210
해주교원대학	1948.10.5	력사과, 조선어문과, 지리과, 수물과, 화학과, 박물과, 로어과, 체육과	미상
원산교원대학	1949.10.15	력사과, 조선어문과, 지리과, 수물과, 화학과, 박물과, 로어과	미상

위의 표에서도 확인되는 것처럼 북한 정권 초기에 설립된 교원대학에는 모두 력사과가 개설되어 있었다. 그것은 북한에서 해방 직후부터 역사 과목을 정치화하려는 의도가 반영된 조치로 이해된다. 대학 학과를 나열할 때 대부분 력사과가 가장 앞에 제시되어 있다는 점도 인상적이다.

교원대학은 북한의 최고 대학 중 하나였으므로, 입학 자격과 진급 및 졸업시험 규정을 법령으로 정하였다. 2년제로 운영되던 1946년 당시의 입학 자격은 다음과 같다.[42)]

第3章 고등교육체계
제7조 교원대학은 2년제로 하고 제1학년 입학자는 다음과 같다.
  1. 고급중학교 졸업자
  2. 사범전문학교 졸업자

---

41) 조선중앙통신사, 『조선중앙년감』, 조선중앙통신사, 1950, 346쪽(박혜숙, 위의 논문, 209쪽에서 재인용). 국사편찬위원회에서 구축한 『북한 공보』에는 실제 인원수가 평양교원대학 300명, 청진교원대학 270명으로 기록되어 있다.

42) 국사편찬위원회, 『북한 공보』「1946년 12월 법령공보 제10호, 北朝鮮學校敎育體系에 關한 規程 및 그 實施에 關한 措置에 對한 決定書」, 1946.12.24(작성일: 1946.12.18).

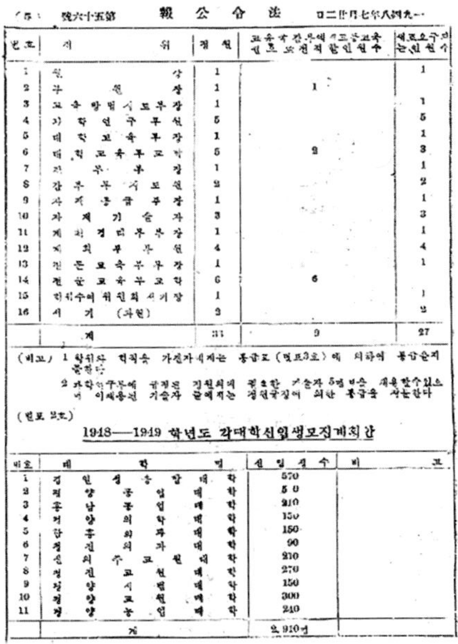

북조선 고등교육사업 개선에 관한 결정서[43]

3. 전항 1 · 2호와 동등 이상의 학교 졸업자

4. 고급학교 입학자격검정시험 합격자

교원대학에 입학하기 위해서는 고급중학교 또는 사범전문학교를 졸업해야 했다. 사범전문학교를 졸업하고 초등교사 임용자격을 얻은 교사들도 중등교사 자격을 갖추기 위해서는 2년제 교원대학에 다시 입학을 해야 했던 것이다.

1948년 북한은 다시 수업연한을 수정하였다. 김일성대학, 평양공업대학, 흥남공업대학, 평양의학대학, 청진의과대학, 함흥의과대학 등 6개 대학은 4년, 평양농업대학과 평양사범대학은 3년, 평양교원대학, 청진교원대학, 신의주교원대

---

43) 국사편찬위원회, 『북한 공보』 「1948년 07월 법령공보 제56호, 북조선 고등교육사업 개선에 관한 결정서」, 1948.07.22(작성일: 1946.07.07).

학은 2년으로 운영되었다. 기계공학부와 의학부는 5년 과정이었다. 고등교육 지원을 전담하는 최고 교육기관으로 교육국 내에 고등교육원을 설치한 것도 이 무렵이었다.[44]

당시 북한에서는 인민학교와 초급중학교를 졸업할 때, 그리고 초급중학교 입학 후 진급할 때에 필답 또는 구답시험을 통과하도록 하는 규정을 시행하고 있었다. 1949년 4월 22일에 발표된 「인민공보」에 따르면 인민학교를 졸업할 때는 반드시 歷史, 초급중학교를 졸업할 때는 世界歷史, 고급중학교를 졸업할 때는 歷史 시험을 통과해야 했다. 또한, 초급중학교 2학년에서 3학년으로 진급할 때는 朝鮮歷史(口答), 고급중학교 1학년에서 2학년으로 진급할 때는 朝鮮歷史(口答), 고급중학교 2학년에서 3학년으로 진급할 때는 世界歷史(口答) 시험을 치렀다. 따라서 역사교원의 양성은 매우 중요한 과제로 인식되었다.

<표 16> 인민학교 · 초급중 · 고급중 시험 규정[45] ※ 밑줄은 필자가 표시함

구분	학교급	시험과목(시험 방식)	과목수
졸업	인민학교	국어(필답 · 구답), 산수(필답 · 구답), 역사(구답), 리과(구답), 지리(구답)	5
	초급중	문학독본(필답, 구답), 대수산수(필답), 외국어(구답), 헌법(구답), 세계력사(구답), 기하(구답), 지리(구답), 물리(구답), 생물(구답)	9
	고급중	문학(작문 · 국어, 필답 및 구답), 수학(산수 · 대수 · 기하 · 삼각, 필답 및 구답)[46], 물리(구답), 화학(구답), 력사(구답), 지리(구답), 외국어(구답)	7

---

44) 국사편찬위원회, 『북한 공보』「1948년 7월 법령공보 제56호, 북조선 고등교육사업 개선에 관한 결정서」, 1948.07.22(작성일: 1948.07.07).

45) 국사편찬위원회, 『북한 공보』「1949년 4월 내각공보 제5호, 人民學校 · 初級中學校 · 高級中學 校 · 進級試驗 및 人民學校 · 初級中學校 卒業試驗에 關한 規定」, 1949.04.22(작성일: 1949.04.06).

46) 文學은 口答試驗 1回, 筆答試驗 1回, 數學은 筆答試驗 2回(1回는 代數 · 算數, 1回는 幾何 · 三角) 口答試驗 3回(代數 · 幾何 · 三角 各 1回式) 以上 12回, 나머지는 口答試驗 1回로 試驗하였다.

구분	학교급	시험과목(시험 방식)	과목수
진급	초급중 (1학년)	문학독본(필답·구답), 산수(필답·구답), 지리(구답) 식물(구답)	4
	초급중 (2학년)	문학독본(필답·구답), 수학 산수/대수(필답)/기하(구답), <u>조선력사(구답)</u>, 지리(구답), 동물(口答)	5
	고급중 (1학년)	문학(필답·구답), 수학 대수(필답)/기하(구답), 조선경제지리(구답), <u>조선</u> <u>력사(구답)</u>, 물리(구답), 화학(구답)	6
	고급중 (2학년)	문학(필답·구답), 수학 기하(구답)/대수(필답), 세계경제지리(구답), <u>세계</u> <u>력사(구답)</u>, 물리(구답), 광물(구답), 외국어(구답)	7

위의 표에서도 확인되는 것처럼 모든 학교의 졸업시험과 초급중학교 1학년을 제외한 모든 학년의 진급시험에 역사과목이 포함되어 있었으므로 역사교사의 수요는 더욱 증가했을 것으로 보인다. 그 외에 초급 및 고급중학교 검정시험도 시행되었는데, 초급중학교 검정에는 조선사, 고급중 검정시험에는 世界史(古代史, 中世史), 朝鮮史 과목을 반드시 포함하노록 규정하고 있었다.**47)** 시험방식에 관한 구체적인 내용은 1950년 3월에 발표된 내각공보 제5호에서 확인된다.**48)**

> (고급중학교) 력사 - 구답시험을 실시하여 조선력사 및 세계사에서의 중요한 력사적 사변과 사실의 년대적 체계, 중요한 력사적 인물의 평정, 중요한 사건의 년대, 세계 력 사지도와 정치지도상의 중요한 지명, 력사적 사건의 원인과 결과, 쏘련사의 세계사적 역할 등에 대한 리해정도를 검열한다.

> (사범전문) 력사 - (고급중학교에 준한다.) …… 교육학 - 사범과에서는 교육학, 보육과에 서는 학년전 아동교육학을 구답 시험으로 실시하여 교육학상의 제원칙, 교육교양의 방 법 및 교육사상의 중요인물들의 학설과 그 업적에 대한 비판적 이해정도를 검열한다.

---

47) 국사편찬위원회, 『북한 공보』「1949년 04월 내각공보 제5호, 初級中學校, 高級中學校 國家卒業檢定試驗에 關한 規定」, 1949.04.22(작성일: 1949.04.06).

48) 국사편찬위원회, 『북한 공보』「1950년 03월 내각공보 제5호, 국가졸업 및 진급시험에 관한 규정」, 1950.03.15(작성일: 1950.03.11).

한편, 초등교원을 양성하는 사범전문학교는 7월 7일 조치 이후 당초 6개에서 9개로 증가하였고[49], 1948년까지 13개, 1949년에는 14개로 확대되었다. 학생 수는 1946~1947년 4,845명에서 1948~1949년 1만 1,700명으로 3년 만에 2배 이상 증가했다.

사범전문학교 학생들에 대한 북한 정부의 지원은 파격적이었다. 1947년 6월 13일 북조선인민위원회 결정 제45호에 따르면 사범전문학교 학생 전원이 학비 전액을 면제받았을 뿐만 아니라 학용품 우선 배급 등의 혜택을 받았다.[50] 이는 국가가 인민학교 교원 양성에 최우선 순위를 두었음을 보여준다. 그러나 그들에게 특혜만 있었던 것은 아니다. 사범전문학교 졸업생들은 교원자격증 취득을 위해 엄격한 졸업시험을 치러야 했기 때문이다.[51]

<표 17> 사범대학 진급·졸업 시험과목과 시험방식

구분	시험과목(시험 방식)	과목수
졸업	문학(작문·국어), 수학(산수·대수·기하·삼각), 세계사(근세사), 교육학 및 교수법(사범과에 한함), 교육학 및 학령전아동교육학(보육과에 한함), 외국어 문학, 수학은 필답 및 구답, 기타 과목은 구답시험을 시행. 문학은 구답시험(문학과 문법) 1회, 필답시험(작문) 1회, 수학은 필답시험 2회(1회는 산수·대수 1회는 기하·삼각), 구답시험 3회(산수·대수·기하·삼각 각 1회) 이상 10회의 시험을 시행	5

---

49) "1946년 7월 7일 북조선임시인민위원회결정서 33호 「교원대학설립 (사범전문)에 관한 건」", 국사편찬위원회, 『북한관계사료집』V, 국사편찬위원회, 1987, 662-663쪽.

50) 국사편찬위원회, 『북한 공보』「1949년 02월 내각공보 제2호 各級學校 授業料에 關한 規定」, 1949.02.20(작성일: 1949.02.04).

51) 국사편찬위원회, 『북한 공보』「1949년 4월 내각공보 제5호, 師範專門學校國家卒業 및 進級試驗에 關한 規定」, 1949.04.22.(작성일: 1949.04.06); 박혜숙, 「사회주의체제 형성기 북한 교원의 충원과 관리교원양성기관 교원을 중심으로」『현대북한연구』15-3, 북한대학원대학교 북한미시연구소, 2012, 211쪽; 이향규, 「북한 사회주의 보통교육의 형성 1945~1950」, 서울대학교 박사학위논문, 2000, 220쪽.

구분		시험과목(시험 방식)	과목수
진급	예과 1학년	學讀本-작문(필답)/문학과 문법(구답), 수학 산수/대수(필답)/기하 산수(구답), 조선사-고대사 · 중세사 · 근세사(口答), 지리-자연지리통론(구답), 생물-식물(구답)	5
	예과 2학년	문학독본-작문(필답) 문학 · 문법(구답) 수학-산수 · 대수(필답)/기하(구답), 헌법(구답), 생물-동물(구답), 물리(구답), 외국어(구답), 지리-조선지리 · 세계지리(구답), 세계사-고대사 · 중세사	8
	본과 1학년	문학-작문(필답) 문학 · 문법(구답), 수학-산수와 대수(필답)/기하 · 삼각(구답), 역사-세계중세사(구답), 지리-조선경제지리(구답), 화학(구답), 외국어(구답)	6
	본과 2학년	문학-작문(필답), 문학과 문법(구답), 수학-산수 · 대수(필답), 기하 · 삼각(구답), 물리(구답), 화학(구답), 심리(구답), 외국어(구답), 지리-세계경제지리(구답)	7

위의 자료에서도 확인되는 것처럼 사범전문학교 졸업시험 과목에는 세계 근세사가 포함되어 있었고, 진급을 할 때는 조선사와 세계사 시험을 모두 통과해야 했다. 이를 통해 인민학교와 초급 · 고급중학교 못지 않게 사범전문학교에서도 역사 교과가 중요하게 인시되었음을 알 수 있다.

교원대학의 교육과정은 매우 집약적이었다. 주당 수업시간이 36~38시간에 달했으며, 교육학, 심리학, 교수법 등 교직과목과 함께 전공과목을 집중적으로 교육했다. 특히 사회주의 이념교육이 강조되어 맑스-레닌주의 기초, 조선력사, 헌법 등이 필수과목으로 지정되었다. 교원대학 학생들도 사범전문학교 학생들과 마찬가지로 학비 면제와 기숙사 제공 등의 혜택을 받았다. 또한, 졸업 후에는 의무적으로 3년간 교직에 복무해야 했다.

교원대학과 사범전문학교가 증가함에 따라 대학 교원의 양성도 시급해졌다. 북한의 고등교원 양성은 1946년 10월 1일 평양에 김일성종합대학이 개교하면서 시작되었다. 김일성종합대학에는 문학부, 력사학부, 교육학부가 설치되어 중등학교 및 대학 교원을 양성했다. 개교 당시 교수진은 57명에 불과했으나, 소련과 중국에서 초빙한 교수들과 남한에서 월북(또는 납북)한 지식인들을 영입하여 교수진을 확충했다. 김일성종합대학 교육학부는 교육학, 심리학, 교수법 연구에 중점을 두었으며, 특히 소련의 교육학 이론을 적극 도입하였다. 이 시기에 납북되거나 월북하여 김일성 대학에서 활동한 역사학자로는 백남운(1895~1979), 전석담(1916~?),

이능식(1919~1969), 박시형(1910~2001), 김석형(1915~1996) 등이 있다.[52]

교원의 질 향상을 위한 노력

사범교육기관 설립 이후에도 농촌 지역 교원 부족 문제는 여전히 심각했다. 도시 지역에 비해 농촌 지역은 생활 조건이 열악하여 교원들이 근무를 기피한 까닭에 농촌 학교의 교사 부족 문제는 좀처럼 해결될 기미를 보이지 않았다. 이를 해결하기 위해 북한 당국은 농촌 출신 학생들을 우선적으로 사범교육기관에 입학시키고, 졸업 후 출신 지역으로 배치하는 정책을 시행했다. 또한 농촌 근무 교원에게는 추가 수당과 주택 제공 등의 혜택을 제공했다. 1949년에는 각 군에 교원양성소를 설치하여 현지에서 교원을 양성하는 방안도 추진되었다. 이러한 정책으로 1949년 말까지 농촌 학교 교원 충원율이 85%까지 향상되었다.

1945~1950년대 북한의 사범교육은 몇 가지 중요한 특징을 보인다. 첫째, 교원의 정치사상 교육은 사범교육의 핵심 요소였다. 모든 사범교육기관에서 맑스-레닌주의, 김일성 혁명력사, 당 정책 등이 필수과목으로 지정되었다. 교원은 지식전달자일 뿐만 아니라 사회주의 사상을 주입하는 정치 선전원 역할을 수행하였으므로 교육정책의 일원화와 국가 차원의 종합적 교원 양성 계획 수립이 요구되었다. 북한 정부는 1949년 「교원양성 5개년 계획」을 발표하여 1953년까지 인민학교 교원 3만 명, 중학교 교원 1만 5천 명을 양성한다는 목표를 제시했다. 이

---

52) 차배근, 『서울대학교 대학신문사(1952-1961)』 1, 서울대학교출판부, 2004, 48쪽. 이 글에서는 당시 서울대학교 부총장을 역임한 이춘호를 비롯하여 문리과 대학의 손진태, 사범대학의 역사학과 이능식 등이 납북된 것으로 서술되어 있다. 이능식의 경우 교육시찰단 명의로 북행하게 된 후 귀환하지 못한 것으로 기록되어 있다. 이 시기의 교육시찰단이 어떤 명목으로 조직되었으며, 인원이 몇 명이었는지는 명확하지 않다. 그러나 당시 서울대 문리대 소속이었던 김성칠 교수가 자기 집에 숨어 있으면서 외부에는 평양으로 강습받으러 갔다는 말로 둘러대어 위기를 넘겼다는 것을 보면 중도 성향의 학자들이 주로 그 대상이 아니었나 싶다(김성칠 · 정병준 저, 『역사앞에서』, 창비, 2009, 358-359쪽). 상세한 내용은 졸고, 「이능식의 생애와 역사연구」『역사교육』 126, 역사교육연구회, 2013, 200-202쪽 참조.

를 위해 사범교육 기관의 정원을 대폭 확대하고 교육 시설과 장비를 보강하는 데 막대한 예산을 투입했다.

둘째, 교원 검정 제도가 정비되었다. 1948년 「교원자격검정령」이 공포되어 교원 자격 기준이 명확해졌다. 인민학교 교원은 사범전문학교 졸업 이상, 초급중학교 교원은 교원대학 졸업 이상, 고급중학교 교원은 대학 졸업 이상의 학력을 요구했다. 기존 교원 중 자격 미달자는 3년 내에 통신교육이나 야간교육을 통해 자격을 취득해야 했다. 이 과정에서 약 5,000명의 무자격 교원이 퇴출되거나 재교육을 받게 되었다.

셋째, 교육 내용 측면에서 민족 주체성과 사회주의 이념의 조화가 추구되었다. 조선어와 조선력사 교육이 강화되는 동시에 변증법적 유물론과 역사적 유물론 등 맑스-레닌주의 이론 교육도 필수화되었다. 사범교육 기관에서는 학생들이 이론과 실천을 겸비한 교육자가 되도록 교육실습을 강화했다. 3학년 학생들은 한 학기 동안 부속학교나 인근 학교에서 실습을 수행했으며, 현장 교사의 지도 아래 수업 진행과 학급 운영을 경험하게 하였다.

넷째, 과학기술 분야 교원양성에 특별한 노력을 기울였다. 1949년 평양공업대학과 흥남공업대학에 사범학부가 신설되어 수학, 물리, 화학 교원을 전문적으로 양성하기 시작했다. 이들 대학은 실험 실습 시설을 갖추고 현대적인 과학 교육 방법론을 개발했다. 졸업생들은 주로 고급중학교와 기술학교에 배치되었다.

다섯째, 교육과정의 표준화 작업이 진행되었다. 각 사범교육기관의 교육과정이 통일되고, 전국 공통의 교재가 편찬되었다. 새로운 교육과정에서는 민족문화 계승과 사회주의 건설이라는 두 가지 목표가 동시에 추구되었다. 조선어, 조선력사, 조선지리 등 민족 과목의 비중이 높아졌고, 동시에 정치경제학, 변증법적 유물론 등 사회주의 이론 과목도 강화되었다.

여섯째, 교원 평가와 승진 체계가 정비되었다. 교원들은 매년 교육 실적, 정치 활동, 자기 계발 등의 항목으로 평가받았으며, 우수 교원에게는 포상과 함께 상급 학교 진학 기회가 부여되었다. 반면 부적격 판정을 받은 교원은 재교육을 받거나 교직에서 배제되었다. 이러한 평가 체계는 교원의 질적 수준 유지에 기여하였다. 민족 간부 양성이라는 관점에서 교원의 역할은 더욱 중시되었으며, 교원은 단순한 지식 전달자가 아니라 새로운 사회 건설의 선도자로 규정되었다. 이에 따라 교원 양성 과정에서 정치의식 함양이 강조되었고, 졸업 이후에도 지속적인 정치학습이 의무화되었다.

한국전쟁 중인 1952~1953년 동안에는 많은 수의 학생들이 전쟁에 나가 돌아오지 못하거나 학교를 이탈하였다. 대학생 수의 부족을 실감한 교육국은 부족한 전문인력 양성을 위해 특설예비과를 운영하기도 하였다. 당시 예비과 학생을 모집한 대학은 총 11개교, 총인원 1,720명이었다. 그중 사범대학과 교원대학의 수는 4개교, 총인원은 655명으로 다른 학교에 비해 월등히 많았다.

<표 18> 1952~1953년 특설예비과 신입생 모집계획[53]

순	대학명	1952년 8월 모집인원수	순	대학명	1952년 8월 모집인원수
1	김일성종합대학	220	7	청진교원대학	85
2	김책공업대학	320	8	신의주교원대학	110
3	흥남공업대학	125	9	원산교원대학	85
4	원산농업대학	275	10	국립음악학교	95
5	평양사범대학	185	11	국립미술학교	70
6	평양로어대학	150			
총계					1,720

한국전쟁 이후인 1953년부터 1958년까지 북한은 전쟁으로 인한 교원의 해체(사망·행방불명·월남 등)와 '전반적 초등의무교육제' 실시로 다시 한 번 심각한 교원 부족에 직면했다. 북한 당국은 1953년 교원재등록사업을 통해 교육 현장을 이탈했던 교원들을 복귀시켰고, 1954~1955년에는 평양사범대학, 신의주교원대

---

53) 국사편찬위원회, 『북한 공보』「1952년 05월 내각공보 제10호, "고등교육사업 강화대책에 관하여"」, 1952.05.30(작성일: 1950.05.29).

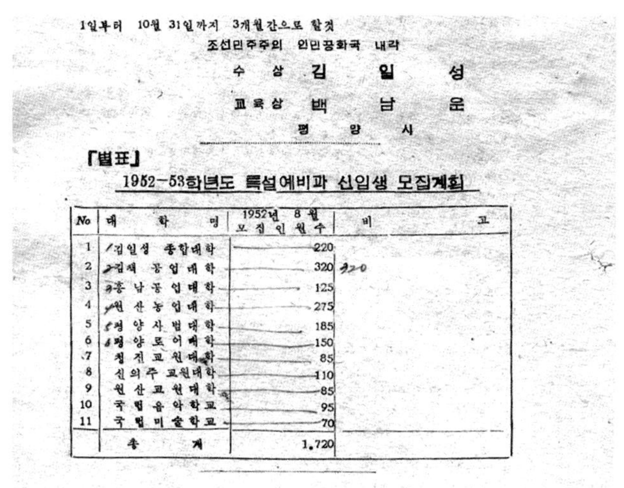

No	대 학 명	1952년 8월 모집인원수	비 고
1	김일성 종합대학	220	220
2	김책 공업대학	320	
3	흥남공업대학	125	
4	원산농업대학	275	
5	평양사범대학	185	
6	평양로어대학	150	
7	청진교원대학	85	
8	신의주교원대학	110	
9	원산교원대학	85	
10	국립음악학교	95	
11	국립미술학교	70	
총 계		1,720	

한국전쟁 중 북한의 대학 신입생 모집계획표[54]

학, 청진교원대학, 강계교원대학, 사리원교원대학 등에 통신대학을 부설하여 교원 양성과 재교육을 병행했다. 다른 한편으로는 정규 사범교육기관 확충과 함께 단기 교원양성체제를 지속적으로 운영하여 부족한 교원을 충당하고자 하였다.

7년제 의무교육 시행 및 교원대학과 사범대학의 분리

1959년부터 1966년까지는 7년제 의무교육 실시에 따른 교원양성 체제 정비가 이루어졌다. 1959년 10월 4년제 초등교육과 3년제 초등중학교 교육을 통합한 7년제 의무교육이 실시되면서 교원양성 체제도 전면적으로 개편되었다. 사범대학과 교원대학이 통합되어 사범대학으로 일원화되었고, 각 도에 사범대학이 설치되어 지역별 교원 수급 체계가 구축되었다. 역사교육 분야에서는 1960년대 초반 주체사상이 강조되면서 조선사 교육이 크게 강화되었다. 사범대학 역사학과의 교육과정에서 조선사 관련 과목의 비중이 확대되었다. 특히 항일무장투

---

54) 국사편찬위원회, 『북한 공보』 「1952년 05월 내각공보 제10호, "고등교육사업 강화대책에 관하여"」, 1952.05.30(작성일: 1950.05.29).

쟁사와 김일성 가계 역사가 중요한 교육 내용으로 포함되기 시작했다.

1967년부터 1971년까지는 9년제 기술의무교육 실시와 함께 교원양성 체제가 한층 세분화되었다. 기술교육 강화 방침에 따라 사범대학에 기술교육 관련 학과가 신설되었고, 기존 학과들도 실습교육을 강화하는 방향으로 개편되었다. 역사학과에서는 혁명전통교육이 본격화되면서 백두산 답사, 혁명사적지 견학 등이 필수 교육과정으로 포함되었다. 교육실습 기간도 연장되어 예비교사들이 학교 현장에서 충분한 경험을 쌓을 수 있도록 했다.

1972년부터 1984년까지는 11년제 의무교육 실시와 함께 교원양성 체제가 더욱 체계화되었다. 유치원 1년, 인민학교 4년, 고등중학교 6년으로 구성된 11년제 의무교육은 교원 수요를 크게 증가시켰다. 북한 당국은 교육제도의 변화에 맞추어 교원양성 체제도 개편하였다. 초등교원을 양성하는 교양원대학과 교원대학은 3년제 교원대학으로 명칭을 바꾸고, 사범대학은 4년제로 운영하여 중등학교 교원을 양성하는 것으로 역할을 분담하였다. 교원대학과 사범대학은 각 도에 1~2개씩 설치되었으며, 각각 제1대학과 제2대학이라고 불렀다.

역사교육에서는 주체사상이 전면적으로 관철되면서 '주체사관'에 입각한 역사교육이 확립되었다. 사범대학 역사학과는 조선력사학과로 명칭이 변경되었으며, 김일성 · 김정일 혁명역사가 독립 교과목으로 설정되어 필수과목이 되었다.

<표 19> 1972년 이전과 이후의 사범대학 현황[55]

대학명 (1972년 이전)	설립연도	위치	대학명 (1972년 이후)	개설학과
평양사범대학[56]	1948.10.1	평양시 동대원구역	평양제1사범대학 (김형직사범대학)	력사학부

---

55) 1972년 이전 대학의 명칭은 전정태, 「남 · 북한 교원 양성 제도에 관한 비교 연구」『한국동북아논총』 5, 한국동북아학회, 1997, 143쪽의 표를 토대로 작성하였다. 대학의 설립 연도와 개설학과는 통일부 북한정보포털(https://nkinfo.unikorea.go.k) 통일

대학명 (1972년 이전)	설립연도	위치	대학명 (1972년 이후)	개설학과
평양교원대학57)	1948.10.1	평양시 선교구역	평양제2사범대학 (김철주사범대학)	력사학부
정주교원대학58)	1948.10.1	평안북도 남신의주시	신의주제1사범대학 (차광수신의주제1사범대학)	력사지리학부
신의주교원대학59)	1961.9.1	평안북도 신의주시	신의주제2사범대학	력사지리학부
해주사범대학60)	1961.9.1	황해남도 해주시	김종태사범대학 (김종태해주제1사범대학)	혁명력사학부
해주제2사범대학61)	1972.9.1	황해남도 해주시	해주제2사범대학	력사지리학부
사리원사범대학62)	1958.3.1	황해북도 사리원시	사리원제1사범대학 (리계순사리원제1사범대학)	력사지리학부
사리원교원대학63)	1963.4.1	황해북도 신양동	사리원제2사범대학	력사지리학부
함흥교원대학64)	1963.4.1	함경남도 북청시	함흥제2사범대학	력사학과

부 북한자료센터, 민족문화백과사전을 기반으로 보완하였다.

56) 평양교원대학(1946.10)→평양사범대학(1948.10)→평양제1사범대학(1972.9)→김형직사범대학(1975.3)

57) 평양교원대학(1946.10)→평양제2사범대학(1972.9)→평양사범대학(1989.4)→김철주사범대학(1990.10)

58) 정주교원대학(1948.10)→신의주교원대학(1948)→신의주사범대학(1961)→신의주교원대학(1964)→신의주제2사범대학(1972)→차광수신의주제1대학(1990)→관서대학(1993)

59) 신의주사범학교(1943)→신의주사범학교(1961)→신의주교원대학(1964)→신의주제2사범대학(1972)

60) 김종태사범대학(1969.7)→김종태제1사범대학(1990.10)

61) 해주전문사범대학(1961)→황해남도 교육간부학교와 병합(1962)→해주제2사범대학(1972)

62) 강계교원대학(1953.9)→사리원교원대학(1955.7)→사리원사범대학(1958.3)→사리원제1사범대학(1972.9)→리계순사리원제1사범대학(1997.2)

63) 사리원교원대학(1963.4)→사리원제2사범대학(1972.9)

64) 함흥사범대학 부설 북청사범대학(1969.9.1.)→함흥사범대학에서 분리, 함흥교원대

대학명 (1972년 이전)	설립연도	위치	대학명 (1972년 이후)	개설학과
함흥기술사범대학[65]	1958.12.1	함경남도 신포시	함남제1사범대학 (김형권사범대학)	력사지리학부
청진사범대학[66]	1961.9.1	함경북도 청진시	청진제1사범대학 (오중흡청진제1사범대학)	력사지리학부
청진교원대학[67]	1949.3.1	함경북도 청진시	청진제2사범대학	력사지리학부
-	-	자강도 평성시	평성사범대학 (1972.10.1.신설)	력사지리학부
원산사범대학	1949.9.7	강원도 원산시	원산제1사범대학	력사지리학부
원산교원대학(?)	-	강원도 원산시	원산제2사범대학	미상
강계교원대학[68]	1967.4.1	자강도 강계시	강계제1사범대학	력사지리학부
강계사범대학[69]	1970.4.1	자강도 강계시	강계제2사범대학	혁명역사학부
혜산사범전문학교	1960.	양강도 혜산시	혜산제1사범대학	력사지리학부
혜산교원대학[70]	1961.9.1	양강도 혜산시	혜산제2사범대학 (김정숙사범대학)	력사학부
남포교원대학[71]	1963.4.1	평안남도 남포시	남포사범대학	혁명력사학부
개성교원대학[72]	1961.9.1	황해북도 송도군	개성사범대학	력사학과
함남제2사범대학	미상	미상	미상	미상

학(1963.4)→북청교원대학(1965)→북청사범대학(1997.2)→함흥사범대학(2000)

65) 함흥기술사범대학(1961.9)→함흥기술사범대학(1963.4)→신포사범대학(1967)→함남제1사범대학(1972.9)→김형권사범대학(1990.10)

66) 청진사범대학(1961.9)→오흡중제일사범대학(1997.9)

67) 청진교원대학(1949.3)→청진교양원대학(1968)→청진교원대학(1972.9)→청진제2사범대학(시기 미상)

68) 강계교원대학에서 분리 강계사범대학(1967.4)→강계제1사범대학(1972.9)

69) 강계사범대학(1970)→강계사범대학(1972.9)→강계제2사범대학(1990)

70) 혜산교원대학(1961.9)→혜산제2사범대학(1972.9)→김정숙사범대학(1981.8)

71) 남포교원대학(1963.1)→평남제1사범대학(1967.4)→남포사범대학(1980.1)

72) 개성사범대학(1970.9.1)→송도대학(1973)→송도사범대학(1997)

구분	과목명	시간 수	비고
공통과목	당 투쟁사	260	
	마르크스 레닌주의	260	
	정치경제학	180	
	철학	140	
	군사학	-	자연계인 경우는 70시간 내외
	교육학	260	
	심리학	80	1학년만 수강
	조선문학	120	1학년만 수강
전공과목	전공 영역별 과목	400	
계		1.700	자연계의 경우 1,630시간

자료 : 통일원, 통일연수원 자료실, 1995.

1985년 이후에는 교육의 질적 향상을 추구하면서 교원양성 체제도 고도화되었다. 컴퓨터 교육, 외국어 교육 강화 등 시대적 요구가 반영되면서 사범대학의 교육과정도 현대화되었다. 역사교육 분야에서는 김정일 후계체제 확립과 함께 '혁명적 수령관' 교육이 더욱 강화되었다. 사범대학 역사학과 졸업생들은 졸업 후에도 지속적인 재교육을 받도록 제도화되었고, 특히 혁명역사 교육 담당 교원들은 별도의 연수 과정을 이수해야 했다.

1990년대 '고난의 행군' 시기에는 경제난으로 인해 교육 체계 전반이 큰 타격을 받았다. 많은 사범대학생들이 학업을 중단하였고, 교수진도 생계 문제로 교육 현장을 이탈하는 사례가 증가했다. 그럼에도 북한 당국은 교원양성 체계만큼은 최소한의 기능을 유지하려 노력하였다. 특히 혁명역사 교육 담당 교원 양성은 우선순위를 두고 차질없이 양성하는 것을 원칙으로 하였다. 이 시기 사범대학에서는 교재와 교육 기자재 부족으로 인해 구술 중심, 암기교육 방식이 강화되었다.

이 시기 사범대학의 교육과정 운영은 김형직 사범대학의 사례를 통해 대략적

---

73) 전정태, 앞의 논문, 144쪽.

이나마 파악할 수 있다. 김형직사범대학은 북한의 핵심적인 교원 양성 기관으로서 6년제 교육과정을 운영하는 고등교육기관이다. 이 대학의 주된 사명은 지방 사범대학과 교원대학에 배치될 교원을 육성하는 것이며, 동시에 교육행정기관에서 근무할 교육관료를 배출하는 중추적 역할을 수행하는 데 있다.

김일성혁명력사, 주체철학, 교육학, 국어문학, 외국어, 력사, 지리 등의 인문 사회 학부가 설치되어 있으며, 수학, 물리, 화학, 생물 등 자연과학 학부도 운영된다. 아울러 예술 및 체육 학부를 통해 예체능 교육 전문가를 양성한다. 각 학부에는 예비과가 마련되어 본과 진입 전 기초교육을 실시한다는 점도 특징적이다. 또한 현직 교원의 전문성 향상을 위한 재교육학부가 별도로 존재한다. 특히 북한에서 유일하게 교육학부가 설치되어 있다는 점이 주목된다. 교육학부는 (1) 교육의 이론과 실천을 탐구하는 교육학 전공, (2) 학교교육 전반을 다루는 학교전교육 전공, (3) 교육심리와 일반심리를 연구하는 심리학 전공으로 세분화되어 있다.

<표 21> 김형직 사범대학 교육학과의 교육과정[74]

학년	교과목
1	주로 기초 과목으로서 물리, 수학, 외국어, 체육, 인체해부,김일성혁명역사, 김일성과 김정일 저작
2	학교위생학, 주체문예이론, 논리학, 사회주의교육학, 사회주의심리학, 김일성혁명역사, 김일성과 김정일 저작, 교육통계학
3	사회주의아동심리학, 현대교육방법, 체육심리학, 교육행정학,교육통제학, 주체철학, 교수법, 교양방법
4	학교관리학, 생산기술교육, 사회교육, 비교교육학, 사회주의경제학, 주체철학, 교육현실연구
5	세계교육사, 교육사료연구, 전문과제강좌, 교육전공실습, 졸업 논문집필

---

74) 한만길 외, 「북한교육 현황 및 운영실태 분석 연구(CR98-23)」, 한국교육개발원, 1998, 24쪽; 이동윤, 「북한의 교원양성제도 연구」, 한국교원대학교 석사학위논문, 2008, 30-31쪽(송두록, 「남북한 중등교사 양성체제 사례 비교 연구 -서울대학교 사범대학 · 김형직사범대학 중심으로」, 홍익대학교 박사학위논문, 2008, 156쪽에서 재인용).

　북한 사범대학의 교육과정은 중학교 교원 양성을 목적으로 체계적으로 구성되어 있다. 가장 두드러진 특징은 정치사상교양에 대한 강조로, 전체 교육과정이 정치화되어 있으며 모든 과목이 정부의 통제를 받는다.

　1학년 교양과목은 공통과목과 전공과목으로 구분된다. 공통교과에는 혁명력사 1·2, 김일성·김정일 로작, 현행당정책, 영어, 정치경제학, 논리학, 심리학, 윤리학, 체육, 수학, 컴퓨터 등이 포함되며, 이 중 정치사상교양과목이 핵심을 차지한다. 특히 혁명력사, 김일성·김정일 로작, 현행당정책, 조선노동당사, 주체철학 등은 4년 내내 필수적으로 이수해야 하는 과목이다.[75]

　전공과목은 중학교 교과목과 직접 연계되어 있으며, 혁명력사, 조선어문학, 력사, 지리, 외국어, 수학, 물리, 화학, 생물, 음악, 미술, 체육 등으로 편성된다. 교직 관련 과목으로는 사회주의교육학, 사회주의심리학, 교육심리학, 교육교양방법, 과목별 교수법 등이 있다. 3학년부터는 철학, 교육 심리학, 사회주의교육학 등이 추가되어 교육이론을 심화한다.[76]

　실습교육은 4학년 12월에 1개월간 집중적으로 실시되며, 2학년 과정에서는 6개월간의 교도대 군사훈련이 의무화되어 있다. 4학년에는 졸업논문 작성과 졸업시험을 통해 교원자격을 취득한다.

　북한 사범대학 교육과정의 특징적인 점은 선택과목이 거의 없다는 것이다. 모든 시간표는 중앙에서 일괄적으로 편성되며, 수업 외에도 약 40일간의 농촌지원 등 노력동원이 교육과정의 일부로 포함된다. 교수방법은 주로 강의식으로 진행되나, 일부 토론수업과 부속중학교에서의 시범교수도 실시된다. 이러한 교육과정을 통해 사범대학은 정치사상적으로 무장되고 교과 전문성을 갖춘 중학교 교원을 양성하는 것을 목표로 한다. 또한, 전 과정이 집체적 조직생활로 운영되

---

75) 임병숙 외, 「2000년 이후 북한 교원양성에 관한 연구 -교원교육의 정치적 접근-」, 『열린교육연구』 18(2), 2010, 255-256쪽.

76) 위의 글, "<표 1> 이계순 사리원 사범대 2008년 시간표" 참조.

며, 청년동맹을 통한 조직생활이 정규 교육과정과 병행되어 진행된다.

교원양성 과정에서 확인되는 또다른 특징은 현장 실습과 이론 교육의 결합 방식이다. 사범대학생들은 재학 기간 중 의무적으로 농촌 지원 활동, 건설 현장 참여, 군사 훈련 등에 참가해야 하며 이러한 활동들이 교육과정의 일부로 편입된다. 역사학과 학생들의 경우 혁명사적지 답사와 현장 학습이 특별히 강조되었다. 백두산 밀영, 보천보 전투 현장, 만경대 생가 등을 정기적으로 방문하여 '혁명전통'을 체득하도록 한다.

교수진 구성과 양성 체계 역시 시기별로 변화를 겪었다. 초기에는 일제강점기 교육을 받은 지식인들과 소련에서 교육받은 인력들이 주축이었으나 1960년대 이후에는 북한 자체에서 양성된 교수진이 중심이 되었다. 특히 1970년대 이후에는 김일성종합대학 출신들이 사범대학 교수진의 핵심을 차지하게 되었고, 이들을 통해 주체사상에 입각한 역사교육 체계가 확립되었다. 교수진에 대한 사상 검증과 재교육도 정기적으로 실시되어, 정치적 순수성을 유지하려는 노력이 지속되었다.

평가 체계 측면에서 사범대학생들은 학업 성적뿐만 아니라 조직생활 참여도, 사상성, 출신 성분 등이 종합적으로 평가되었다. 특히 력사학과 학생들은 혁명역사 과목에서 우수한 성적을 거두어야 했으며, 김일성·김정일 저작 학습 실적이 중요한 평가 기준이 되었다. 졸업 후 교원 배치에서도 이러한 종합 평가 결과가 결정적인 영향을 미쳤으며, 우수한 평가를 받은 졸업생들은 평양이나 주요 도시의 학교에 배치되는 혜택을 받았다.

김정은 집권 이후 북한 대학과 역사교사 양성과정

2000년대 들어 북한은 교육 정상화를 추진하며 사범대학 체제 재정비에 나섰다. 과학기술 중시 정책에 따라 사범대학에도 컴퓨터 교육이 도입되었고, 교육 방법의 현대화가 시도되었다. 역사학과에서는 다매체 교육 자료 활용이 장려되었으나, 여전히 혁명역사 교육이 중심을 차지하였다. 또한, 김정일 시대의 선군

정치 이념이 교육과정에 반영되면서 군사사 교육도 강화되었다.

2012년 김정은 집권 이후에는 12년제 의무교육 실시와 함께 교원양성 체제가 다시 한 번 개편되었다. 사범대학과 교원대학의 교육 연한이 조정되었고, 교육과정에서 실용성과 전문성이 강조되었다. 역사교육 분야에서는 김정은 가계의 역사가 새롭게 추가되면서 3대 세습의 정당성을 교육하는 내용이 보강되었다. 동시에 세계사 교육도 부분적으로 확대되어 국제적 시각을 갖춘 교원 양성의 필요성이 인정되었다. 이에 따라 교재 정비와 학제 개편 등 다양한 노력이 진행되었다. 2012년 이후 북한 사범대학과 역사교육의 현황을 정리하면 다음과 같다.

북한의 대학은 중앙대학, 도급대학, 공장대학, 직업기술대학, 교원양성대학으로 구분된다.[77) 중앙대학과 도급대학은 입학생 모집과 졸업생 배치에 차이가 있다. 중앙대학은 전국 단위로 학생을 선발하고, 졸업 후에도 지역과 관계없이 취업이 가능하다. 반면, 도급대학은 도내의 고급중학교 졸업생 또는 도내 소재지 기업소 노동자 중에서 신입생을 선발하고, 졸업 후에도 대부분 도내의 직장에 취업한다. 각도의 도청 소재지에 위치한 사범대학, 교원대학, 공업대학, 의학대학, 농업대학 등이 대표적인 도급대학이다.[78) 공장대학은 대규모 공장지구나 일정규모 이상의 농장 등에 설치되며 학생들 대부분이 공장노동자와 농장원이다. 직업기술대학 역시 현장기술자 양성을 목적으로 세워진 고등교육기관이다. 공장대학과 직업기술대학은 모두 산업 역군 양성 역할을 담당한다.

교원양성대학은 사범대학과 교원대학으로 구분된다. 사범대학은 김형직 사범대학(5~6년)을 제외하면 대부분 4~5년제이며, 중등교원을 양성한다. 반면 교원양성대학은 김형직사범대학을 제외하면 중앙대학이 존재하지 않는다. 따라서 각 도에 사범대학과 교원대학을 1~2개씩 두고 제1사범대학, 제2사범대학, 제1교

---

77) 조정아 외, 『'지식경제시대' 북한의 대학과 고등교육』, 통일연구원, 2020, 91-102쪽.
78) 조정아, 위의 책, 91쪽.

원대학, 제2교원대학으로 운영해 왔다. 다만 1981년 양강도 혜산제2사범대학을 김정숙사범대학으로 개명한 이후, 1990년대에는 함남제1사범대학을 김형권사범대학, 신의주제1사범대학을 차광수사범대학, 청진제1사범대학을 오중흡사범대학 등으로 개명하여 김일성 일가 및 북한 영웅의 이름을 부여하였다.

또한, 2020년부터는 김정은의 '긴급 특별 지시' 관철이라는 명분하에 불필요한 국가 교육 재정을 절감하기 위해 각 도 소재지의 사범대학 통폐합을 진행하였다.[79] 그결과 강계제2사범대학이 강계제1사범대학에 병합되어 강계사범대학이 되었고, 차광수신의주제1사범대학과 신의주제2사범대학이 차광수신의주사범대학으로, 김종태해주제1사범대학과 해주제2사범대학이 김종태해주사범대학으로 통합되었다. 2020년까지 북한은 약 20개 사범대학에서 중등교원을 양성하는 것으로 알려져 있었으나[80](각주) 현재는 약 14개로 줄어들었다.[81]

아래의 <표 22>는 2020년 김정은의 대학 정리 정책 이후 북한의 사범대학과 각 사범대학에 설치된 역사관련학과(부)를 정리한 것이다.

<표 22> 2020년 이후 북한 사범대학의 명칭과 학과 변화

2020년 이전 대학명	소재지	학부명	현재의 대학명	학부명
김형직사범대학	평양시 동대원구역	력사지리학부[82]	김형직사범대학	력사지리학부
김철주사범대학	평양시 선교구역	력사학부[83]	김철주사범대학	력사학부

79) "김정은 "국가 교육자금 줄여라"…초유의 사범대학 통합 결정"(「DailyNK」, 2020.07.16).

80) 통일부, 2023.

81) 조정아 외, 앞의 보고서, 92-95쪽.

82) "교육의 과학화, 정보화를 다그친다 김형직사범대학 력사지리학부에서"(「교육신문」, 2008.12.04. 1면)

83) 실천과 결부된 애국주의교양의 실효성 -김철주사범대학 력사학부의 사업에서-"(「교육신문」, 2022.07.25. 12-13면)

2020년 이전 대학명	소재지	학부명	현재의 대학명	학부명
차광수신의주제1사범대학	평안북도 남신의주시	력사학부[84]	차광수신의주 사범대학[85]	력사지리학부
신의주제2사범대학	평안북도 신의주시	력사지리학부[86]		
김종태해주제1사범대학	황해남도 해주시	미상	김종태해주사범대학	력사지리학부
해주제2사범대학	황해남도 해주시	력사지리학부[87]		
리계순사리원제1사범대학	황해북도 사리원시	력사학부[88]	리계순사리원 사범대학	력사학부
사리원제2사범대학	황해북도 신양동	력사지리학부[89]		
함흥사범대학	함경남도 북청시	역사지리학부[90]	함흥사범대학	력사지리학부
김형권신포사범대학	함경남도 신포시	미상	김형권신포 기술사범대학	미상

---

84) "1번수집단으로 차광수신의주제1사범대학 3대혁명 붉은기 력사학부에서"(「교육신문」, 2015.03.12. 3면)

85) 2022년경 통합된 것으로 추정된다. 「교원선전수첩」(2022.12.22)에 차광수신의주사범대학 박명철의 "불균형적구조를 가진 가요작품들에 대한 구조형식분석을 원만히 하도록 하려면" 기사가 처음 보인다. 신의주제2사범대학은 2022년 3월 25일 동 대학의 부교수 김성민이 "가상참관으로 고구려 성곽의 우수성을 인식시킨 경험"이란 글을 기고한 것이 마지막이었다(김성민, 『고등교육』 2022-3, 교육신문사, 2022.03.25).

86) 북한정보포털(https://nkinfo.unikorea.go.kr, 검색어-신의주제2사범대학)

87) "당중앙위원회 3월전원회의 정신을 받들고 해주제2사범대학 력사지리학부에서"(「교육신문」, 2013.05.02. 1면).

88) "대학이 자랑하는 본보기 학부 리계순사리원제1사범대학 력사학부에서"(「교육신문」, 2015.07.30)

89) "교종사이의 련관을 잘 지어 주어 사리원제2사범대학 력사지리학부 지리강좌 손기송교원의 사업에서"(「교육신문」, 2002.08.01. 3면); "무자비하게 징벌할 멸적의 의지로 사리원제2사범대학 력사학부에서"(「교육신문」, 2015.03.12. 1면)

90) 북한정보포털(https://nkinfo.unikorea.go.kr, 검색어-북청사범대학)

2020년 이전 대학명	소재지	학부명	현재의 대학명	학부명
오중흡청진제1사범대학	함경북도	력사지리학부[91]	오중흡청진사범대학	력사지리학부
청진제2사범대학	함경북도	력사지리학부[92]		
평성사범대학	평안남도	력사지리학부[93]	평성사범대학	력사지리학부
원산사범대학 (금강대학)	강원도 원산시	력사지리학부[94]	원산사범대학	력사지리학부
강계제1사범대학	자강도 강계시	력사지리학부[95]	강계사범대학	력사지리학부
강계제2사범대학	자강도 강계시	미상		
김정숙사범대학	양강도 혜산시	력사학부[96]	김정숙사범대학	력사학부
남포사범대학	남포시 학구구역	미상	남포사범대학	미상
송도사범대학	개성특별시	미상	송도사범대학	미상

그렇다면 북한의 사범대학에서는 어떻게 역사교사를 양성하고 있을까. 북한에서 발행되는 노동신문과 교육신문에 따르면 각 사범대학에는 역사학부 또는 역사지리학부가 설치되어 있는 것으로 보인다. 1980년대에 사범대학이 설립되었을 무렵만 하더라도 절반 이상의 대학에는 역사과 또는 역사학부가 독립되어 있

---

91) 한국과학기술정보연구원, 『북한 과학기술 기관 및 동향 관련 NK TECH 콘텐츠 개발』, 2016, 97쪽.

92) "박사강좌가 될 목표를 세우고 청진제2사범대학 력사지리학부 력사강좌에서"(「교육신문」, 2012.06.28. 1면)

93) "력사자료를 효과 있게 리용하여 평성사범대학 력사지리학부 김도성교원의 강의에서"(「교육신문」, 2001,08.02. 2면)

94) 한국과학기술정보연구원, 『북한 과학기술 기관 및 동향 관련 NK TECH 콘텐츠 개발』, 2016, 89쪽.

95) 통일부 북한정보센터(https://nkinfo.unikorea.go.kr/nkp/search/search.do)

96) "위대성교양도서를 만들어 김정숙사범대학 력사학부에서"(「교육신문」, 2013.10.24. 2면)

었다. 그러나 1990년대를 거치면서 대부분의 도급대학에서는 역사과와 지리과가 합쳐져서 역사지리학부로 개편되었다. 2000년대 초반에는 평양에 위치한 중앙대학인 김형직사범대학에서도 역사학부가 역사지리학부로 개편되었음이 확인된다.[97] 따라서 역사지리학부를 졸업하고 발령을 받은 교사들은 중학교에서 대개 역사와 지리를 함께 가르치는 것이 일반적이다. 또한 그마저도 여의치 않은 경우에는 혁명역사를 전공한 교사가 조선력사를 함께 가르치는 경우도 있다.

대학에서 학생들이 이수해야 하는 교과는 크게 정치사상 교과, 일반 교과, 일반기초, 전공기초, 전공 등 5개 영역으로 구분된다.[98] 다만, 사범대학의 경우에는 교직과목과 교과교육 과목이 별도로 개설되어 있으므로 이를 구분할 필요가 있다. 북한 이탈 교사와 학생의 진술, 통일부 자료 등을 바탕으로 사범대학 력사과 교육과정을 정리하면 다음과 같다.[99] 이는 선행 연구에서 북한 대학의 교육과정을 정치사상과목, 일반과목, 기초과목, 전공기초과목, 전공과목으로 구분한 방식과는 다소 차이가 있다.

<표 23> 교재와 탈북 교사 진술을 통해 재구성한 사범대학 력사과 교과목

구분	교과목	비고
정치사상	혁명력사(김일성, 김정숙, 김정일, 김정은), 주체철학[100], 주체정치학(사범대학용)[101], 주체정치경제학(대학용)[102], 김일성주의 기본[103], 현행당정책	

---

97) 「교육신문」, 2008.12.04. 1면.

98) 통일부 국립통일교육원, 『2025 북한이해』, 362-363쪽.

99) 교사들은 사범대학에서 학습한 과목을 정치사상교과, 일반교과 외에는 별도로 구분하여 기억하지는 못하였다. 교과명도 명확히 기억하고 있지 못하는 경우가 대부분이었다. 따라서 표는 현재 국립중앙도서관의 북한학센터에 사범대학 력사과용이라고 표기된 자료들을 주로 수집하여 작성하였다. (사범대학용)이라고 표기된 것은 모두 현재 북한학센터에 수집된 자료이다.

100) 주체철학교과서집필조, 『주체철학 : 대학용』, 공업출판사, 2010.

101) 김양환, 『주체정치학 : 사범대학용』, 김일성종합대학출판사, 2016.

구분	교과목	비고
일반	영어[104], 체육, 음악	
교직	사회주의교육학(사범대학용)[105], 중학교심리학[106], 교육평가학[107], 컴퓨터망(사범대학용)[108], 교육실무[109], 교육실습(4주)[110]	
전공	조선력사(사범대학용), 세계사(사범대학용), 조선력사사료학(사범대학용), 세계사사료학(사범대학용), 조선경제사(원시-근대, 사범대학용)	
교과교육	중학교력사교재분석(사범대학용)[111], 중학교력사교수방법론(사범대학용), 중학교력사교수설계(사범대학용)	

102) 김재서 외, 『주체정치경제학(대학용)』, 김일성종합대학출판사, 2004. 교육과정 개편 전에는 『정치경제학원론-자본주의편』과 『주체정치경제학원론』 1~4가 있었다(황경오, 『주체정치경제학원론 : 자본주의편』, 사회과학출판사, 2002; 리창혁, 『주체정치경제학원론』 3, 사회과학원, 2002; 리명서, 『주체정치경제학원론』 4, 사회과학원, 2002).

103) 김일성주의기본교과서집필조, 『김일성주의 기본』, 김일성종합대학출판사, 2004.

104) 북한학센터에는 서중남 · 박창운, 『영어: 대학용』, 외국문도서출판사, 2004; 오경일 · 박창운, 『영어 2: 대학용』, 외국문도서출판사, 2002가 수집되어 있다.

105) 남진우 외, 『사회주의교육학: 사범대학용』, 교육도서출판사, 1991; 김운진 · 김영철 외, 『사회주의교육학』, 김형직사범대학출판사, 2008.

106) 유현 , "사범대학 중학교 교육심리학과목교수에 탐구식교수방법을 적용하여"(『고등교육』 2024-9, 교육신문사, 2024.09.25, 32면).

107) 차기철, 『교육평가학』, 김형직사범대학출판사, 2013.

108) 박명숙, 『콤퓨터망』 1(사범대학용), 고등교육도서출판사, 2015; 박성호, 『콤퓨터망』 2(사범대학용), 고등교육도서출판사, 2015.

109) 북한학센터에서는 확인하지 못했지만, 교사A의 면담 과정에서 이수한 사실을 확인하였다.

110) 'DAILYNK'에 따르면 북한의 교육실습은 코로나 이후 3년간 중단되었다가 2023년 4월에 재개되었다고 한다(2023.5.25.). 북한의 교육실습은 농촌지원 총동원 전투 기간을 이용하여 1개월 간 진행된다. 학교에 파견된 사범대학 학생들은 개별적으로 일일 실습 보고서를 제출해야 하며, 각 대학에서 학생들이 제출한 실습 보고서를 평가해 개별 학생들의 성적에 반영한다고 한다. 고난의 행군 시기에는 축소되거나 중단되기도 했다.

111) 정성철 외, 『중학교 력사교재 분석(사범대학 력사과)』, 교육도서출판사, 2017.

이 중 혁명력사는 4년 동안 매년 개설되며, 사회경제학이나 체육, 음악과 같은 교양과목도 교양과목으로 중요하게 다루어진다고 한다. 영어, 체육, 음악 교육이 강조되는 점도 주목된다. 전공 교과는 대체로 조선력사와 력사 교과서에 기술된 내용을 중심으로 운영되며, 교과교육 영역에는 교재분석, 교수설계, 교수방법론 등이 개설되어 있다. 이들 교재는 대개 김형직 사범대학에서 발행된 것들이다. 다른 대학의 사례는 구체적으로 소개된 바 없으나 대부분의 사범대학에 개설된 학부의 명칭이 력사지리학부라는 점을 고려하면, 학부 내에서는 크게 력사학과와 지리학과의 두 전공으로 나뉘고, 력사 전공의 교과목은 김형직사범대학과 유사하게 운영될 가능성이 크다고 판단된다. 전공과 무관하게 다양한 교양과목을 학습한다는 점은 북한 이탈 교사들의 진술에서도 확인된다.

지금까지 살펴본 것처럼 북한 사범대학과 역사교육의 변천 과정은 북한 체제의 변화와 밀접하게 연농되어 있다. 해빙 직후 민족 교육 열망에서 출발하여 사회주의 건설기의 계급 교육, 주체사상 확립기의 수령 중심 교육, 세습 체제 공고화 시기의 3대 세습 정당화 교육으로 이어지는 흐름 속에서 정치사상과 김일성, 김정일이 재구성한 역사를 중심으로 전개된 역사교육의 변화과정은 북한 정치사의 축소판이라 할 수 있다.

3부

북한 사범대학 역사교육과의 교재 분석

사범대학의 교재는 교원양성의 방향을 제시하고 예비교원들의 내용지식, 교수내용지식, 교육과정지식 등을 형성하는 데 중요한 역할을 한다. 사범대학 교재에는 교수 설계, 교재 분석, 교수방법 등이 포함되는데, 그것은 사범대학 역사교육과의 교육과정이 인문대학 사학과의 교육과정과 차별화됨을 보여주는 단적인 사례이다. 역사교육과 학생들은 교재 분석과 교수법 습득을 통해 교육과정에 제시된 교과의 특성과 내용을 어떻게 효과적으로 전달할 것인가를 고민하며, 이러한 고민은 구체적인 교수법으로 실현된다.

김정은 집권 이후 북한은 사범대학용 교재로 2016년에 『중학교력사교수설계』와 『중학교력사교수방법론』을 편찬하고, 2017년에는 『중학교 력사교재 분석』을 발간하였다. 3부에서는 이 세 권의 교재를 중심으로 북한 사범대학 역사교육의 특징을 분석하고자 한다. 아울러 이들 교재와 함께 확보한 관련 교재들의 내용을 종합적으로 검토하여 북한 역사교원 양성 체계의 전반적인 특성을 파악할 것이다. 이들 교재는 모두 김정은 집권 이후에 발간된 것으로, 북한이 표방하는 "세계적인 교육발전 추세"를 반영한 교육의 질 향상 노력과 밀접하게 관련되어 있다.[1]

---

1) 박금성, "세계 여러 나라들에서의 교육과정개혁추세"(『인민교육』 2015(4),

따라서 북한 사범대학의 역사교육 관련 교재를 분석하는 것은 단순히 교수법이나 교육방법론을 파악하는 차원을 넘어, 북한이 추구하는 역사교원 양성의 방향과 특징을 이해하는 중요한 통로가 된다. 특히 이들 교재에 담긴 교수 설계의 원칙, 교재 분석의 관점, 교수방법론의 특성 등을 면밀히 검토함으로써 북한 역사교원들이 형성하게 되는 역사관과 역사인식의 특징을 파악할 수 있다. 또한, 이러한 분석은 북한의 역사교육이 지향하는 궁극적 목표와 그것을 실현하기 위한 구체적인 교육 전략을 이해하는 데 핵심적인 단서가 된다.

1. 『중학교력사교재분석』
(정성철 외 4인, 교육도서출판사, 2017, 총 99쪽)

『중학교력사교재분석(이하 <교재분석>으로 표기함)』은 북한 사범대학 역사교육과에서 예비 역사교원 양성을 위해 사용하는 전공교재로, 중학교 역사교과서를 체계적으로 분석하고 지도하는 능력을 함양하기 위한 내용을 담고 있다. 목차의 구성은 다음과 같다.

> 1. 중학교 력사교재 분석에 대한 일반적 리해
> 1) 중학교 력사교재 분석의 개념과 필요성
> 2) 중학교 력사교재 분석의 목적과 기본요구, 기준
> 3) 일반적 방법

2015.08.15, 64쪽). 이 글에서 저자는 "세계 여러 나라들에서의 교육과정개혁의 추세를 잘 알고 그것을 우리의 현실에 맞게 받아들이고 우리 식으로 발전시키기 위한 비상한 노력을 기울"일 것을 강조하고 있다(김유연 외, 「북한 고등교육 학계에서 인식한 '세계 교육발전 추세' 분석」 『아시아교육연구』 22(4), 2021, 866쪽에서 재인용).

2. 중학교 력사교수요강 분석

　1) 중학교 력사교수요강의 구성체계 분석

　　(1) 초급중학교 <조선력사> 교수요강 구성체계 분석

　　(2) 고급중학교 <력사> 교수요강 구성체계 분석

　2) 중학교 력사교수요강의 구성체계 요소들 사이의 련관관계 분석

　　(1) 초급중학교 <조선력사> 교수요강의 구성체계 요소들 사이 련관관계 분석

　　(2) 고급중학교 <력사> 교수요강의 구성체계 요소들 사이 련관관계 분석

3. 중학교 력사교과서 분석

　1) 초급중학교 <조선력사>교과서 분석

　　(1) 초급중학교 1학년 <조선력사>교과서 분석

　　(2) 초급중학교 2학년 <조선력사>교과서 분석

　　(3) 초급중학교 3학년 <조선력사>교과서 분석

　2) 고급중학교 <력사> 교과서 분석

　　(1) 고급중학교 1학년 <력사>교과서 분석

　　(2) 고급중학교 2학년 <력사>교과서 분석

　　(3) 고급중학교 3학년 <력사>교과서 분석

부록 (초급중학교 <조선력사> 교수요강, 고급중학교 <력사> 교수요강)

<교재분석> 머리말의 첫 구절은 "교육내용과 교육 방법은 교육의 수준과 질을 결정하는 기본요인"이며, "시대가 전진하고 현실이 변화·발전하는데 따라 교육내용과 교육방법을 개선하여야 교육사업에서 혁명적 전환을 가져올 수 있습니다"라는 김정일의 교시로 시작된다. 김정일 집권기에 강조 '세계 선진수준'의 교육 지향을 재확인하고, 강조하는 형식을 보이고 있는 것이다.[2] <교재분석>

---

2) 김유연 외, 위의 논문, 865쪽.

발간의 목적은 머리말에 잘 나타나 있다.

모든 학과목 교원들이 발전하는 시대의 요구에 맞게 교육사업을 참신하게 벌려나갈 것을 절실히 요구하고 있다. …… 우리는 과목학습을 통하여 초급 및 고급중학교 력사 과목 내용에 정통하고 과학적인 방법론을 체득하여야 하며, 이에 기초하여 교수를 원만히 설계하고 실현해 나감으로써 전반적 12년제의무교육을 성과적으로 실현해 나가는 데 적극 이바지 해야 한다.[3]

윗 글에서도 확인되는 것처럼 교재를 제작한 목적은 ① 당의 교육정책과 교수요강의 요구를 정확히 구현하는 것, ② 학생들의 나이와 심리적 특성에 맞게 교수내용을 조직하는 것, 그리고 ③ 과학성과 사상성을 결합하여 역사적 사실을 정확하게 전달하는 것 등으로 정리된다. 즉 12년제 의무교육 시행 이후 새롭게 적용되는 교육체제를 성공적으로 운영하고, 시대의 요구에 맞게 교수방법을 혁신하기 위해 새로운 교재를 편찬한다는 점을 명확히 하고 있는 것이다.

<교재분석>은 크게 세 부분으로 구성되어 있다. 우선 1장 "중학교 력사교재 분석에 대한 일반적 리해"에서는 분석의 개념적 기초와 필요성, 목적, 기준 및 방법론을 포괄적으로 다룸으로써 학습자가 교재 분석의 이론적 토대를 견고히 할 수 있도록 돕는다. 이어지는 2장 "중학교 력사교수요강 분석"에서는 초급 및 고급중학교 교수요강의 전반적인 구성 체계를 살피고, 각 교육 요소 간의 유기적인 연관관계를 구체적으로 규명한다. 가장 핵심이 되는 3장 "중학교 력사교과서 분석"은 실질적인 적용 단계로, 초급중학교의 <조선력사>와 고급중학교의 <력사> 교과서를 학년별로 세분화하여 분석하고, 현장에서 즉시 활용 가능한 구체적인 지도 방안까지 제시하고 있다.

이러한 단계별 구성은 교재분석이 단순한 텍스트 내용의 숙지를 넘어, 실제

---

3) 정성철 외, 『중학교 력사교재 분석』, 교육도서출판사, 2017, 1쪽 머리말.

교수 활동에 필요한 실질적인 가이드라인을 제공하는 데 목표를 두고 있음을 시사한다. 특히 학교급을 명확히 구분하고 학년별 분석 체계를 갖춘 것은 학습자의 발달 단계에 따른 교육 내용의 위계성을 중요하게 고려한 결과로 해석된다. 이를 통해 볼 때 <교재분석>은 '실기과목으로서의 특성'을 살려 방대한 이론의 나열보다는 분석 과제를 통한 자체 실습을 학습의 기본 방식으로 채택하고 있음을 알 수 있다. 예비교사들이 초급 및 고급중학교 역사교재를 주체적으로 분석하고 수업에 능숙하게 적용할 수 있는 실무적 전문성을 배양하는 데 본질적인 의의를 두고 있는 것이다.[4]

1) 중학교 력사교재 분석에 대한 일반적 이해

북한에서 교원들에게 가장 보편적으로 이용되는 교재는 교과서와 교수참고서이다.[5] 그 중 교원와 학생들에게 가장 보편적으로 이용되는 교재는 역시 교과서이다. 이에 따라 저자들은 <교재분석>을 중학교 력사 수업에 활용되는 교과서에 대한 전면적 파악으로 정의한다. 즉 <교재분석> 과목의 목표는 해당 교과목 교과서의 범위와 수준, 구성 요소 등을 심층적으로 이해하는 것으로 설정하고 있다. 또한 교과서는 교수요강에 따라 집필되므로, 교과서를 정확히 분석하기 위해서는 <교수요강>을 먼저 파악해야 한다는 점을 강조한다.[6]

한편, 교과서와 함께 교재의 중심을 이루는 '교수참고서'는 우리의 교사용지도서에 해당한다. 교수 참고서에는 해당 과목의 교수요강과 교수시간 배정표가 있으며, 교원들이 교과서의 내용을 깊이 연구하고 가르치는 데 참고가 될 만한 자료와 교원이 반드시 알아야 하는 사항이 제시되어 있다. 또한, 김정은 시기에

---

4) 위의 책, 1쪽. 실기과목이란 실습과목이라는 의미로 이해된다.

5) 위의 책, 4쪽.

6) 위와 같음.

새로 편찬된 교과서에 수록된 학생 활동(탐구 · 생각하기, 배운 내용 정리 등)의 정답과 개념, 용어뿐 아니라, 배운 내용 총화, 력사실천 등 수업 시간에 이루어지는 지도 활동 내용도 담고 있다.

북한의 교수 행위와 교재에 대한 인식은 남한과 유사하면서도 독특한 특징을 보인다. <교재분석>은 교수 행위를 "교원의 가르치는 활동과 학생의 배우는 활동의 통일적 과정"으로 정의하는데, 그것은 남한에서 강조하는 교수-학습의 상호작용적 관점과 맥을 같이 한다. 또한 교재를 "교육강령에 따라 해당 학과목교육에서 의무적으로 집행해야 할 교수내용이 통일적으로 반영된 자료"로 규정한다. 남한에서는 국가 교육과정을 제시하면서도 최근 학교수준과 교원수준에서 교육과정을 재구성하여 학생에게 의미 있는 교육을 제공할 것을 강조하는 경향이 강화되고 있는 반면, 북한은 교재를 단순한 학습자료가 아니라 교수활동의 핵심 수단으로 인식하어 국가수준의 통일성을 더욱 강조하고 있는 것이다.

이러한 인식은 교재 활용 원칙에서도 명확히 드러난다. 북한은 과정안과 교수요강에 따른 의무적 사용을 강조하며, 교수내용 뿐만 아니라 교수단계와 방법까지 포함하는 종합성을 추구한다. 또한 높은 정치사상성과 과학기술성의 보장을 동시에 요구하는데, 이는 앞서 편제 분석에서 제시한 바와 같이 정치사상 교육을 모든 교과에 반영하는 북한 교육의 특징과도 일맥상통한다.

교재의 체계적 분류 역시 주목할 만하다. 북한은 교재를 사용대상별로 학습자용, 교수자용, 공용으로 구분하고, 용도별로는 강의용, 실기용, 자학습용으로 나누며, 매체형식별로 서지교재, 록음교재, 록화교재 등으로 세분화한다.[7] 이러한 체계적 분류는 교재를 교육의 핵심 도구로 인식하는 북한의 관점을 반영하는 동시에, 현장에서의 효율적 활용을 도모하기 위한 시도로 볼 수 있다.

한편, 북한의 교육과정 용어는 우리가 사용하는 용어들과는 다른 면이 있다.

---

7) 위의 책, 3-4쪽.

따라서 북한의 교육과정을 이해하려면 그들이 사용하는 용어를 자세히 살펴볼 필요가 있다. <교재분석>에 제시된 교육과정 용어를 소개하면 다음과 같다.[8]

교육목적
교육을 통하여 사람들을 여떤 풍모와 자질을 가진 인간으로 키우겠는가를 규정하는 목표나 방향. 국가와 사회는 교육을 진행하기 앞서 사람들을 어떤 풍모와 자질을 가진 인간으로 키우겠는가를 구상하고, 설계하며 그에 기초하여 교육활동을 벌려나가도록 함으로써 교육대상의 정신육체적 발전에 영향을 주고, 사회적 요구에 부합되는 인간으로 성장하게 한다.

교수요강
과정안에 근거하여 학과목의 교육교양목적과 과업, 교수내용을 구체적으로 규정한 교육강령 해설. 시간 배정표, 본문으로 이루어져 있다. 과정안과 함께 교육강령을 이룬다.

과정안
해당 교종, 학과의 교육학적 과정에 대한 총적 계획을 밝힌 교육강령을 말한다. 과정안에는 해당 교종, 학과의 양성 목적, 수업년한 교수진행계획, 실천교육진행계획, 시험 진행계획 등 학교교육기간의 교육학적과정이 총체적으로 규정되어 있다.

분석
사물현상을 그 구성요소들로 구분하고, 그 매개 요소를 구체적으로 파고들어 연구하는 것 또는 그렇게 하여 인식하는 논리적 수법. 분석은 개념을 형성하고 사물과 현상을 옳게 인식하는 데서 필수적인 역할을 한다.

흥미
흥미란 사물과 현상에 대한 긍정적인 정서적 체험을 동반하는 인지적 및 정서적 지향성. 일벙한 대상을 더 잘 이해하며, 그 대상과 관련된 활동을 수행하려는 욕망이다.

    <교재분석>은 북한 중학교 역사교육의 교수요강과 교과서를 체계적으로 파악하여 교수 원리와 방법을 습득하고, 학년별 및 주제별 구성과 내용에 정통하는 것을 핵심 목적으로 설정하고 있다. 교재분석의 목적은 단순한 교과서 내용 이해를 넘어 중등교육 단계 역사교육의 전체적 면모를 원리적으로 파악하고, 학

---

8) 위의 책, 3-7쪽, 10쪽.

생들의 인식능력과 실천능력 향상하는 것에 있음을 명시하고 있다. 교재의 총체적 내용 범위와 수준, 학년별 구성체계를 이해하고, 교재 구성의 방법론적 원리를 심층적으로 파악하며, 학생들의 준비 정도와 지적 수준에 부합하는 교재 특성을 분석하는 교재가 <교재분석>이라는 것이다.

한편, <교재분석>은 북한 중학교 역사교육의 교수요강과 교과서를 체계적으로 파악하여 교수 원리와 방법을 습득하고, 학년별 및 주제별 구성과 내용에 정통하는 것을 핵심 목적으로 설정하고 있다. 그것은 단순한 교과서 내용 이해를 넘어 중등교육 단계 역사교육의 전체적 면모를 원리적으로 파악하고, 학생들의 인식능력과 실천능력을 향상시키는 것에 있음을 명시한 것이다. 특히 주목할 점은 저자들이 학습의 흥미에 주목하고 있다는 것이다.

> 학습흥미는 지저흥미이며, 학생들의 지적흥미는 교재내용이 학생들의 수준과 특성에 맞게 편성 되었을 때 생겨나게 된다. 만약 이것을 고려하지 않고 높은 목표만을 생각하면서 교과서를 지나치게 어렵게 편성한다면 학생들은 거기에 흥미를 가지지 못하고 학습을 포기하게 되며, 지나치게 쉽게 편성하여도 흥미를 잃게 된다. 교재분석에서는 소재와 내용서술에서 어떻게 학생들의 인식적 흥미를 끌고 형상적서술과 논리적 서술을 배합하였는가, 보조자료와 삽화, 직관수단들이 어떻게 합리적으로 결합되었는가를 파악하여야 한다.[9]

이 같은 현상은 학습과정에서 학생들의 참여도를 높이는 방향으로 교수방법과 교과서 집필체계를 개선하려는 북한 교육의 최근 움직임과 맥을 같이 한다. 실제로 북한에서는 학급교수의 시공간적 구조 변화, 쌍방향 및 다방향 의사소통 체계로의 변화를 통한 교원-학생 간 연계 강화, 학급인원수 축소, 좌석배치방식 변화를 통한 교수효율화 등 다양한 개선 방안을 모색하고 있다. 또한 학생들의

---

9) 위의 책, 7쪽.

심리적 특성에 맞는 교수 시간 설정, 조별교수 및 개별교수 강화, 능력에 따른 조별 편성, 학생 이동수업, 교원 간 협동교수, 컴퓨터보조교수 등 다양한 교수형식 개발과 원격교수 강화 등이 '지식경제시대'에 적합한 교수방법으로 제안되고 있다.

<교재분석>에서는 교재 분석의 방법으로 전반적분석과 세부적 분석으로 구분하는 두 가지 접근을 제시하고 있다. 전반적 분석은 교재가 담고 있는 전반적인 요소(목적, 목표, 교수내용의 범위와 수준, 배열방식 등)와 기능을 대상으로 한다. 반면, 세부적 분석은 교재를 이루는 개개의 요소(장, 절, 수업내용 등)와 기능을 분석하는 것을 의미한다. 각각의 분석 방법이 상호보완적으로 작용하여 교재의 총체적 이해를 가능하게 한다는 점을 강조한다.

전반적 분석의 첫 단계는 교수요강을 심층적으로 연구하여 과목교수의 총체적 목적과 목표, 교수내용의 범위와 수준, 배열방식을 체계적으로 분석하는 것이다. 다음으로 학년별 도달목표와 범위, 수준, 학생들의 도달기준을 면밀히 검토하며, 교재 내용을 구성하는 내용적 단위들과 학년별 연계성을 파악한다. 중학교 교재의 구조적 특성상 학년별로 구분되고 장, 절, 소제목, 주제제목으로 체계화된 구성단위들 간의 논리적 관계를 명확히 규명하는 과정이 전반적분석의 핵심을 이룬다.

세부적분석은 특정 학년의 장, 절, 수업내용을 대상으로 하여 분석대상 교재구성단위의 구조와 연관관계, 기존 지식과 신규 학습내용 간의 관계, 실천적 응용 가능성을 종합적으로 파악하는 것을 의미한다. 교재내용의 중점과 난점, 학생들이 혼동하거나 오류를 범하기 쉬운 부분을 식별하고, 복습문제와 실천 및 활용문제의 형태와 수준을 분석하여 교재의 교육적 효과성을 평가하는 것이다.

또한, 저자들은 실기과목의 특성을 반영하여 학생들의 자체활동을 통한 분석능력 함양을 중시하고 있다. 중학교 역사과목의 교수요강과 교과서를 분석 대상으로 설정하고, 역사교수의 목적과 목표, 교수내용의 범위와 수준, 교종별·학년별 교수목표와 도달기준, 교과서의 내용구성과 교수실현 매체, 이해정형 파악 방식 등을 체계적으로 분석함으로써 교재에 대한 전면적 이해를 도모하는 것이 교재 분석의 일반적 목적이라는 것이다.

2) 중학교 력사교수 요강 분석

중학교 력사교수요강의 구성체계 분석

북한의 중학교 력사교수요강은 교육강령의 구체적 실현 문건으로서 체계적인 구조를 갖추고 있다. 교수요강은 크게 도입부, 교수목적과 교수목표, 교수내용, 학과목교수에서 지켜야 할 원칙, 교수방법, 학업성적평가원칙의 여섯 가지 구성요소로 이루어져 있다.[10]

도입부는 교수요강의 서론적 부분으로서 해당 학과목의 사명과 의의, 특성을 명시한다. 도입부의 전반부에는 "교육단계에 따라 교육의 범위와 수준을 바로 정하고, 교육강령을 과학적으로 편성하며 교수방법을 개선하기 위한 연구사업도 강화해야 한다"는 김정일의 교시를 제시하고 있다. 또한, 교수요강의 정의와 내용, 의미를 강조하는 내용도 포함되어 있다.

북한의 교수요강은 과정안에 근거하여 학과목교수의 목적과 목표, 교수내용의 범위와 수준, 도달목표 등을 구체적으로 규정한 교육강령의 하나로서, 학교교육에서 반드시 집행해야 할 법적문건이다. 과정안이 학과목구성을 통해 학교교육 내용을 총체적으로 규제한다면, 교수요강은 개별 학과목의 교수내용을 구체적으로 방향지어 주는 역할을 한다. <중학교력사교수요강>에는 역사교육의 목적과 목표, 학년별 교수내용의 범위와 수준, 도달목표가 구체적으로 명시되어

---

10) 위의 책, 10쪽.

있다. 또한, 역사교수 진행원칙과 학생평가 원칙 등 역사교육과 관련한 포괄적 내용도 포함되어 있다. 교수요강은 단순한 지침서가 아니라 법적 구속력을 지닌 문건으로서, 북한 교육의 통일성과 체계성을 보장하는 핵심 기제로 작동한다. 이는 남한에서 국가 교육과정이 기준의 역할을 하면서도 학교와 교원 수준의 재구성을 허용하는 것과 대비되는 특징으로, 북한 교육체계의 중앙집권적 성격을 명확히 보여준다.

교재 2장 '중학교 력사교수 요강 분석'은 북한의 학제에 따라 초급중학교와 고급중학교의 교육과정을 구분하여 제시하고 있다. 이러한 체계적 분절은 단순한 학교급의 물리적 구분을 넘어, 학생의 성장 단계와 인식 수준에 고려한 역사교육 목표가 투영된 결과이다. 초급중학교 단계에서는 <조선력사>를 통해 자국사 중심의 학습을 진행하며, 민족적 정체성과 기본 소양을 함양하는 데 주력한다. 반면, 고급중학교 단계로 진입하면 교과명을 <력사>로 통합·변경하고 학습 범위를 자국사에서 세계사로까지 확장한다. 즉, 북한의 역사 교수요강은 학교급에 따라 내용 영역의 위계와 범위를 전략적으로 배당함으로써, 체제가 요구하는 정치·사회적 역사관을 단계적으로 내면화할 수 있는 정교한 학습 경로로 설계되어 있다고 할 수 있다.[11]

교수요강의 구성요소는 일반적으로 과목의 성격 규정, 교육목표, 내용체계(대단원·소단원 배열), 교수시간 배정, 교수방법 및 학습조직 원칙, 평가 및 총화 요구 등으로 이루어진다. 앞서 1장에서 교재를 "교수(학습)단계와 방법, 수단 등 학습에 필요한 내용들이 종합적으로 반영"된 자료로 설명한 점은, 교수요강이 단지 '가르칠 내용 목록'이 아니라 '내용–방법–수단–평가'를 함께 규정하는 통합 문서라는 인식을 전제한다. 따라서 2장에서 말하는 '구성체계'는 내용 항목의 나열이 아니라, 목표가 내용배열을 낳고 내용배열이 교수조직과 평가를 요구

---

11) 위의 책, 24쪽.

하는 체계적 배열을 의미한다.

초급중학교 <조선력사> 교수요강의 구성체계는 민족사 서사를 학생의 발달 단계에 맞게 시간순으로 조직하면서, 특정 시기와 사건을 선택적으로 강조하는 방식으로 계열화를 추구한 것으로 볼 수 있다.[12] 북한의 역사교육은 '민족의 자주성'과 '혁명전통'의 강조를 중심축으로 삼는 경향이 강하므로, 구성체계는 고대·중세·근대로의 연대기 배열을 취하더라도, 서술의 중심은 국가형성의 정당화, 외세와의 투쟁, 지도체계의 역사적 필연성에 맞추어 재배열되는 양상을 보인다. 이때 교수요강은 각 단원에서 학생이 도달해야 할 인식 수준을 규정하고, 그 인식이 단순 사실기억을 넘어 정치사상적 판단으로 연결되도록 목표를 진술한다. 결과적으로 초급 단계의 구성체계는 '기본 사실의 습득'과 '정체성의 형성'을 결합하는 방향으로 설계되는 성격을 가진다.

고급중학교 <력사> 교수요강의 구성체계는 초급 단계에서 형성된 민족사 틀을 전제로 하여, 세계사적 맥락과 현대 정치질서에 대한 해석 틀을 부여하는 방식으로 확장된다. 고급 단계에서 과목명이 포괄적 <력사>로 제시된 점은 내용구성이 조선력사 단독이 아니라, 세계력사 요소 또는 근현대 국제관계 서사를 포함할 수 있음을 시사한다. 이 단계의 구성체계는 사건의 인과관계를 설명하는 능력, 계급·국가·제국주의 등의 해석 범주 적용, 그리고 사회주의적 역사관의 내면화를 목표로 삼는 방향으로 구성될 가능성이 있다. 따라서 고급중학교 교수요강의 체계는 단원 배열이 '정치적 결론'에 수렴하도록 설계되고, 각 단원의 교수요점은 학생이 특정 가치판단을 도출하도록 유도하는 구조를 가진다.

역사 교수의 목표는 '품성과 태도', '지식', '능력'이라는 세 가지 차원으로 구체화된다.[13] 첫째, 품성과 태도 목표는 사상 의식이 체질화되고 신념화된 정

---

12) 위의 책, 10쪽.

13) 위의 책, 12-14쪽.

치·사상적 품성과 도덕품성의 함양에 초점을 맞추고 있다. 핵심내용은 사회주의사상으로 무장한 혁명적 태도, 민족문화유산을 아끼고 발전시키려는 자각, 조국과 인민의 부강번영에 이바지할 각오, 적극적 학습 태도와 탐구 정신 배양 등이다. 둘째, 지식목표는 역사발전의 합법칙성에 대한 인식의 총체이다. 예컨대 초급중학교에서는 지식범위와 수준 측면에서 우리 민족의 문화적 성과와 반침략투쟁을 통한 민족의 전통적 기질, 의식주 풍습과 예의범절 풍습 등 생활문화의 발전과 계승에 대한 정확한 인식을 강조하고 있는데, 그것은 역사적 지식을 습득하는 것과 크게 다르지 않다.

셋째, 능력목표는 지식을 실천 활동에 구현할 수 있는 다방면적 실천 능력 함양에 초점을 둔다. 능력목표에는 역사지식을 이해하고 학습하는 지적 능력, 역사적 사실과 인물, 문화유산을 분석평가하는 능력, 언어적 추리 및 발표능력 등이 포함된다. 이는 학습과정에서 학생 참여도를 높이고 탐구정신과 창조능력을 함양하려는 최근 북한 교육개혁의 방향과 연결된다. 실제로 새 교과서는 '해보기', '토론하기', '생각하기' 등을 통해 학생들이 스스로 법칙을 찾아내고 응용하며 결론을 도출하도록 편성되었다. 이는 지식경제시대에 요구되는 '쓸모있는 산 지식'과 '평생학습능력' 함양이라는 시대적 요구를 반영한 것이다.

학과목교수에서 지켜야 할 원칙은 당성의 원칙, 과학성의 원칙, 교육성의 원칙을 기본으로 한다. 당성의 원칙은 '로동계급의 계급적 립장에서 력사를 분석하고 평가'하는 것을 의미하며, 과학성의 원칙은 역사적 사실을 객관적이고 정확하게 가르치는 것을 의미한다. 교육성의 원칙은 학생들의 인지발달 수준과 심리적 특성을 고려한 교수활동을 강조한다. 이러한 원칙들은 상호 보완적 관계를 형성하면서 력사교육의 방향성을 규정한다.

교수방법 부분에서는 강의법, 담화법, 직관교수법, 실습법 등 다양한 교수방법과 학생들의 능동적 사고활동을 유도하는 발견학습과 탐구학습을 강조한다. 동시에 '감정정서적 체험'을 통한 감화교육의 중요성을 부각시키고, 력사유적지 견학, 혁명박물관 참관 등 현장학습을 적극 활용하도록 규정하며, 이를 통해 '살아있는 력사교육'을 실현할 것을 요구한다.

학업성적평가원칙은 "전면적이고 종합적인 평가"를 지향하며, 지식뿐만 아니라 사상의식과 실천능력까지 평가대상에 포함시킨다. 평가방법으로는 구술시험, 필기시험, 실기시험을 병행하도록 규정하며, 특히 "학습과정에서의 평가"를 중시하여 형성평가의 개념을 도입하고 있다.

중학교 력사교수요강의 구성체계요소들 사이의 련관관계 분석[14]

교재분석에서는 2장의 후반을 "구성 체계 요소들 사이의 련관 관계분석"으로 별도 설정하고, 다시 초급과 고급을 나누어 다룬다. 이러한 구성은 교수요강을 이루는 요소들이 병렬적으로 존재하는 것이 아니라, 상호 규정 관계를 형성한다는 점을 강조하기 위한 의도를 드러낸 것이다. 특히 북한의 교육문서 체계에서는 교육목적과 정치사상적 요구가 최상위에 놓이고, 그 목적이 과목 목표로 구체화되며, 과목 목표가 내용배열과 교수방법 및 평가기준을 규정하는 수직적 연관이 강하게 작동한다. 따라서 연관관계 분석의 핵심은 목표-내용-방법-평가의 연쇄가 어떻게 하나의 방향으로 정렬되는가를 밝히는 데 있다고 할 수 있다.

초급중학교 <조선력사> 교수요강에서의 연관관계는 '교육목표의 정치사상적 성격'이 '내용 선정과 강조점'을 직접 규정하는 방식으로 나타난다. 즉 어떤 시대를 포함하느냐보다 어떤 사건과 인물을 중심에 두느냐가 목표와 결부되며, 그 결과 단원의 핵심요점과 학습과제는 단순한 사실 확인을 넘어 태도 형성의 요구로 조직된다. 이때 교수 방법 요소는 단순한 암기식 전달만을 의미하지 않는다. 앞서 력사 교재의 특징으로 "교수(학습)단계와 방법, 수단"의 종합 반영을 언급한 것과 상응하도록 교수요강은 토의, 문답, 총화, 참관, 련습 같은 조직형

---

14) 위의 책, 24쪽.

태를 목표달성 수단으로 배치한다. 결과적으로 초급 단계의 요소 간 연관은 학생에게 '기억해야 할 역사'와 '판단해야 할 역사'를 동시에 요구하는 결합 구조로 형성된다.

고급중학교 <력사> 교수요강에서 연관관계는 초급보다 더 강한 논증 구조를 띤다. 고급중학교 단계에 세계사적 사건이나 근현대 국제질서의 변화가 포함될 경우, 내용 요소는 복잡해지고 인과관계 설명이 중요해진다. 이때 목표 요소는 단순한 애국심 고양을 넘어, 특정 역사관과 사회발전 법칙에 대한 확신을 형성하는 방향으로 진술된다. 목표가 이처럼 이론적 성격을 띠면, 내용 배열은 사례를 통해 법칙을 확인하는 방식으로 조직되고, 교수방법은 설명-증명-총화의 순환 구조를 취하게 된다. 평가요소 역시 단편적 사실 열거보다 '정해진 해석틀에 따라 사건을 재구성하는 능력'을 요구하는 방향으로 강화된다. 따라서 고급 교수요강에서는 목표가 방법과 평가를 더 직접적으로 지배하는 경향이 나타나고 있으며, 교원은 단원의 지식 전달자이자 해석 틀의 집행자, 학생 사고를 특정 결론으로 수렴시키는 조직자로 규정되고 있다.

이러한 구성요소 간 연관은 교육당국이 요구하는 역사교원상(像)의 단서를 제공한다. 요컨대 그것은 전반적 12년제 의무교육의 실시와 관련하여 "교수내용과 교수방법에서 전례없는 혁신" 추구하면서도, "발전하는 시대의 요구에 맞게 교육사업을 참신하게" 수행하는 교육자이다. 여기서 '혁신'과 '참신함'은 가치중립적 교수기술의 혁신이라기보다, 상위 목표를 더 효과적으로 관철하기 위한 방법적 갱신을 의미한다. 교수요강이 목표-내용-방법-평가를 일체화하고 요소 간 련관을 통해 교원의 행위를 규정하는 문서로 작동할 때, 교육당국이 지향하는 역사교원은 교과지식의 전문가이면서 국가가 설정한 역사서사의 전달과 내면화를 담당하는 정치사상 교양의 수행자로 역할이 한정될 수밖에 없다. 또한 교원은 교과서와 교수요강을 해석하여 수업을 '설계하고 실현'하는 능력을 갖추어야 하며, 그 설계는 자율적 교육과정 재구성이 아니라 규정된 요소들의 정합성을 극대화하는 방향으로 수행해야 하는 의무를 갖게 된다.

3) 중학교 력사교과서 분석

<교재분석> 3장 '력사교과서 분석'은 중학교 력사 수업에서 기본 교재로 기능하는 교과서를 전면적으로 파악하고, 이를 바탕으로 수업 설계와 학습 조직의 기초를 마련하기 위해 설정한 것으로 보인다. 핵심 내용은 크게 다섯개의 영역으로 나누어 살필 수 있다. 첫째, 교재 서두에서는 교수활동을 "교원의 가르치는 활동과 학생의 배우는 활동이 통일된 과정"으로 정의하며, 이를 위해 "일정한 교수내용을 담은 교재와 교수 수단"이 전제되어야 한다고 명시한다. 이는 3장의 교과서 분석이 단순한 내용 요약이 아니라, 북한 당국이 설정한 역사교육의 필수 내용을 어떻게 구성·배열하며, 이를 통해 어떤 교수-학습 활동을 요구하는지를 밝히는 작업임을 의미한다. 또한 교과서가 "과정안"과 "교수요강"에 따라 작성된다는 점과 "의무적이며 가장 적극적으로 사용되는 주된 학습 자료"라는 점을 강조한다. 이를 통해 교과서가 북한 역사교육에서 핵심적 역할을 수행함을 확인할 수 있다.

둘째, 전체 구성은 <교재분석>을 중심으로 초급중학교 <조선력사>와 고급중학교 <력사> 교과서를 학년별로 나누어 분석하는 형태로 제시된다. 초급중학교 1~3학년과 고급중학교 1~3학년 과정에서 각 학년 교과서가 다루는 내용과 제시 순서를 "원리적이고 구체적으로 파악"하는 것을 목표로 한다. 특히 초급중학교 과목명이 <조선력사>로 설정된 점은 중학교 역사교육의 출발점이 세계사나 비교사보다 자국사 중심의 역사 인식을 우선적으로 형성하는 데 초점을 두고 있음을 보여준다. 교재 목차는 학년별로 분석 단위를 구분하며, 각 학년 교과서가 독립적 체계를 갖추되 학생의 발달 단계에 맞춰 역사 내용을 점진적으로 확대하거나 심화시키는 구조를 지향한다. 이에 따라 교원에게는 학년별 목표와 내용을

구분하여 수업을 조직하는 역량이 요구된다.

셋째, <교재분석>에 따르면 초급중학교 <조선력사> 교과서는 "정치사상성과 과학기술성, 교육효과성이 높은 수준에서 보장된다"는 특징을 지닌다고 한다. 이러한 서술은 초급중학교 단계의 역사교육이 단순한 지식 전달을 넘어 정치·이념적 기능까지 수행하도록 설계되었음을 보여준다. 다시 말해, 역사적 사실을 단순히 나열하기보다는 정치사상적 지향을 학생들이 자연스럽게 내면화할 수 있도록 내용이 선택되고 배열되어 있다는 것이다.

특히 주목할 점은 초급중학교 1학년 교과서 분석이 3장의 첫 번째 하위 항목으로 배치되었다는 사실이다. 이는 초급 단계 1학년이 학생들의 역사 인식을 형성하는 기초 단계로 여겨지고 있음을 분명히 보여준다. 교원 양성 교재가 1학년 교과서의 구성과 내용을 별도로 상세히 분석하도록 요구하는 것도 같은 맥락에서 이해할 수 있다. 즉, 첫 단원들의 배열과 서술 방식이 이후 학년 학습의 토대가 되기 때문에, 교원들은 그 구조를 정확히 파악해야 한다는 것이다.

넷째 <교재분석>에서는 교수참고서가 교과서에 포함된 '탐구(생각하기)'나 '배운 내용 정리' 부분의 해답을 제공한다고 설명하고 있다. 이를 통해 초급중학교 1학년 <조선력사> 교과서가 탐구형 과제나 정리형 문항을 포함한 구조로 되어 있음을 알 수 있다. 따라서 실제 수업은 교과서 본문 설명에 그치지 않고, 질문과 응답, 정리 활동, 복습 활동 등 다양한 요소를 포함하는 형태로 진행된다. 그러나 여기서 말하는 '탐구'는 학생들의 자유로운 문제 제기를 장려하기보다는, 교수참고서가 제공하는 정해진 해답을 통해 교원이 결론을 통제할 수 있는 '통제된 탐구'의 성격을 띠고 있을 가능성이 높다.

다섯째, 분석 순서가 학년별로 배치된 것은 학년이 올라갈수록 다루는 내용의 범위나 서술량이 확대되거나 단원 구성이 복잡해짐을 의미한다. 교재가 교과서 분석을 "교종별, 학년별로 원리적이고 구체적으로 파악"하도록 한 점은 학년별 교과서가 동일한 형식적 틀을 공유하되, 시대 구분, 주제 선택, 강조점에서 차이를 보인다는 점을 전제로 한다. 초급중학교 2·3학년 <조선력사> 교과서는 1학년에서 형성된 기본 관점을 바탕으로 연속적 역사 서술을 완성하거나, 특정 시기와 주제를 통해 국가 정통성과 사회주의적 역사관을 강화하는 방향으로 조직될 가능성이 크다고 할 수 있다.

이 단계에서 교원의 역할은 교과서의 내용 배열을 단순히 따라가는 데 그치지 않고, 학년 간 연계성을 고려하여 복습과 누적 학습을 조직하는 데 있다. 교재가 교수참고서에 "배운 내용 총화, 역사 실천 등 연습 및 복습, 참관을 조직 지도하는 데 도움을 주는 지도 내용"이 포함된다고 밝힌 점은 초급 단계에서도 단순 강의식 전달이 아닌 복습 과제, 실천 활동, 참관 활동이 교수 계획에 포함되는 수업 방식이 이상적 모델로 제시됨을 보여준다. 여기서 '실천'과 '참관'은 역사적 사고의 개방적 확장이라기보다 학생을 특정 역사적 상징, 장소, 기념물, 혁명 전통 서사에 접속시키는 방식으로 운영될 가능성이 크다.

이와 같은 초급중학교 <조선력사> 교과서의 학년별 구성과 내용을 살펴보면, 역사교육이 개인적 인식에서 국가적·이념적 관점으로 점차 확대되는 구조를 발견할 수 있다. 1학년에서는 자국사 중심의 기초적 역사 인식을 형성하는 데 초점이 맞춰지고, 2·3학년으로 올라가면서 역사 서술의 범위가 확대되며 국가 정통성과 사회주의 역사관을 강화하는 방향으로 내용이 전개되는 형태인 것이다. 이는 교육과정의 수직적 구성 측면에서 학년 간 내용이 심화·반복되는 나선형 구조로 조직되어 있음을 알 수 있는데, 그것은 이후 고급중학교 <력사> 교과와의 연계성을 고려하여 설계한 것으로 이해된다.

『중학교력사교재분석』의 역할과 의의

고급중학교 단계에서 과목명이 <력사>로 제시된 점은 초급의 <조선력사> 중심 구조에서 벗어나, 보다 포괄적이고 종합적인 역사교육 체계로 전환됨을 뜻한다. 실제로 이와같은 전환은 세계사 요소의 확대, 시대 구분의 재조정, 또는 조선사와 세계사를 결합한 서술 체계의 강화로 구현되고 있다. 교재가 초급과 고급 교과서를 각각 별도 범주로 분석하게 한 것은, 교육과정상 두 단계의 목표와 내용 조직 원리가 다르며, 교원은 그 차이를 이해하고 수업방식을 조정해야 한다는 점을 전제로 한 것이다.

교재 서두에서 교육내용과 교육방법의 개선이 교육사업의 "혁명적 전환"을 가져온다고 인용한 대목은, 고급중학교 <력사> 교과서 분석에서도 교수방법의 혁신과 연동된 교과서 구성 이해가 요구됨을 정당화한다. 즉 고급 단계에서 교과서는 지식량이 늘어날 뿐 아니라, 학생의 사고 수준에 맞춘 설명 방식, 과제 제시 방식, 총화 방식이 강화되는 방향으로 설계되며, 교원은 이를 실행할 능력을 갖추어야 한다는 점을 강조하고 있는 것이다.

또한, 고급 단계의 첫 학년이 초급에서 형성된 조선력사 중심 관점을 기반으로 조직된 것은 역사 인식의 범위를 확장하는 입문 단계로 설정되었음을 보여준다. 교재에서 고급중학교 력사를 학년별로 분절한 것은 1학년 때 학습한 내용이 이후 2·3학년 학습을 위한 개념적·서술적 기초가 된다는 것을 전제한 것이다. 따라서 교원은 초급중학교 <조선력사>와 고급중학교 <력사>의 연계성을 고려하여 지도하여야 하며, 고급중학교 1학년 <력사>에서 학습한 내용이 2~3학년 <력사>학습에 도움이 될 수 있도록 기초 기본 교육을 충실히 해야 한다.

교재분석에서 또 한가지 주목되는 점은 교수참고서의 기능을 상세히 설명하고 있다는 점이다. 교과서 본문 외에 탐구문항, 정리문항, 개념과 용어정리, 복습 및 총화 부분을 지도하는 방안까지 상세하게 설명하고 있으므로, 사범대학 학생들은 현장에 나가기 전에 수업의 전체적인 과정을 경험하게 된다.

고급중학교 2학년 분석이 별도 항목으로 제시된 점은, 2학년 교과서가 1학년과 구별되는 내용 범위와 강조점을 가진다는 것을 의미한다. 고급 단계의 중간 학년은 역사서술의 중심 축을 형성하는 시기이다. 따라서 교과서의 내용이나 개념의 밀도가 증가하는 경향을 보인다. 교재의 저자들은 그러한 상황을 고려하여 교과서의 정보량과 분량 사이에서 '최적화'를 실현해야 한다는 점을 강조하고 있다. 많은 내용을 제한된 지면에 담고 있으므로 교육목표와 직접 연결되는 핵심만 선발하여 제시하는 능력이 요구된다는 것이다.

고급중학교 3학년의 단원 편성과 내용 구조는 최고 학년에서 시행되는 역사교육이 총화적인 성격을 가져야 한다는 점을 의미하는 것이다. 이 때의 총화는 단순한 복습이 아니라 학생이 학습한 역사적 지식을 체계적으로 정리하고, 이를 일정한 정치사상적 관점과 연결하여 의미 있는 결론을 도출하는 과정이라고 할 수 있다.

또한, 고급중학교 3학년은 졸업을 앞둔 단계이므로 교과서의 구성을 시험 대비와 성취 평가의 요구에 적합한 형태로 구현할 필요가 있다고 판단한 것으로 보인다. 교재에서 '과정 안에 시험 진행 계획이 포함된다'라고 설명한 것은 교과시의 내용과 평가 체계가 긴밀히 연계되어 있음을 의미하는 것으로 이해된다. 이 과정에서 교원이 담당해야 할 역할은 교과서의 단원 구성과 문항 설계를 바탕으로 평가에서 중점적으로 다뤄질 학습 성과를 예측하고, 그에 맞춰 수업을 설계하며 학생들의 학습을 지원하는 조력자이자 국가가 제시하는 관점에 부합하는 사고를 형성할 수 있도록 이끄는 지도자이다.

2. 『중학교 력사교수 방법론』
(안재명 외 3인, 교육도서출판사, 2016, 총 159쪽)

북한은 김정은 집권 이후 사범대학 역사용 교과교육 교재와 현장 교원용 교수학습참고서를 적극적으로 발행해 왔다. 그중에서도 『중학교 력사교수 방법론(이하 <교수방법론>으로 표기함)』은 가장 최근에 발행된 교과교육교재이자, 김정은 체제 출범 이후 새롭게 수립된 교육정책이 비교적 잘 반영된 자료라고 생각된다. "역사적 사실을 아는데 그치지 않고 역사적 사실로부터 스스로 교훈을 찾고 해석할 수 있는 능력을 함양하는 방향으로 교과 내용을 편성한다"15)는 이른바 '과학적인 교수방법론'16)이 반영된 정황이 교재 곳곳에서 확인되기 때문이다. 김일성과 김정일 교시로부터 시작되던 역대 교과서와 달리 김정은의 교시가 곳곳에 삽입된 것도 중요한 변화 중의 하나이다. 교재의 전체적인 구조는 다음과 같다.

제1장: 중학교력사교수의 목적, 특성, 기본 요구

제2장: 중학교력사교수형태에 따르는 교수방법

  - 제1절 수업 교수방법

  - 제2절 복습 교수방법

  - 제3절 력사실천 교수방법

제3장: 중학교력사교수내용에 따르는 교수방법

  - 력사개념 · 인물 교수방법

  - 력사년대 · 지리 교수방법

  - 국가 성립 · 변천, 반침략전쟁 등 사회주의 서술에서 강조되는 주제 교수방법

제4장: 중학교력사교수에서 교원의 활동

  - 교수 준비, 교수에서의 활동, 복습 및 력사실천 지도의 방법, 평가

  - 교원 양성 · 자기 수양과 교수 혁신 요구

목차를 통해 확인되는 것처럼 <교수방법론>은 네 개 장으로 구성되어 있다. 제1장에서는 중학교 력사교수의 목적, 특성, 기본요구를 다루고, 제2장에서는 중학교 력사교수형태에 따른 교수방법을 제시하고 있다. 제3장에서는 중학교 력사교수내용에 따른 교수방법을 소개하고 있으며, 제4장에서는 중학교 력사교수에서 교원의 활동을 규정하고 있다. 이러한 구성은 북한이 역사교육을 목적,

---

15) 『교육신문』, 2014년 1월 30일.

16) 안재명 외, 『중학교력사교수방법론』, 2016, 1쪽 머리말.

형태, 내용, 교원 활동이라는 체계적 구조로 파악하고 있음을 보여준다. 또한 국가 성립과 변천, 반침략 · 반봉건투쟁 등 사회주의 체제와 관련된 주제를 독립절로 설정한 점은 북한 체제의 선전과 유지를 교수-학습 조직 원리로 삼으려는 의도가 반영된 것으로 이해될 수 있다.

1) 력사교수의 목적과 특성 및 기본요구

<교수방법론>에서는 김정일의 교시를 인용하여 역사교육의 목적을 다음과 같이 제시하고 있다.

> 우리가 사람들에게 역사교육을 주는 것은 우리 민족의 유구한 역사와 찬란한 문화전통에 대하여 올바른 인식을 둠으로써 그들로 하여금 민족적 긍지와 자부심을 가지도록 하며 우리 선조들이 어떻게 살아왔는가 하는 것을 똑똑히 알고 지난날의 역사에서 교훈을 찾아 우리 혁명을 더욱 힘차게 전진시키자는데 목적이 있습니다.[17]

위의 교시에 반영된 북한의 중학교 역사교육의 목적은 크게 두 가지로 정리된다. 첫째는 민족적 긍지와 자부심을 함양하는 교육이다. 교시에는 자기 것을 아는 것에서부터 민족적 자부심이 발생한다는 논리를 제시하고 있다. 반만년의 유구한 역사와 찬란한 문화전통, 외래침략에 맞선 인민의 투쟁사를 세계역사와 연계하여 가르침으로써 민족제일주의 정신을 함양하는 것이 역사교육의 목적이라고 보고 있는 것이다. 역사교육을 통해 민족적 자부심을 심어주고자 하는 것은 어느 나라에서나 찾아볼 수 있는 현상이지만 북한이 강조하는 역사적 자부심은 다소 결이 다르다. 그것은 또한 르낭(Ernest Renan)의 시민적 민족주의와도

---

17) 안재명 외, 위의 책, 3쪽.

거리가 있다.[18] 북한에서 강조하는 민족은 독립적 역사 주체로서 독자성을 가진 존재도 아니고, 단순한 혈통적 공동체로 한정되지도 않는다. 그것은 "수령의 령도" 아래에서만 그 진정한 역사적 의미를 획득할 수 있는 배타적이고 극단적인 성격의 체제유지를 위한 이데올로기이다. 그러한 이중적 구조는 교재 전반에 걸쳐 일관되게 나타난다.

둘째는 역사적 경험과 교훈을 통해 "우리 혁명을 더욱 힘차게 전진시키자"는 것이다. 이 구절에는 과거 인민들의 투쟁 역사에서 경험과 교훈을 도출하고, 그것을 현재의 혁명 과업에 활용하자는 논리가 반영되어 있다. 자주성을 위한 인민대중의 투쟁사, 반침략 조국방위의 역사, 진보와 반동 간의 투쟁, 국가의 흥망성쇠 등을 통해 학생들의 역사적 통찰력을 기르는 것을 역사교육의 또다른 목적으로 설정하고 있는 것이다.

승리한 역사에서는 경험을, 실패한 역사에서는 교훈을 찾아 혁명의 최후 승리를 위한 투쟁에 활용하도록 하는 주장은 나름 실용적 관점이라 할 수 있겠지만,[19] 그것은 또다른 관점에서 보면 역사교육이 단순한 과거 학습이 아닌 현재와 미래의 혁명 발전을 위한 실천적 교육임을 강조하는 교육철학이 전개되고 있다는 말이 되기도 한다. 그 외에도 1장 1절에는 자주성을 위한 인민대중의 투쟁사, 반침략 조국방위의 역사, 진보와 반동 간의 투쟁, 국가의 흥망성쇠와 문화유산 등을 통해 학생들의 역사적 통찰력 함양을 추구한다는 등의 교육목표가 제시되어 있음이 확인된다.

1장 1절에서 가장 인상적인 구절은 "역사교수에서 역사적 사실 그 자체는 목적이 아니다"라는 것이다. 이 말은 북한 역사교육이 사실의 탐구나 과거의 분석보다 앞서 강조한 민족적 긍지와 자부심의 고조, 경험과 교훈에 기반한 혁명의

---

18) 에르네스트 르낭 지음, 신행선 옮김, 『민족이란 무엇인가』, 책세상, 2008.
19) 위의 책, 3-4쪽.

최후 승리 투쟁 등이라는 점을 강조한 것으로 이해된다. 역사 그 자체에 대한 교육이 아니라 역사를 투쟁의 도구로 이해하려는 인식, 그것이 북한 역사교육의 궁극적인 목적이라고 이해해도 좋을 것이다.

제1장 제2절 '중학교 력사교수의 특성과 과업'은 역사교육의 고유한 특성과 실천적 과업을 제시하는 형식으로 서술되어 있다.[20] 역사교육의 특성으로 네 가지 측면이 부각되는데, 그것은 ① 민족적 긍지와 자부심 함양, ② 사회역사발전의 합법칙성 교육, ③ 사료 중심 교육, ④ 역사적 분석·평가 능력과 혁명투쟁 방도 모색 능력 배양이다. 첫째, 민족적 긍지와 자부심을 함양한다는 것은 역사의 유구성과 우수한 문화유산을 통해 정체성을 확립시키는 것을 의미한다. 학생들은 역사학습을 통해 민족사의 단일성과 연속성을 학습하면서, 외세 침략에 맞선 투쟁 전통과 슬기를 내면화하게 되는데, 그러한 과정에서 자긍심과 자부심이 함양된다는 것이다.

둘째, 사회역사발전의 합법칙성 교육은 역사적 사건의 인과관계와 발전 법칙을 체계적으로 이해시키는 것을 의미한다. 북한 학생들은 초급중 단계에서 상식 위주의 역사교육을 받고, 고급중 과정에서는 주제별 심화 학습을 하도록 되어 있다. 그 과정에서 인민대중이 역사의 주체이며, 사회발전이 자주성 실현을 위한 창조적 투쟁의 결과임을 인식하도록 유도하는 것이 역사교과라는 것이다.

셋째, 사료 중심 교육은 역사적 증거물을 활용하여 과거를 구체적으로 재구성하는 방법론을 가리킨다. 교재에 제시된 사료는 물질사료, 문헌사료, 원사료 등으로 다양하다. 역사교과서에는 여러 사료 중에서 시대의 본질과 특성을 보여주는 전형적 사례들이 선별되어 제시되는데, 학생들은 이러한 사료들을 검토하면서 역사적 사실을 직접 확인하고 교훈을 도출하는 능력을 배양할 수 있다고 한다.

넷째, 분석·평가 능력과 혁명투쟁 방도 모색 능력의 육성은 역사 학습을 현

---

20) 위의 책, 4-14쪽.

실 문제 해결에 적용하는 실천적 역량을 익히는 것을 의미한다. 교재의 저자들이 생각하는 역사교육은 단순한 사실 전달을 넘어 역사적 사건들을 이론적으로 분석하고 종합하여 경험과 교훈을 추출하는 훈련의 과정이다. 따라서 그들은 학생들이 역사학습을 통해 당면한 혁명과 건설 과제에 능동적으로 참여할 수 있는 사고력과 판단력을 갖추게 된다고 본다.

이러한 구조는 북한 사범대 역사교육이 수업기술 훈련을 넘어 사회주의 체제 수호와 혁명전통 계승이라는 정치적 목적을 추구함을 보여준다. 우리의 역사교육이 학습자의 비판적 역사인식과 다원적 해석, 민주시민 양성을 중시하는 것과 달리, 북한 교재는 조선민족 제일주의와 항일·반제 투쟁사 중심의 일원적 역사교육관을 반영하고 있는 것이다. 중학교 력사교수의 목적이 조선민족 제일주의와 혁명적 계급의식을 갖춘 학생 양성에 있음을 강조하는 구절은 역사수업이 정치·이념 교육 지침으로 기능하고 있음을 시사하는 것으로 보아도 좋을 것이다.

2) 중학교 력사교수 형태에 따른 교수방법

제2장은 수업, 복습, 실천 등 교수형태별 구체적 방법을 다루고 있다. 교재에 제시된 수업교수방법에는 설명, 발문, 토론 등이 포함되어 있다. 이와 같은 교수방법의 모든 활동은 민족적 긍지와 자부심을 높이는 방향으로 조직되어 있다는 점이 특징적이다. 교재에서는 교원이 일방적으로 내용을 설명하는 것에 머물지 말고, 학생의 자발적 발언과 토의 참여를 통해 집단적 학습분위기를 조성할 것을 요구한다. 학생 수준에 맞춰 질문을 한 후 지명과 자발 발언을 통해 답변하게 하고, 답변이 미흡한 경우에는 다른 학생의 보충 답변을 유도하여 모두를 참여자로 만들어야 한다는 점을 강조하고 있다.

복습 교수방법은 단순 암기 확인을 넘어 배운 내용을 원리적으로 파악하고 활용하는 단계로 설명된다. 복습 방법으로는 서술형, 문답형, 자작문제 풀이, 토론 등 다양한 형식이 제시된다. 복습은 단순 재확인이 아니라, 학생의 '자작업'을 통해 력사적 개념과 사실을 구조화·재구성하는 능력을 기르는 활동으로 중요시된다는 점이 주목된다. 복습 수업 말미에는 과정과 성과를 분석·평가하여 학습 의욕을 고취해야 한다는 서술도 확인된다.

'력사실천교수방법'은 박물관과 유적지 견학, 력사영화 관람, 혁명사적지 답사 등 교실 밖 활동을 통해 역사인식을 현실 속에서 공고히 하는 교수형태를 일컫는다. 우리 교육과정에서 현장답사와 사이버답사 등과 같은 현장체험을 중요시하는 것처럼[21] 북한에서도 역사수업과 관련된 답사와 견학 등을 중요하게 여기고 있다. 교재의 저자들은 단순히 답사로 끝나는 것이 아니라 참관, 기록, 토론, 발표와 답사 및 견학 결합하여 운영함으로써, 혁명전통 체험과 충성심 고양의 장으로 만들어야 한다는 주장을 펴고 있다. 또한, 교재에는 소년단과 학생 조식 활동, 혁명사직지 답사, 체험과 토론을 결합하는 방식도 실천교수방법의 사례로 제시되어 있다.

3) 중학교 교수내용에 따른 교수방법

제3장의 주요 내용은 역사교육 내용을 범주화하여 상응하는 교수전략을 제시하는 것이다. 내용을 범주화하는 방안으로는 력사개념과 인물에 대한 교수, 력사연대와 지역 교수, 국가성립과 변천 교수, 반침략 반봉건투쟁 교수, 문화유산 교수 등이 제시되어 있다. 먼저 1절에서는 역사 개념 교수의 구체적 방법으로는 세 가지가 제시되어 있다. 첫째는 역사적 사실과 현상에 대한 생동한 표상을 형성시킨 후 개념을 인식시키는 방법이다. 개념은 표상으로부터 출발하여 형성되므로, 특히 초급중학교 단계에서는 교과서의 그림과 삽화를 활용하여 구체적

---

21) 교육부 고시 제2022-33호[별책 7], 「사회과 교육과정」, 86-89쪽, 103-105쪽.

표상을 먼저 형성시킨 후 개념을 상식적으로 인식시켜야 한다고 설명한다. 예컨대 '계급'이나 '입헌군주제' 같은 추상적 개념을 가르칠 때에는 구체적 표상 형성을 먼저 시도한 후 개념화로 나아가야 한다고 설명하고 있는데, 그것은 데이비드 콜브(David Kolb)의 경험 학습 이론(Experiential Learning Theory)과도 유사하다.[22] 둘째는 귀납법과 연역법을 활용하는 방법이다. 교재에서는 전쟁이나 폭동 같은 구체적 사건을 다룰 때는 귀납법이, 사회경제 제도 같은 추상적 내용을 다룰 때는 연역법이 효과적이라고 설명하고 있다. 세 번째는 비교법을 적용하여 역사 개념을 인식시키는 것이다. 잘 알려진 것처럼 비교는 공통점과 차이점을 찾아서 그 개념의 성격을 명확히 하는 설명 방식이다. 이처럼 역사 개념을 여러 가지로 분류하고, 설명방식의 다양화를 도입한 것은 복잡한 역사적 현상을 구조화하여 이해하려는 시도로 읽힌다. 다만 모든 역사적 개념을 당정책과 연결시켜 해석하려는 시도는 역사교육의 객관성과 비판적 사고력 신장이라는 현대 역사교육의 목적과는 거리가 있다.

'역사 인물 교수방법' 역시 체계적 접근을 모색한 새로운 시도라고 할 수 있다. 인물의 활동과 업적을 시대적 배경 속에서 이해하고, 계급적 입장과 역사적 역할을 분석하도록 하는 교수방법은 역사적 맥락화의 중요성을 잘 보여주는 사례라고 할 수 있다. 특히 인물 평가에서 '당시의 역사적 조건을 고려해야 한다'는 주장은 현대의 시각으로 과거를 재단하는 것을 경계하는 것으로, 이번 교재에 처음 등장한 서술이다.

그러나 이와 같은 논리에도 불구하고 모든 역사 인물을 김일성-김정일주의의 관점에서 평가하고 수령의 위대성과 비교하여 가르치라는 요구는 역사교육의 본질적 목표와 충돌하는 모순적인 면을 보인다. 표면적으로는 역사적 인물에 대한 다면적 이해와 균형 잡힌 평가를 주장하면서도, 정작 교과서에서는 정치적

---

22) 김신일 외, 『평생교육론』, 교육과학사, 2019, 86쪽.

목적에 종속된 일방향적 해석을 강요하고 있는 것이다. 그 결과 역사 속 모든 인물은 계급적 입장에 따라 평가되며, 그 행위가 혁명에 기여했는가 여부라는 단일한 잣대로만 판단된다. 이와 같은 교수법이 현장에 적용될 경우 학생들은 복잡한 역사적 맥락 속에서 고뇌했던 인간의 복잡성과 다면성을 이해할 기회를 상실하게 될 것이다.

그 외에도 역사교수의 중요한 방안으로 교수방법의 혁신을 강조하고 있는 점도 눈에 띈다. 교수방법의 혁신이란 학생 중심의 교수방법을 구현하고, 깨우쳐 주는 교수 방법을 적용하며, 다양한 교수 수단과 현대 교육 기술을 활용하는 것을 의미한다. 현대 기술 활용 교육 방안으로 컴퓨터와 다매체를 활용한 교수, 가상현실과 증강현실 기술을 활용한 역사체험 교육 등이 제시되어 있는 점도 인상적이다.

제2절 역사 연대 교수방법은 역사 연대의 개념을 활용한 교수방안에 관한 내용을 다룬 것이다. 교재에서는 연대를 과학적으로 가르치는 것이 역사 발전의 합법칙성의 인식, 역사적 사건의 본질 파악, 역사 지식을 체계화에 효과적이라는 점을 강조하고 있다. 역사연대 교수의 주요 내용으로는 세 가지 방안이 제시되어 있다. 첫째는 역사적 시대와 시기의 본질적 특징을 정확히 인식시키는 것이고, 둘째는 역사적 시기에 대한 표상을 정확히 형성시키는 것이며, 셋째는 역사 년대 읽기, 쓰기, 계산 방법을 정확히 가르치는 것이다.[23]

또한, 역사연대 교수 방안이 효과를 거두기 위해서는 학생들의 사고력 사극을 위한 다양한 수업 방식을 시도해야 한다는 점을 강조하고 있다. 구체적인 방안으로는 문답식 교수, 토론식 교수, 탐구식 교수 등이 제시되어 있다.

---

[23] 교재에서는 기원의 개념, 기원전(B.C.)과 기원후(A.D.)의 의미와 계산법을 설명하며, 기원전은 높은 년도에서 낮은 년도로, 기원후는 낮은 년도에서 높은 년도로 읽는다는 원칙을 제시하고 있다. B.C.가 Before Christ의 약자임을 설명하는 등 기초적인 년대 표기법에 관한 설명도 제시되어 있다.

역사 지역 교수방법은 역사적 사건과 현상이 발생한 공간적 위치와 범위를 정확히 인식시키는 것을 의미한다. 교재에 따르면 역사 지역 교수의 중요성은 크게 세 가지로 요약된다. 역사적 사건의 구체성과 진실성을 보장하는 데에 반드시 필요하고, 역사 발전의 합법칙성을 인식시키는데 적합하며, 학생들의 애국심과 민족적 자부심을 함양하는 데에 효과적이라는 것이다. 특히 조선의 영토 변천사와 문화유산의 분포를 통해 학생들이 조국의 역사적 강역을 정확히 인식하게 하기 위해서는 지역 교수방법이 반드시 필요하다고 역설하고 있다. 지역교수의 구체적인 방법으로는 역사지도, 력사지도첩, 교과서 삽입 지도 등 지도를 활용하는 방법을 구체적으로 제시한다. 지도를 통해 국가의 영역 변화, 전쟁의 진행 과정, 문화의 전파 경로 등을 구체적으로 제시함으로써 학생들의 공간적 표상을 형성시키는 것이 가능하다는 설명이다.

제3절 국가 성립과 변천 과정 교수에서는 정치적 지배권으로서의 국가 정권의 성립과 그 변천 과정의 합법칙성을 밝혀내는 능력을 키워 주는 교수방안에 관한 내용을 다루고 있다. 이러한 교수법은 학생들에게 혁명적 세계관의 기초적 인식을 심어주고, 역사 발전의 각 단계에서 일어난 반침략, 반봉건 투쟁과 관련한 역사적 사건과 사회문화적 현상들을 정확히 인식하는 데 도움이 된다고 설명한다.

국가 성립과 변천 과정 교수의 중요 내용으로는 네 가지가 제시되어 있다. 첫째는 국가 발생에 대한 정확한 인식, 둘째는 역사 발전 과정에 존재한 국가 형태들과 그 특징의 올바른 인식, 셋째는 해당 국가 정권의 계급적 성격과 본질의 올바른 인식, 넷째는 국가 정권의 역사적 변천 과정과 특징의 정확한 인식이다. 또한 김정일의 교시를 인용하며 "국가 정권의 성격을 규정하는 데서 기본은 어느 계급이 정권을 쥐고 있는가"라는 점이 중요하다는 점을 강조한 대목도 주목된다. 국가 정권의 계급적 성격과 본질은 통치 체계와 통치 기구, 그 기능, 대내외 정책에서 집중적으로 표현되므로, 이러한 요소들을 분석하여 해당 국가의 반동적이고 반인민적인 성격을 밝혀내야 한다는 주장이다.

국가 성립과 변천 과정의 교수 방법으로는 국가 성립의 시대적 순차와 전후 시기의 공통점과 차이점을 비교하는 방안들이 제시되어 있다. 역사 연대표를 활용하여 역사 발전의 전 과정에서 해당 국가 성립의 시기적 위치를 밝혀주는 방안, 국가 성립 이전과 이후 시기 변천에 대한 사료적 비교를 통해 학생들이 역사 발전 단계의 특성을 올바르게 인식하게 하는 방안이 대표적이다. 특히 우리나라 봉건국가 정권의 발전 과정을 역사적으로, 체계적으로 연구하여 그 역사적 계승 관계를 명확히 인식시키는 것이 중요하다는 점을 특별히 강조하고 있는데, 그것은 사회주의적 역사법칙을 강조하는 북한의 역사관과 닿아있는 것으로 보인다.

제4절 반침략·반봉건투쟁 교수에서는 역사적으로 겪어온 외래침략의 실상과 그에 맞선 영웅적 투쟁을 중점적으로 다루고 있다. 고구려의 수·당 침략 격퇴, 고려의 거란·몽골 침략 격퇴, 임진왜란과 병자호란에서의 의병투쟁, 근대의 반일투쟁 등이 대표적이다. 또한, 봉건통치계급의 억압과 착취에 맞선 인민들의 계급투쟁에 관한 내용도 중심 축을 차지하고 있다. 농민전쟁, 노예해방투쟁, 신분제 철폐운동 등을 통해 역사발전의 동력이 인민대중의 투쟁에 있음을 인식시켜야 한다는 점과 홍경래의 난, 진주농민항쟁, 갑오농민전쟁 등 조선후기 농민운동 등은 비록 실패했더라도 역사발전에 기여한 진보적 의의를 정확히 평가해야 한다는 점을 강조하고 있다.

교수방법으로는 감정체험적 방법을 적극 활용할 것을 권장하고 있는 점이 주목된다. 역사적 사실을 단순히 전달하는 것이 아니라, 학생들이 당시 인민들의 처지와 심정을 공감하고 침략자와 착취자에 대한 증오심을 갖도록 해야 한다는 것인데, 구체적으로는 역사소설, 영화, 그림 등 다양한 자료를 활용하고, 역사유적지 견학과 체험학습을 통해 생생한 역사인식을 갖도록 해야 한다는 점을 제시하고 있다.

반침략·반봉건투쟁 교수 부분은 교재의 이데올로기적 지향을 가장 명확하게 드러내는 부분이라고 생각된다. 외래 침략에 맞서 싸운 저항의 역사를 강조하는 것은 어느 나라의 역사교육에서도 중요하게 다루어지는 주제이지만, 교재에서는 그것을 현재의 정치적 목적 '반미·반제국주의 의식 고양'과 직접 연결시키는 양상을 보이고 있기 때문이다. 그렇다보니 고구려의 수·당 격퇴전부터 근대의 반일투쟁까지 모든 역사적 사건이 현재의 체제 정당화와 적대 의식 강화를 위한 도구로 수렴되고 있다. 더 큰 문제는 역사교육에서 강조하는 (보편적인) 감정이입(Historical Empathy, Affective empathy)[24]과 완전히 다른 '감정체험적 방법'의 강조이다. 그것은 역사적 사실에 대한 객관적 이해보다 정서적 동원(emotional mobilization)을 우선시하는 접근으로, 학생들의 비판적·분석적 사고의 발달을 부정적으로 유도하는 결과를 초래할 우려가 있다.

제5절 문화유산교수방법은 민족문화유산에 대한 분석·평가 능력과 계승·발전을 위한 실천 능력을 함양하기 위해 시기별·유형별 체계화와 우월성 인식을 중심으로 한 교수법을 소개한 것이다. 교재에서는 문화유산을 인민대중의 창조적 노동과 지혜의 산물이자 민족의 정체성과 우수성을 증명하는 역사적 증거물이라고 평가하고 있다. 교재에 제시된 문화유산 교수의 핵심 내용은 다섯 가지로 구성된다. 첫째는 과학적이고 객관적인 이해를 위해 문화유산의 창조 시기, 장소, 구조, 용도, 재료 등 기본 정보를 정확히 파악하여야 한다는 것이고, 둘째는 원시문화부터 근대문화까지 시대별 특징을 체계적으로 분류하여 민족문화의 연속성과 공통성을 이해시켜야 한다는 것이다. 셋째는 고려자기의 비색과 상감기법처럼 민족문화의 독창성과 우수성을 다른 나라와의 비교를 통해 입증하는 것이며, 넷째는 세계문화유산으로 등록된 민족유산을 통해 국제적 인정을 받은 문화적 가치를 강조하는 것이다. 마지막 다섯째는 문화 창조의 주체가 인민대중임에도 착취계급사회에서는 향유자가 될 수 없었던 역사적 모순을 기억해

---

24) 양호환 외, 『역사교육의 이해』, 책과함께, 2009, 197-204쪽.

야 한다는 것이다.

문화유산의 교수방법으로는 '직관적 제시와 설명의 결합', '비교 수법의 활용', '토론·논쟁을 통한 분석'과 같은 방안이 제시되어 있다. '직관적 제시와 설명을 결합하는 교수법'은 유적·유물의 실물이나 모형을 보여주면서 특징적 세부의 구조와 의미를 설명하는 방식을 의미한다. 거북선의 구조와 작동 원리를 동적 모형으로 제시하거나 보현사 대웅전의 세부 구조를 직관물로 보여주는 것이 대표적 사례이다. 이러한 교수법은 학생들에게 생생한 이미지를 전달하고, 과학적인 이해를 돕는 효과가 있다. '비교 수법'은 시간적 비교와 과학기술적 평가를 병행하여 문화유산의 우수성을 입증하는 교수법이다. 측우기가 유럽보다 200년 앞서 제작되었다는 역사적 가치를 강조하거나 경주 첨성대의 건축학적·천문학적 정밀성을 과학적으로 분석하여 설명하는 방안 등이 사례로 제시되어 있다. 문화유산교수방법에 비교라는 방식을 도입한 것은 단순한 시기 비교를 넘어 기술적 수준을 평가함으로써 민족문화의 발전 수준을 객관적으로 인식하게 하는 것이라는 설명이 제시되어 있기도 하다.

토론·논쟁 수법은 안악 3호 무덤 벽화처럼 문화유산에 담긴 계급적 본질과 민족적 특성을 학생 스스로 분석하도록 유도하는 교수 방법이다. 관찰 과제 제시 후 집단 토론을 통해 문화유산의 사회적 성격과 계승 가치를 도출하는 과정을 거친다.

이러한 교수방법들은 상호보완적 관계를 형성하며 문화유산 교육의 종합적 효과를 도모한다는 점에서 의미가 있다. 직관적 제시를 통해 형성된 구체적 표상은 비교 수법을 통해 객관적 평가의 근거가 되며, 그것은 다시 토론·논쟁의 기초 자료로 활용되는 순환 구조를 갖는다. 교수방법의 적용에서 또 한 가지 주목할 점은 각 방법이 지향하는 교육 목표의 차별성이다. 직관적 제시는 문화유산의 구조와 원리에 대한 정확한 이해를 목적으로 하고, 비교 수법은 민족문화의 우수성에 대한 객관적 인식을 추구한다. 토론·논쟁 방법은 비판적 사고력과 분석 능력의 함양을 통해 문화유산의 계급적 성격과 계승 방향을 스스로 탐구하도록 한다.

문화유산 교수방법은 북한 당국이 문화유산을 어떻게 이해하고 교육에 적용하고자 하는지를 잘 보여 주는 사례이다. 모든 문화유산을 '인민대중의 창조물'로 규정하면서도 계급적 관점에서 재해석하고, 민족적 자부심 함양이라는 명목 아래 현재 체제의 정당성 확보에 활용하는 특징을 고려할 때, 북한의 문화유산 교육은 문화유산의 보편적 가치보다는 정치적 도구화의 방향으로 전개될 가능성이 크다고 판단된다. 직관적 제시와 설명의 결합, 시간적·기술적 비교를 통한 우수성 입증, 현장 견학과 멀티미디어 활용 등 구체적인 교수방법론을 제시한다는 점에서는 고무적이지만, 문화유산이 지닌 다층적 의미와 열린 해석의 가능성을 차단하고 미리 정해진 정치적 결론으로 유도한다는 점에서는 우려의 여지가 있다. 특히 학생들이 느껴야 할 감정까지 규정하고 토론·논쟁 과정에서도 계급적 본질 분석이라는 단일한 틀을 강요하는 것은 비판적 사고력 함양을 저해할 수 있다.

그럼에도 불구하고 문화유산을 단순한 과거의 유물이 아니라 현재적 의미를 지닌 교육 자료로 활용하려는 시도와, 학생들의 직접적 관찰과 체험을 중시하는 접근은 형식적 차원에서나마 능동적 학습의 가능성을 열어 둔다는 점에 의미를 부여할 수 있다.

4) 중학교력사교수에서 교원의 활동

제4장은 교수 준비부터 실제 교수활동까지의 역사교원의 실제적인 교수 활동 과정을 전반적으로 다루고 있다. 교육강령 집행의 법적 책임자인 교원이 수업을 설계하여 집행하는 과정, 교수 준비 과정, 교수 과정, 교수 내용의 소화 과정, 검열 과정으로 세분하여 설명한다. 제1절 '중학교 력사교수 준비'는 교수 준

비를 공장의 기술 준비 사업에 비유한 김일성의 교시를 인용하며, 그 중요성을
강조하는 것으로 시작하고 있다.

> 교수 준비는 공장에서의 기술 준비 사업과 같으며 교수 준비를 잘하는가 못하는가 하
> 는 것은 교육사업의 성과를 좌우하는 근본 문제의 하나라고 말할 수 있습니다.[25]

　역사 교수준비 단계는 교수활동의 성과를 결정짓는 선행 공정으로서 체계적
인 연구와 분석을 수행하는 과정을 의미한다. 준비과정은 다음과 같이 8단계로
나뉘어 있다.

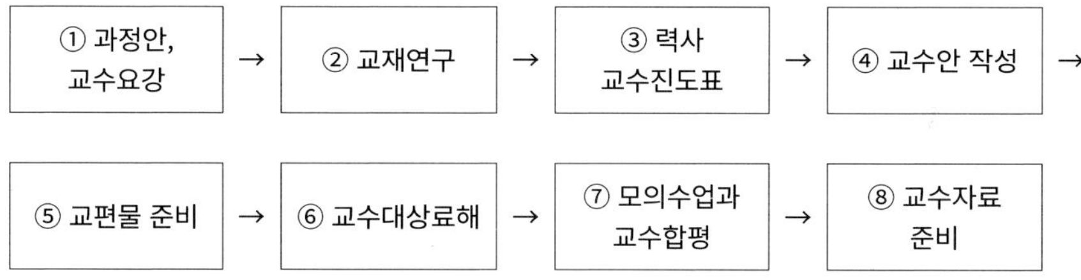

　각 과정을 간략히 살펴보면 다음과 같다. 교재에 따르면 준비단계에서 교원
은 ① 과정안과 교수요강을 먼저 연구하고, 그것을 토대로 ② 교재를 연구하여
교수 목표와 내용 체계를 파악해야 한다. 앞서 살펴본 것처럼 과정안은 학과목
구성과 시간 배정을 규정한 국가의 법적 문서이다. 교수요강에는 과정안에 따라
교수교양적 목적과 내용의 범위 등이 제시되어 있다. 따라서 교원은 교수요강을
분석한 후에 교과서의 장, 절, 소제목의 내용 구성 원칙, 모든 교재들의 중심내용
과 기본 체계, 서술형식을 파악해야 한다.
　기본 체계를 파악한 후에는 교재의 내용과 서술형식의 특성, 학생들의 수준

---

25) 『김일성전집』 제31권, 1989, 15쪽.

과 특성에 맞는 교수방법과 직관 수단 등을 적용할 수 있는 방안을 구체적으로 세워야 한다. 이때 교원은 당 정책화 자료, 5대 교양 자료, 현실 자료, 역사과학 분야에서 이룩한 최신성과자료들을 깊이 연구하고 그것을 적용할 방안을 찾아야 한다. 교원들의 교재연구는 '중학교력사교수참고서'가 기본자료가 되며, 『조선단대사』, 『세계력사』 등의 전문서적과 상식 자료집, 일화집, 역사소설 등의 참고자료 등이 교재로 활용된다.

③ 력사교수진도표는 교원이 과정안과 교수요강에 근거하여 교수시간 단위로 수업을 나누어 놓은 한 학기 분량의 수업진행 계획표를 일컫는다. 교수진도표에는 과목별로 학년, 학기, 수업 총 시간과 형태별 교수 시간을 명기해야 한다는 점을 명시하고 있다. 또한, 진도표에는 월, 주, 장, 절, 제목, 교수제목, 교수형태, 교편물(교수학습 자료), 수업시간 수, 루계 시간(누적 시간), 집행정형(수업방식) 등을 구체적으로 기록해야 한다. 주목되는 점은 교수진도표를 작성할 때 반드시 분과협의를 거쳐 분과장과 부교장의 결재를 받아야 하며, 결재 후에는 아무리 교원이라도 그것을 자의로 고칠 수 없다고 명시한 점이다.

④ 교수안은 '교수시간 단위로 된 교원의 구체적인 교수진행 계획 문건'이다.[26] 교수안에는 수업의 시작 방법, 학생들의 주의끌기(동기유발) 등으로부터 교과서의 활용방법, 교재의 이용 시기와 방법, 학생들의 사고력 추동(자극)을 위한 문답형식과 내용, 평가방법 등이 세밀하게 제시되어야 한다. 교원의 수업 준비 결과는 모두 교수안에 반영되어 있으므로 교원은 교수안에 따라 수업을 진행하게 된다. 작성된 교수안은 반드시 교과회의를 거쳐 보충하고 완성이 되면 정해진 기일안에 제출해야 한다고 기술되어 있다.

⑤ 교편물은 북한이 최근에 강조하는 직관교육과 실물교육의 실현을 위해 강조하는 교재를 총칭하는 말이다. 교과서에 제시된 각종 그림, 삽화를 비롯하여

---

26) 안재명 외, 앞의 책, 118쪽.

상형교편물(사진, 그림 등), 상징교편물(지도 등), 도식 교편물(도표, 내용체계도 등), 동적교편물(컴퓨터, 녹화기, 텔레비전 등), 실물, 모조품 등이 모두 교편물에 속한다. 교재에서는 동적교편물 작성에 힘을 기울여야 한다는 점을 강조하고 있다. 또한, 역사지도 제작에도 힘을 기울일 것을 요구하고 있다. 역사교육에서 지역에 대한 표상은 연대 표상과 함께 매우 중요하기 때문에 조선역사지도, 세계역사지도와 함께 부문지도, 전투약도 등을 자세히 만들며, 지도의 부호와 색깔, 지역과 지명, 도로와 산줄기, 물줄기 등을 입체적으로 나타내어 학생들에게 제시해야 한다는 것이다.

⑥ 교수대상료해는 교원이 학습대상자인 학생을 파악하는 것을 일컫는 말이다. 수업이 효과를 거두기 위해서는 학생들의 흥미, 학습수준, 지구성과 주의집중력, 비교능력, 추상일반화능력, 추리능력, 기억력, 상상력, 의지력 등을 비롯하여 건강상태, 가정환경 등을 파악해야 한다고 제시되어 있다. 학생 파악을 위한 방안으로는 주의 관찰, 문서 이해, 개별담화(상담), 학급담임이나 교과교원, 부모나 교양 관계 일군들과의 상담을 통한 이해 등의 방법을 제안하고 있다.

⑦ 모의수업은 교수 준비의 최종 완성 단계로서, 학생 없이 교원들 앞에서 진행하는 시범 수업을 일컫는 말이다. 교원들은 모의수업을 통해 실제 수업 전 교수의 질을 점검하고 향상시킬 수 있다. 교수합평은 모의수업이나 교수 참관 후 진행되는 집단 평가 활동으로, 교수자의 자평과 참가자들의 의견 제시, 사회자의 종합 평가로 구성되는 체계적인 피드백 과정으로 보인다. 모의수업과 교수합평의 진행 방식은 먼저 교수자가 자신의 수업에 대해 스스로 평가하고, 이어서 참관 교원들이 순차적으로 장단점을 지적하며, 최종적으로 사회자가 제기된 의견들을 종합하여 결론을 내리는 순서로 진행된다. 이러한 과정은 교수 준비의 부족한 점을 발견하고 개선할 수 있는 중요한 기회로 강조된다. <교수방법론>에 제시된 모의수업평가 기준은 다음과 같다.

- 교수 내용에 대한 의견

· 백두산 절세위인들의 명제를 정중하면서도 정확하게 인용하였는가?

· 명제에 대한 해설을 잘하였는가?

· 최근 시기 제시된 당 정책을 옳게 구현하였는가?

· 교수요강에 제시된 체계를 정확히 구현하였는가?

  (교수내용의 정치사상성 보장 정형이다.)

· 교수 내용과 역사사료 적용에서 출처가 정확하고 자의적인 해설은 없었는가?

  (개념 해설 등에서 과학성을 보장한 측면과 학년의 수준에 맞게 진행한 정형이다.)

- 교양 내용에 대한 의견

· 선택하고 적중한 계기와 결부하였는가?

  (5대 교양 자료를 교수 내용과 밀접한 연관이 있는 내용이다.)

· 교양 자료들을 자연스럽게 교수 과정으로 들어갔다가 다시 교수 내용과 련결시키면서 자기 말로 구수하게, 생동한 수법으로 진실하면서도 뜨겁고 절절하게 하였는가?

· 교양 자료에 대한 설명을 통하여 학생들이 경애하는 김정은 동지의 사상과 의도를 가슴 깊이 새기고 그것을 실생활에 구현할 각오를 가지도록 얼마나 충동을 주었는가?

- 교수 방법에 대한 의견

· 필기 전달식, 암기식 교수방법을 비롯한 주입식 교수방법을 완전히 극복하고 깨우쳐 주는 교수 수법들을 교수 내용에 알맞게 적용하였는가?

· 원리 교육을 선행시키고 직관교육과 실물교육을 배합하였는가?

· 칠판 글쓰기와 생각하기, 탐구 등 교과서의 해당한 내용을 제때에 활용하였는가?

· 도식적인 틀을 대담하게 마스고 설명과 필기, 문답과 토론, 론쟁을 정확히 결합하였

---

27) 위의 책, 121-122쪽.

는가?

· 모든 형태의 수업에서 역사적 사건과 현상을 중점화, 통속화하여 흥미 있고 생동하게 생활적으로 하였는가?

· 학생들의 연령 심리적 특성에 맞게 인식시켰는가?

- 교원의 풍모에 대한 의견

· 문화어의 활용 과정에 나타난 우결함이다.

· 옷차림과 몸가짐, 손짓과 얼굴표정에서 친절성이다.

· 행동상에서 불필요한 요소이다.

- 기타 의견

· 교수 구조, 교수 단계별 시간 및 내용 밀도 보장 정형이다.

· 학생들에 대한 일반적 지도와 개별적 지도 결합 수준이다.

· 학생들에 대한 장악 능력이다.

교재에서는 신임 교원들은 두말할 것도 없고 모든 교원들이 위의 조항에 따라 모의수업 평가를 시행하여, 부족점들을 제때에 극복하고, 좋은 경험들을 교수 과정에 적극적으로 받아들임으로써 발전하는 현실의 요구에 적합하게 교수 방법을 끊임없이 개선하여야 한다는 점을 강조하고 있다.

⑧ 교수자료 준비는 과학적 자료를 통해 교수 내용을 풍부하게 하고 역사적 사실을 정확히 전달하기 위한 과정이다. 이 과정에서 교원은 수업자료를 5대 교양 자료집, 역사 인물·사건 자료집, 역사 개념 및 상식 자료집, 현실 자료집, 역사지능 문제집 등으로 분류하거나, 학년별 진도표에 따라 시간별 교수자료 요목으로 구성할 수 있다.

교재에는 효과적인 교수자료 준비를 위한 두 가지 방안이 제시되어 있다. 첫째는 교수의 중점화 실현을 위해 중심 내용과 직접 연관된 자료를 선별하여 활용해야 한다는 점이고, 둘째는 자료의 과학성 보장을 위해 출처를 명확히 하고, 역사사료 원전과 공식 출판물에 근거해야 한다는 것이다. 이 두 원칙은 역사 교육의 정확성과 신뢰성을 확보하기 위한 필수 요건으로 보인다.

중학교력사교수에서 교원의 활동

제4장의 2절은 수업에서 교원이 어떤 역할을 해야하는지에 대해 기술한 일종의 '교원론'에 해당한다. 크게 력사수업에서의 주의조직, 력사교수의 집약화, 력사교수에서의 정황처리, 교수자의 언행, 칠판글·교편물 이용 등 6개 분야로 구성되어 있다. 주의조직은 흥미유발과 유지, 집약화는 수업내용의 조직과 수업시간의 합리적인 배분, 정황처리는 돌발적인 상황이나 학생들의 예기치 못한 질문과 행동에 대비하는 방법을 의미한다. 교수자의 언행은 수업단계에서 교원이 사용하는 언어의 유형과 화법에 관한 것이고[28], 칠판글과 교편물은 판서 및 교재 사용에 관한 것이다.

교재에서는 "교수 과정에서 교원과 학생의 활동은 교수 내용과 교수 수단을 매개로 하여 진행된다"라고 정의한 후, 교원을 교수 과정의 "주도적인 요소"로

---

28) 북한 교육당국은 교원의 화법이 수업과 김일성 일가의 교시 전달에 매우 중요한 역할을 한다고 본다. 그것은 문재홍, 『교수화술 : 교원용』, 김형직사범대학출판사, 2010을 비롯하여 교육신문에 여러 차례 관련 기사가 수록된 것을 통해서도 확인된다. 대표적인 신문기사로는 "교수화술의 특성을 옳게 살려나가자면"(「교육신문사」, 2019.03.21., 3쪽); "교원의 교수화술"(「교육신문사」, 2019.10.17., 4쪽); "교수화술의 특성을 살리자면"(「교육신문사」, 2019.12.26., 3쪽); "능숙한 강의술과 교수화술"(「교육신문사」, 2018.10.25., 3쪽); 정성수, "교수화술구조에 대하여"(「교육신문사」, 2018.07.25., 34-35쪽); 김경희(원산사범대학), "교수화술형상에서 제기되는 몇 가지 문제"(「교육신문사」, 2018.02.15., 56-57쪽); 궁정식, "교수화술에서 억양의 수법을 리용하는데서 나서는 몇가지 문제"(「문화어학습」, 과학백과사전종합출판사, 2017.11.27., 13-16쪽); "교원의 교수화술"(「교육신문사」, 2015.10.08., 4쪽) 등이 있다. 빈도의 면에서 보면 2017년 이전까지는 1년에 1~2회 정도 등장하였으나 2018년 이후 급증하였음이 확인된다.

규정하고 있다.[29] 이는 교원이 단순한 지식 전달자가 아니라 학생들의 사고 활동을 조직하고 조종하는 적극적 역할을 수행해야 한다는 의미로 읽힌다.

주목되는 부분은 "김일성민족, 김정일조선의 역군"[30]이라는 표현에서 드러나듯, 역사 교육이 체제 정당화와 민족적 자부심 고양이라는 정치적 목적과 긴밀히 연결되어 있다는 점이다. 이러한 교육 목표는 교수 방법론 전반에 걸쳐 구체적으로 구현되고 있는 것으로 보인다.

교수 과정에서 학생들의 주의 집중을 위한 구체적 방법론이 상세히 제시되고 있다는 점도 인상적이다. 학생들의 주의를 끌기 위해서는 풍부한 역사이야기와 사료를 통해 흥미를 유발해야 하며, 그것을 수업까지 유지하기 위해서는 효과적인 교재와 다양한 교수방법을 시도해야 한다는 점을 강조하고 있다. 특히 "들이먹이는(필자주-억지로 주입하는) 식의 일방적인 설명을 철저히 경계"[31]해야 한다는 표현은 학생의 능동적 참여를 중시하고 있다는 점을 드러내는 표현이라고 생각된다.

교원의 수업 방식은 이끌기 단계 → 새지식주기 단계 → 다지기 단계로 구분되는데, 그것은 우리가 교수·학습과정안에서 세 단계로 설정한 도입-전개-정리 단계에 해당한다. 먼저 이끌기 단계에서는 "역사중편소설 <부루나의 밤>"과 같은 문학작품을 활용하거나, "역사 영화나 다양한 주제의 역사소설, 텔레비죤 화면"을 통한 표상을 활용하는 방법을 제시할 것을 제안하고 있다.[32]

새 지식 주기 단계에서는 "담화 형식의 설명 수법과 이야기 형식의 설명 수법, 토론과 논쟁 방법, 탐구·발견식 교수방법"[33] 등 다양한 교수법을 제안하고 있

---

29) 안재명 외, 앞의 책, 124쪽.

30) 위의 책, 124쪽.

31) 위의 책, 127쪽.

32) 위의 책, 126쪽.

33) 위의 책, 127쪽.

다. 이러한 방법론적 다양성은 교수 내용의 성격에 따라 적절한 방법을 선택해야 한다는 설명으로 이어진다. 그러나 한편으로는 "백두산 절세위인들의 명제들을 인용하거나 해설할 때에는 정중하면서도 매우 정확하게 발음하여야 한다"와 같은 구절도 확인되는데, 이것은 역사 교육이 지도자 숭배와 불가분의 관계에 있다는 점을 명확히 드러낸다. 북한의 역사 수업이 객관적 사실 전달보다는 체제 이념 교육의 수단으로 기능하고 있다는 점을 시사하는 것이다. 흥미로운 점은 학생들의 학습동기 유발과 유지를 위한 교원의 화법에 관한 내용이 비교적 상세히 설명되어 있다는 것이다. **34)**

- 입말(필자주-입으로 하는 말, 구어)과 보조적인 표현 수단들을 능숙하게 이용해야 한다.
- 백두산절세위인들의 명제들을 인용하거나 해설할 때에는 정중하면서도 매우 정확하게 발음해야 한다.
- 국내외 인물, 지명은 물론이고 숫자, 력사개념 등 학생들이 섞갈리기(필자주-헷갈리기) 쉬운 발음일수록 주의를 각별히 하고, 자기의 평소 발음상태를 알고, 문화어 발음법을 엄격히 지기기 위해 노력해야 한다.
- 우리말 문화어의 억양을 잘 살려 최대의 교수효과를 내는 것이 중요하다.
- 높낮이선과 소리마루, 율동, 속도와 끊기, 소리색깔 등의 요소로 이루어진 억양은 아주 당양한 표현적 기능을 수행하고, 그에 의해 여러 가지 감정들을 구체적으로 섬세하면서도 풍부하게 나타낼 수 있다.
- 말의 일반적 기준속도를 지키면서도 전투를 비롯한 장면 같은데서는 필요에 따라 그 속도를 변화시켜야 한다.
- 끊기를 잘하는 것도 중요하다.**35)**

---

34) 위의 책, 127-128쪽에서 정리.

35) 끊기란 이야기할 때 잠깐 쉬거나 역사자료를 똑바로 전달하기 위하여 말소리 흐름을 끊는 것을 일컫는 말이다(위의 책, 128쪽).

다지기 단계에서는 주의집중을 잘 하여 학생들의 관심을 더 끌어야 한다는 점을 강조하고 있다. 보통 수업의 후반부에 가면 학생들은 학습피로감과 지루함을 느낄 수 있으므로 배운 내용을 반복하지 말고 새로운 내용을 제시하여 학생들에게 깨우침을 주어야 한다는 것이다. 구체적인 방안으로는 배운내용을 재인식하고 체계화할 수 있도록 문제점을 제시하는 방법, 배운 내용의 핵심을 발표하게 하는 방법, 학생들이 배운 내용을 서로 확인하게 하게 하는 방법 등이 제시되어 있다.

심화 단계에서 제시된 "력사소조활동"이나 "력사유적유물참관, 혁명전적지 및 혁명사적지 답사" 등의 활동은 체험 학습을 통한 역사 의식 함양을 추구하고 있다는 점을 보여준다. 그러나 "교원은 학생들이 역사 사실과 사건들을 정확히 파악하고 기억에 남기도록 하여야 한다"거나 "력사년대, 지명, 인명, 력사용어" 등과 같이 정화한 암기를 요구하는 것은 앞서 제시한 것처럼 역사의식 함양을 강조하면서도 한편으로는 여전히 암기식 수업이 중요하게 여겨지고 있다는 점을 시사하는 것이다. 이러한 활동들이 "혁명전통교양"과 직결되어 있다고 강조한 구절은 역사 교육이 정치사 교육과 연계되어 있음을 보여주는 근거라고 할 수 있다.

<표 24> 북한의 역사수업 단계와 단계별 동기유발 방안

수업 단계	교수-학습 활동	주의조직(동기유발) 방안
이끌기 단계	김일성, 김정일의 교시와 김정은 말씀인용과 생동한 력사사료, 현실자료 등의 교편물을 제시한 주의조직(학습동기 유발) 문제제시	교훈적인 사건, 체험, 역사소설, 텔레비전 등
새지식 주기 단계	- 교수의 단락을 명백히 하면서 교수내용을 순차적으로 전개 - 교수내용의 전달과 심화 - 학습활동의 탐구적인 조직 : 담화형식의 설명수법, 이야기형식의 설명수법, 토론과 논쟁 방법, 탐구 · 발견식 교수방법, 예습형식의 교수방법, 사고계발식 교수방법 등	- 학생들의 심리적 특성에 맞게 다매체편집물 활용 - 입말과 보조적인 표현 수단의 능숙한 이용 - 국내외 인물, 지명, 숫자, 역사개념 등을 문화어로 정확히 발음
다지기 단계	- 학습 내용 정리 - 복습과 역사 실천	- 문제점 제시, 배운내용의 핵심 발표, 학생 상화간의 검열 평가

한편, 교원이 수업준비 단계에서 지켜야 할 원칙으로는 과학성과 진실성 보장이 제시되어 있다. 과학성과 진실성은 역사적 사실을 왜곡하거나 과장하지 않으면서도 당의 관점에서 올바르게 해석하는 균형을 의미한다. 역사적 사건의 인과관계와 본질을 정확히 구분하여 가르치되, 학생들이 역사발전의 합법칙성을 이해하도록 유도하는 것이 두 원칙의 기본원리이다.

교수방법의 혁신 차원에서는 전통적 주입식 교육에서 탈피하여 토론과 문답, 실습과 견학 등 학생들의 능동적 참여를 유도하는 방법 등이 예시로 제시되어 있다. 현대적 교육기술수단의 활용이 교수의 직관성과 효과성을 높이는 중요한 수단으로 중요하다는 구절도 주목된다.

수업준비 단계에서 마지막으로 제시된 것은 사상교양과 지식교육의 결합의 원칙이다. 그것은 역사교수의 핵심 원칙으로, 역사적 지식 전달 과정이 곧 혁명적 세계관 확립의 과정이 되도록 구성해야 한다는 것을 의미한다. 특히 교재에서는 조선역사에서의 애국주의 전통과 투쟁정신을 부각시켜 민족적 자긍심을 함양하고, 제국주의와 봉건주의에 대한 비판의식을 강화해야 한다는 점을 강조하고 있다.

제3절 '중학교 력사과외학습 지도방법'은 정규 수업 시간 이외에 이루어지는 학습활동의 종류와 진행 방법에 대한 안내이다. 과외학습의 종류로는 력사보충수업, 질의응답, 조별학습, 개별학습지도, 지능놀이와 지능경연 등이 소개되어 있다.

먼저 도입부에서는 김일성의 교시를 통해 교원의 주요 임무가 교수사업(수업)과 함께 과외학습과 과외생활을 책임있게 지도하는 것이라는 점을 강조하고 있다. 교시를 보충한 자료에 따르면 과외학습은 역사 수업 시간에 배운 내용을 완전히 자기 것으로 소화하고, 실천으로 나갈 수 있는 쓸모있는 지식으로 심화 · 확대 하는 데에 있다. 따라서 교원들은 교육행정과 학급 담임교원와 연계하여 필요한 시간과 장소를 확보한 후에 과외 활동을 전개해야 한다는 점을 명시하고 있다.

과외학습 중 가장 먼저 제시된 보충수업은 과외 집체 학습으로서 수업시간에 가르친 내용에서 당 정책이나 학문 분야에서 변화된 내용이 있는 경우, 장과 절이 끝난 후, 또는 학기 말과 학년 말을 앞두고 시행하는 것으로 설명되어 있다. 질의응답은 수업시간에 배운 내용을 자체학습과 학습반 또는 조별 학습 시간에 복습·심화하기 위해 깊이 있는 질문이나 과제를 제시하는 것이다. 수업 시간에 학생들의 힘으로 해결하지 못한 문제를 제시하여 학습하게 한 후에 문답을 통해 학습 효과를 극대화하는 것이 핵심이다.

조별학습은 일상적으로 같이 학습할 수 있는 학생들을 몇 명씩 나누어 조를 만들고, 과외 시간에 시간과 장소에 구애받지 않고 학습 내용을 보충하는 것이다. 조별활동의 핵심은 조를 어떻게 구성하는가에 달려있다고 한다. 교재에서는 실력이 비슷한 학생, 서로 집이 가까운 학생 등으로 조를 구성하는 것이 합리적이라고 설명하고 있다. 개별학습은 학생들이 선군혁명의 계승자이자 미래의 주인공으로서 자가을 갖도록 자립적 학습방법(필자주-자기주도적인 자발적 학습)을 익히는 것이 핵심이다. 교재에서는 학생들이 지덕체를 겸비한 강성조선의 유능한 혁명 인재로 준비하겠다는 각오를 가지도록 개별지도를 지도·통제해야 한다는 내용을 제시하고 있다. 지능놀이와 지능경연은 학생들의 지능을 전반적으로 발전시키고 집단주의 정신을 함양하는 데 효과적인 지도방안이다. 역사 관련 퀴즈, 역사인물 맞추기, 역사년대 기억경연, 역사지도 그리기 경연 등 다양한 형식을 통해 학생들의 지능 발달 상태를 이해하고, 지도 대책을 세우는 데 목적이 있다. 교재에서는 지능놀이, 지능경연을 통해 학생들의 학습 의욕을 높이고 역사지식을 재미있게 습득하도록 효과적인 탐구학습을 적용해야 한다는 점을 강조하고 있다. 구체적인 활동으로 제시된 방안은 문제 풀이(퀴즈대회) 외에 윷놀이, 수건돌리기, 꼬니 등과 같은 민속놀이를 적용한 방법도 있다.

제4절 '중학교 력사교육 평가방법'은 평가의 목적과 원칙, 구체적 방법을 체계적으로 제시한 역사교육의 평가론에 해당한다. 종전에 알려진 북한의 역사 평가 문제는 인물이나 사건, 김일성 일가의 활동 내용, 주요 전투와 무기 재원 등

을 암기하는 것이 핵심이었다. 그러나 김정은 집권 이후에는 지속적으로 암기식 문제의 문제점을 제기하며 평가의 개선을 요구해 왔다.[36] 교재론에 소개된 평가 모형은 현재 북한 교육당국이 추진하는 평가의 방향을 잘 보여준다.

교재에서는 우선 평가의 목적을 학생들의 역사지식 습득 정도와 사상적인 발전 수준을 정확히 파악하여 교육의 질을 높이는데 있다고 명시하고 있다. 평가의 내용은 교수요강에 따라 각 학년에 규정되어 있는 품성과 태도, 지식, 능력 등 교수목표 도달의 정형을 두고 정확히 평가할 것을 요구한다. 그 중 가장 중요한 것은 학생들의 품성과 태도를 정확히 판정하는 것이라고 강조하고 있다. "교육의 최종 목적은 바로 훌륭한 인간을 키우는 것이다"[37]라는 구절은 표면적으로나마 북한이 추구하는 교육의 지향점이며, 평가 또한 그러한 목적에 기여하는 형식으로 전개할 것을 요구하고 있는 것으로 보인다.

평가의 목적은 학생들의 역사지식 습득 정도와 사상정신적 발전 수준을 정확히 파악하여 교육의 질을 높이는 데 있다고 명시한다. 평가는 공정성, 객관성, 교육성의 원칙에 따라 진행되어야 하며, 학생들의 실력을 정확히 반영하는 동시에 학습 의욕을 고취시키는 방향으로 이루어져야 한다고 강조한다.

평가의 형식으로는 일상평가, 단원평가, 학기평가, 학년평가가 제시되어 있다. 일상평가는 매 수업시간에 진행되는 평가로, 학생들의 예습과 복습 상태, 수업 참여도를 종합적으로 평가한다고 설명한다. 단원평가는 각 단원이 끝날 때 실시하여 해당 단원의 핵심 내용 이해도를 점검하며, 학기평가와 학년평가는 보다 종합

---

36) 암기식 수업의 비판에 대해서는 다음과 같은 구절이 주목된다. "학생들속에서 시험 때 깜빠니야식으로 공부를 하거나 요행수를 바라고 공부하는 독경식 학습방법, 요령주의적 학습 방법을 철저히 극복하고 자각적으로, 적극적으로 학습에 참가하도록 하며, 하나를 배워도 사회주의 강성국가건설의 실천에 써 먹을 수 있는 산지식을 배우도록 추동한다(위의 책, 141쪽)"

37) 위의 책, 142쪽.

적이고 체계적인 평가를 통해 학생들의 전반적인 역사 실력을 측정한다고 제시한다.

평가 문제 작성에서는 단순 암기를 요구하는 문제보다 역사적 사고력과 분석력을 평가할 수 있는 문제를 중심으로 구성해야 한다고 강조한다. 역사적 사실의 인과관계를 분석하는 문제, 역사적 사건의 의의를 평가하는 문제, 역사적 교훈을 현실에 적용하는 문제 등을 균형 있게 배치해야 한다고 설명한다.

평가 결과의 활용에서는 학생들의 개별적 특성을 파악하여 맞춤형 지도를 실시하고, 교수방법 개선의 자료로 활용해야 한다고 제시한다. 우수한 학생들에게는 더 높은 목표를 제시하고, 부진한 학생들에게는 개별지도를 강화하여 전체 학생들의 역사 실력을 고르게 향상시켜야 한다고 강조한다. 이를 통해 모든 학생들이 혁명의 믿음직한 계승자로 성장하도록 하는 것이 평가의 궁극적 목표임을 명확히 하고 있다. 교재에 제시된 평가의 구체적인 내용을 좀 더 상세히 살펴보면 다음과 같다.

<표 25> 북한 중학교 역사과 평가의 범위와 내용[38]

학교급	평가내용	비고
공통	위대한 수령님들과 경애하는 김정은 동지께서 민족의 유구한 역사와 전통을 빛내어 주시려고 바치신 노고와 그 과정에 쌓으신 령도 업적을 어느 정도 깊이 파악하고 있으며 그것을 자기의 확고한 신념으로 만들었는가, 우리 민족이 창조한 문화유산을 귀중히 여기고 그것을 아끼고 사랑하는 마음을 실천에서 어떻게 발휘하고 있는가, 역사 학습에 대한 올바른 학습 태도와 진지한 탐구 정신을 지니고 있는가?	
초급중	우리나라 역사 발전에서 주도적 역할을 한 정통 국가들에 대한 이해도, 인민의 대표적인 반침략 투쟁과 민족이 이룩한 자랑찬 문화적 성과들에 대한 인식 정형	역사지식 이해능력
	교과서의 내용을 읽고 분석할 줄 아는 능력, 역사를 시기별로 구분할 수 있는 능력, 역사적 사건과 현상을 원인·발생·발전·결과의 순서로 인식할 수 있는 능력, 역사 인물·역사 사건·문화유산을 해당한 시점에 놓고 평가할 수 있는 능력, 습득한 역사 지식을 말과 글로 간단히 표현할 수 있는 능력	역사지식 활용능력

---

38) 위의 책, 142-143쪽에서 주요 내용을 정리함.

학교급	평가내용	비고
	기초적인 역사 개념들에 대한 이해 정도(인식 정형), 우리나라 정통 국가들의 계승 및 연관 관계, 대표적인 반침략·반봉건 투쟁 내용, 우리 민족의 유구성과 우수성을 보여주는 문화유산, 해당 역사적 시기를 대표하는 진보적인 혹은 반동적인 사상 경향, 우리나라에 대한 미일제국주의의 침략 책동과 그를 반대한 우리 인민의 투쟁, 여러 나라들과 각이한 민족들의 역사 발전 과정 등에 대한 인식 정도	역사지식 이해능력
고급중	역사 시기를 구분하고 해당 시기의 특징을 설명할 수 있는 능력, 역사적 사건과 현상을 원인·발생·발전·결과의 순차적 요구를 지키면서 연구할 수 있는 능력, 역사적 사건의 현상과 본질을 정확히 파악할 수 있는 능력, 역사적 사건들의 경험과 교훈을 찾을 수 있는 능력, 진보적인 사상 조류·반동적인 사상 조류들을 분류하고 옳게 평가할 수 있는 능력, 자료를 얻고 보관하고 리용하는 능력(자료집을 만들 수 있는 능력), TV나 신문에 나오는 국제관계 보도나 기사를 초보적으로 이해하고 다른 사람에게 이야기할 수 있는 능력, 역사적 사실을 반영한 역사물 영화와 문예작품, 소설 등의 역사적 배경과 기본 내용을 이해하고 이야기할 수 있는 능력, 역사사전·역사상식·세계상식 등의 사전들을 리용하여 알고 싶은 문제들을 찾아볼 수 있는 능력, 형성된 역사 지식을 원고 없이 요점화하여 말하고 토론글을 써 가지고 학생들 앞에서 발표할 수 있는 능력, 도표와 지도로 간단히 표기하여 설명할 수 있는 능력	역사지식 활용능력

위의 표에서 확인되는 것처럼 초급중과 고급중의 내용과 평가 범위는 상당한 차이가 있다. 그러나 공통적인 면도 명시되어 있는데, 그것은 김일성, 김정일, 김정은으로 이어지는 혁명사업에 대한 지식의 축적이다. 교재에서는 '아무리 다재다능한 사람이라 하더라도 참된 마음을 가진 참된 인간이 되지 못하면 바르지 못한 인간이 될 것'[39]이라고하여 품성의 중요성을 역설하고 있는데, 이때 품성이 바른 사람은 풍부한 지식을 익히고 실천하는 사람을 넘어 위대한 김일성 일가의 혁명 역사를 깊이 파악하고, 확고하게 신념화 한 사람이라는 점이 명백히 드러나 있다.

학생의 실력 평가 방법은 비교적 구체적으로 항목화되어 있다. 평가의 기능을 학생들의 학습열의를 높이고, 학습을 통재하는 수단으로 정의하고 있다. 평가 문항 작성의 가장 기본적인 원칙은 시험 문제를 잘 출제하는 것이다. 그렇다

---

39) 위의 책, 142쪽.

면 어떤 문제가 잘 출제된 문제인가? 그것은 역사교재의 유형별 내용을 적절하게 배합한 문제, 어려운 문제와 쉬운 문제/큰 문제와 작은 문제/이론적인 문제와 실천적인 문제가 적절히 배분된 문제, 원리적인 인식정도를 이해할 수 있는 문제(사고력 평가 문제) 등이다.[40] 이러한 문제가 출제되어야 학생들이 기계식 암기 수업에서 벗어나 원리적으로 역사 지식을 파고드는 공부 습관을 갖게 된다는 점을 강조하고 있다. 그렇다면 북한의 초·고급 중학교의 역사 시험 문제는 어떻게 출제되고 있을까? 그것은 교재에 제시된 문제를 통해 추론이 가능하다.[41]

- 고구려-당 전쟁시기 가장 치열했던 대표적인 싸움은 무엇이며, 그것은 어떤 력사적 의의를 가지는가?
- 안시성싸움에서 고구려군대와 인민은 침략자들의 수적 우세를 어떻게 격파하였는가?
- 안시성 싸움에서 승리할 수 있었던 요인을 당시의 전투 진행과정과 결부시켜 쓰시오.
- 고구려 시기에 있었던 반침략전쟁들을 력사적 순차성에 따라 분류하고, 해당 징표들을 밝혀 도식화하시오.
- 고대 시기 세계문명의 발상지를 력사적 순차성에 따라 분류하고 해당 징표들을 밝혀 도식화하시오.
- 실학사상과 개화사상의 공통점과 차이점을 밝히시오.
- 제1차 세계대전과 제2차 세계대전의 공통점과 차이점을 대표적 나라들을 실례를 들면서 밝히시오.
- 절대군주제와 립헌군주제의 공통점과 차이점을 밝히시오.
- 금속활자는 언제 발명하였는가?
- 연개소문은 고구려를 위해 어떤 일을 하였는가?

---

40) 위의 책, 145쪽.

41) 위의 책, 146-147쪽.

- 무덤벽화란 무엇이며, 우리나라 력사에서 언제부터 무덤벽화가 출현하였는가?

- 우리민족 첫 나라 고조선에 대하여 가장 대표적인 징표들을 밝혀 종합체계화 하시오.

- 천년 강국 고구려에 대하여 가장 대표적인 해당한 징표들을 밝혀 종합체계화하시오.

위의 문제 중 상당 수는 북한이 강조하는 정통국가, 반침략투쟁, 자랑스러운 문화유산과 연결이 되는 것들이다. 다만, 학습 이해도와 동기유발, 학습 의지 강화를 위해 서술형 문항의 형태를 하고 있다는 점은 인상적이다. 평가는 평가시기, 유형, 등에 따라 여러 가지로 구분된다.

<표 26> 북한 중학교 평가 방안[42]

종류	평가 방법
평가 시기와 범위	중간시험, 학기(학년)말 시험, 졸업시험, 판정시험
평가방법	필답시험, 구답시험, 실천 실기 시험
평상시 학습정형검열	과제수행정형 검열, 문답(담화)을 통한 검열, 토론과 논쟁을 통한 검열, 학습장검열, 력사실천을 통한 검열

위의 표에서 주목되는 것은 '평상시 학습정형검열'이다. 용어는 생소하지만, 정규 시험이 아니라는 점, 다양한 방식으로 수행정도를 파악한다는 점 등을 고려하면 현재 우리가 시행하고 있는 수행평가와 거의 유사하다는 것을 알 수 있다. 평상시 학습정형검열을 소개하는 구절에서는 평가기준[43]을 잘 수립해야 한다는 점도 강조되어 있는데, 그것 또한 우리의 초중등학교에서 작성하는 평가기준표와도 크게 다르지 않다.

---

42) 위의 책, 147-149쪽.

43) 평가기준표에는 과제 수행의 질과 양, 자립적인 수행정도, 모르는 것과 그 원인을 구체적으로 파악해야 한다고 기술되어 있다(위의 책, 151쪽).

<표 27> 북한식 수행평가(평상시 학습정형검열)**44)**

평가종류	평가 요소
문답(담화)	배운 지식의 이해와 응용능력 정도, 지적 능력의 발전 정도
토론, 논쟁	력사지식의 습득정형과 그 응용능력, 자립성과 창발성의 발양정도
학습장 검열	학습분위기, 학습참여도
력사실천 (박물관, 유적참관)	관찰능력, 습득한 력사지식의 정확성과 공고성, 력사지식을 실천에 적용하는 능력, 조직성, 규율성

평상시 학습정형검열에는 평가표를 작성하는 방안도 제시되어 있다.

<표 28> 문제별 평가기준**45)**

점수	수행정도
5	제시된 문제의 본질과 내용을 정확히 알고 있는 경우
4	제시된 문제의 본질과 내용은 알고 있으나 비본질적 오류가 일정하게 있는 경우
3	제시된 문제의 내용과 체계를 기본적으로 알고 있으나 본질적 오류와 비본질적 오류가 일정하게 있는 경우**46)**
2	문제의 내용을 똑똑히 모르고 이것저것 써넣은 경우
1	문제의 내용을 전혀 모르고 있는 경우

평가의 마지막 장은 '력사교수평가'이다. 교수평가란 주체적인 교육사상과 당의 교육정책, 교수목표에 근거하여 작성된 이른바 '과학적인 평가지표'에 따

---

44) 위의 책, 151쪽.

45) 위의 책, 152쪽.

46) 평가기준으로 제시된 본질적인 오류란 사상정치적으로 잘못 서술하였거나 기본 체계와 중심내용을 기술하지 못한 것, 개념을 정확히 알지 못하여 내용이 달라진 것, 반드시 알아야 할 문제의 시기, 년, 월, 일, 지명 등을 밝히지 못한 것이다. 반면 비본질적 오류란 체계나 내용의 순서를 바꾸어 쓴 것, 표현에서 약간의 결함이 있는 것, 연대를 약간 틀리게 쓴 것, 글씨가 난잡하고 철자법이 틀린 것 등을 의미한다(위의 책, 152쪽).

라 역사교원의 수업준비 정도와 수준 등을 평가하는 것을 의미한다.[47] 교재에서
는 평가의 목적을 교수사업의 질적 향상이라고 설명하고 있다. 평가요소로는 교
수목표 설정, 교수내용, 교수방법과 수단, 교수형식과 구조, 교수기능과 교수태
도, 교수효과, 학생들의 력사학과목 성적 등이 제시되어 있다. 먼저 교수 목표 평
가에는 학습 목표 설정의 타당성과 실효성이 평가기준으로 설정되어 있다. 둘
째, 교수내용 평가는 당정책 요구와 선군시대의 조건 충족 여부, 그리고 교육내
용의 중점화·실용화·통속화·종합화·현대화 등이 얼마나 력사교수의 특성
에 맞게 계획되었는지 여부가 평가의 핵심을 이룬다. 셋째, 교수방법과 교수 수
단 평가는 교수법의 적절성과 효과성, 교재 제작 능력 및 활용능력, 사료와 현실
자료를 활용한 흥미로운 수업 진행 등을 확인하는 것이다. 교수형식과 구조에
대한 평가는 교수 단계에 따르는 형식과 구조 설정의 참신성과 독창성, 학생들
과의 상호작용 여부 등을 파악하는 것이며, 교수 기능과 태도 평가는 교수화술,
외모와 자세, 언행 및 칠판글씨 등을 평가하는 것이다. 끝으로 교수효과 평가는
학생 개별적 또는 조별 활동, 수업 부위기와 수업 규율, 학생들의 흥미도와 참여
도, 학생들의 수용정도, 성적실태, 교원 본인의 수업 만족도 등을 기준에 따라 평
가하는 것이다.

　　력사교수 평가의 유형으로는 교원 자체평가, 교원호상평가(상호평가), 학생
평가, 교육일군 평가 등이 제시되어 있다. 교원능력평가가 시행되고 있는 우리
학교 현장의 상황을 고려하면, 교원자체평가와 학생평가는 우리에게도 익숙하
지만, 교원호상평가와 교육일군 평가는 다소 생소한 편에 속한다. 교원상호평가
는 같은 과목을 가르치는 교원들이 교수안과 수업참관(또는 모의수업 참관) 등
을 통해 동료 교원을 평가하는 것이다. 평가의 요소는 ① 교수안에 반영된 교수
목표가 명백하고 구체적인가, ② 최근 당이 제시한 정책적인 문제들을 잘 반영

---

47) 위의 책, 155쪽.

하였는가, ③ 교수내용과 직결된 5대 교양자료를 정확한 계기점에서 옳게 반영하고 효과를 높였는가, ④ 교수안이 력사 수업의 특성에 맞게 과학이론적으로, 통속적으로, 이야기, 담화형식으로 작성되었는가, ⑤ 중점이 뚜렷하고, 현실 반영을 충분히 하였는가, ⑥ 교수방법 문제가 구체적으로 계획되어 서술되어 있는가 등이 제시되어 있다.[48]

교육일군 평가는 중앙 및 도, 시, 군, 모범교수자들이 동료 교원들과 모여서 수업을 참관하고 평가하는 것이다. 교원상호평가와 교육일군 평가에서 가장 많이 활용되고, 가장 정확한 평가를 진행할 수 있는 평가 방식은 '교수참관'이다. 교수 참관은 교수과정을 직접 분석적으로 관찰하고, 교수내용과 방법, 밀도와 규율, 교수 위생에 이르기까지 일정한 지표에 따라 평가를 내리는 평가방식이다. 교수 참관은 교실에서 직접 진행하는 경우도 있지만, 최근에는 다기능화된 설비를 이용하여 수업 분석의 형태로 이루어지는 경우도 있다고 한다. 교재에서는 분과실이나 일군의 방에서 녹화된 수업을 시청하면서, 교수의 흐름에 따라 각 단계에서 나타나는 긍정과 허점을 찾고, 즉시 대책적의견(피드백)을 제시할 수 있다는 장점이 있음을 강조하고 있다.

학생평가는 학생들의 의견을 지면으로 묻는 의견수집표리용(설문)이나 담화의 방법으로 진행된다. 평가 기준은 역사 수업의 수준과 범위, 분량의 접합성, 수업 내용의 실용성 등이며, 그 외에도 시험의 적합도, 교수태도, 교수예술, 표현능력, 교수조직능력, 학생들과의 교감형성 등을 반영할 수 있다고 한다.

이처럼 북한 교육은 우공이산(愚公移山)의 형상으로 점차 변화의 모습을 보이고 있다. 당장은 선전에 그치고, 실상은 큰 변화가 없을지 모르지만, 사범대학 교재들이 새롭게 제작되고, 교수법 등에 대한 관심이 높아진 현실을 고려하면 교수방식이나 평가방식에 일정 부분의 변화가 나타날 가능성은 매우 높다고 판

---

48) 위의 책, 156-157쪽

단된다. 교재 곳곳에 등장하는 김일성 일가의 혁명과업 찬양과 교시, 당의 정책 노선에 대한 강요 등과 같이 변하지 않는 것도 있지만 다양한 형태의 수업방식 과 평가방식이 추세에 맞게 조금씩 변화하고 있는 점은 고무적이다.

3. 『중학교력사교수설계』
(리광섭 외 3인, 교육도서출판사, 2016, 총 103쪽)

북한 사범대학 역사학과에서 교재로 사용하는 『중학교력사교수설계(이하 교 수설계로 표기함)』는 예비 역사교원들이 중학교 역사수업을 효과적으로 계획하 고 실행할 수 있도록 돕는 실무 지침서이다. 머리말에서 명시된 바와 같이, 『중 학교력사교수설계』는 초급중학교 <조선력사>와 고급중학교 <력사> 과목의 교 수방안을 계획하고 그 실천결과를 평가하는 과정을 통해 학생들이 역사교원으 로서 필요한 이론적·방법론적 자질을 길러주기 위해 개설된 과목이다.[49] 앞서 살펴본 교수방법론이나 교수론이 이론과 실기를 아우르는 과목이라면, <교수설 계>는 현장에 발령받은 후에 직접 활용할 수 있는 내용들이 주를 이루는 현장실 습 및 실무 과목의 성격을 띤다. 예비 교원들이 직접 교수 설계를 실습하는 '해보 기 과제'와 '본보기 설계'가 중심을 이루는 것도 <교수설계>의 성격과 직접적인 관련이 있다. <교수설계>는 크게 세 장으로 구성되어 있으며, 전체적인 목차는 다음과 같다.

---

49) 리광섭 외, 『중학교력사교수설계』, 2016, 머리말, "사범대학 『중학교력사교수설계』 과목은 초급중학교 <조선력사> 과목, 고급중학교 <력사> 과목 교수방안을 계획하고 그 실천결과를 평가해보는 과정을 통하여 학생들이 력사교원으로서의 교수활동을 원만히 진행 할수 있는 교육리론적 및 방법론적 자질을 갖출수 있는 기초를 준다."

1. 중학교력사교수진도표설계

2. 중학교력사교수안설계

 1) 력사교수방안설계

  (1) 교수목표설계

  (2) 당정 책화방안설계

  (3) 교수흐름방안설계

   - 이끌기 설계

   - 새지식주기 설계

   - 다지기 설계

  (4) 력사교수구조설계

   - 여러가지 론증수법들을 리용한 교수구조

   - 발전사적체계에 따르는 순차적인 교수구조

   - 비교분석을 기본으로 하는 탐구식 교수구조

 2) 형태별 력사교수안작성

  (1) 력사교수안작성

   - 국가형성과 발전에 관한 교수안

   - 반침략투쟁과 관련한 교수안

   - 문화유산과 관련한 교수안

  (2) 력사복습 및 실천 교수안작성

3. 교수설계평가

<교수설계>의 구성은 과목별 연간 진도표를 작성하고, 각 차시에 해당하는 력사교수안을 설계한 후에 교수 설계 전체를 평가하는 구조로 이루어져 있다.

1) 중학교 력사교수 진도표 설계

제1장 '중학교력사교수진도표설계'에는 교원들이 작성해야 할 핵심 교수문

건 중 하나인 교수진도표의 작성 방법이 상세히 제시되어 있다. 첫 문장은 다른 교재와 마찬가지로 "교수 준비를 잘하는가 못하는가 하는 것은 교육사업의 성과를 좌우하는 근본문제의 하나"라는 김정일의 교시로 시작하고 있다.[50] 그것에 대한 부연 설명으로 교수문건을 잘 만드는 것은 교수준비의 기본이라는 구절이 제시되어 있는데, 북한에서의 교수문건은 교수진도표, 교수안, 교재연구록, 평상시 성적기록부 등을 일컫는 말이다. 그 중에서도 교수 진도표는 학기간 과목내용을 시간 단위로 나누어 놓은 교수요강의 집행계획을 표로 나타낸 것이다.[51] <교수설계>에서는 진도표의 제작 목적을 다음과 같이 설명하고 있다.

> 진도표를 작성하는 목적은 교육강령의 요구에 따라 해당과목의 교수 내용과 교수형태, 집행 시간을 계획화함으로써 교수를 과학화하고, 교수형태들 간의 연관을 보장할 수 있게 하는 데서 매우 중요하다.[52]

위의 인용문에서도 확인되는 것처럼 진도표를 정확히 작성하는 것은 교육강령의 요구에 따라 해당 과목교수의 내용과 교수형태, 집행시간 등을 계획화함으로써 교수를 과학화하고 교수형태들 간의 연관성을 보장하기 위함이다.

교수진도표의 설계는 다음과 같은 단계를 거쳐 진행된다.[53] 첫째는 과목명, 학년 및 학기, 총시간, 교수형태별 교수시간을 설정하는 단계이다. 교원은 이 단계에서 과정안과 교수요강을 면밀히 연구하여 역사과목의 총 시간수와 학기 시

---

50) 리광섭 외, 위의 책, 3쪽.

51) 불과 10여 년 전까지만 해도 우리의 초·중·고등학교 교원들은 모두 매 학기 초에 진도표를 만들고, 정기적으로 점검을 받아왔다. 지금은 법정 문서 항목에서 빠지면서 교과진도를 수립하고, 수업을 진행하는 것이 교원의 재량에 맡겨졌다.

52) 리광섭, 앞의 책, 3쪽.

53) 위의 책, 3-4쪽.

<표 29> 초급중학교 1학년 <조선력사> 교수진도표[54]

-과목 : (조선력사) 제1학년 1학기 총시간 18 / 그중 수업 12, 실천 4, 복습 2

월	주	장, 절	수업제목	교수형태	시간수	루계수업	집행정형 반	반	반	반
4	1	제1장 우리땅에서 산 첫 사람들	1. 검은모루유적을 남긴 사람들							
	2		2. 씨족생활과 원시사회의 붕괴							
	3		되새겨보기							
5	4	제2장 우리민족의 첫 나라 고조선	1. 고조선을 세운 단군							
	5		2. 산채로 무덤에 묻힌 노예들							
	6		3. 왕검성싸움과 성기장군							
	7		4. 1) 고조선사람들이 남긴 유산들							
	8		2) 고조선사람들이 남긴 유산들							
6	9		되새겨보기							
	10	제3장 천년강국 고구려	1. 고구려를 세운 동명왕							
	11		2. 고구려의 강성 1) <온달전>에 비낀 상무기풍							
	12		2) 광개토대왕릉비가 전하는 이야기							
7	13		3) 평양에로의 수도 옮김							
	14		4) 고구려의 수도였던 평양							
	15		력사실천(1)							
9	16		력사실천(2)							
	17		력사실천(3)							
	18		력사실천(4)							

분석과 토론

· 교수진도표 설계에 앞서 왜 과정안과 교수요강에 대한 연구를 진행해야 하는가?

· 한 학기분 이상의 진도표를 작성해 보는 것이 왜 중요한가?

<과제>

① 초급중학교 3학년 <조선력사>과목 한 학기분의 교수진도표를 설계하시오.

② 고급중학교 1학년 <력사>과목 한 학 기분의 교수진도표를 설계하시오.

---

54) 위의 책, 6쪽.

간수를 파악하고, 형태별 교수 시간 수를 확정해야 한다. 둘째는 교수시간 단위로 장과 절의 교수제목과 교수형태를 규정하는 단계이다. 교수 형태를 규정할 때에는 학년별 교수내용의 특성과 학생들의 인지발달 수준을 고려하여 적절한 교수형태를 배치하는 것이 중요하다. 셋째는 집행시간과 루계시간을 설정하는 단계이다. 집행시간은 45분 단위의 1시간을 의미하고, 루계시간은 1주일, 1개월, 1학기, 1년 등 누적되는 시수의 총계를 말한다. 교과서의 경우에는 가르쳐야 할 분량이 있으므로 보통은 1학기에 배울 내용을 먼저 정하고, 각 차시별로 학습할 내용을 나누어 진도표를 작성하게 된다. 넷째는 교수계획의 집행정형을 기록하는 단계이다. 집행정형이란 각 학급별로 수업이 가능한 날짜와 시간을 계산하는 것을 의미한다. 진도표에는 각 학급에서 교원이 수업한 실적이 기록되므로, 이는 교수과정 계획에 그치지 않고 교원들의 교수 실적을 입증하는 성격도 띠게 된다. 명절, 국경일, 공휴일과 같은 날짜를 고려하지 않으면 학급당 배정된 수업을 모두 진행할 수 없으므로, 교과 진도표를 계획할 때에는 학급별로 확보 가능한 수업 시수까지 계산하여 기입해야 한다. 보통 북한에서는 같은 교과를 가르치는 경우 교수진도표를 하나로 통일하여 작성하는데, 이는 같은 과목을 서로 다른 교원이 가르치더라도 과정안 집행의 통일성을 보장할 수 있기 때문이다. 끝으로 모든 교수진도표가 완성되면 분과장, 부교장, 교장의 확인을 받아 집행한다. 교재에 소개된 초급중학교 1학년 <조선력사> 교수표를 보면 이를 보다 쉽게 이해할 수 있다.

위의 표에서 확인되는 것처럼 사범대학 역사과 학생들은 재학 중 초급중 <조선력사>와 고급중 <력사>의 교과서 내용을 분석하고, 수업시수와 분량을 고려하여 교수안을 설계하는 연습을 하게 되어 있다. 대학 강의가 어느 정도 수준으로 이루어지는지는 알 수 없지만, 교과서가 1종이고, 참고할 만한 자료 또한 제한되어 있으므로, 상당히 표준화된 교수안을 작성하고, 그에 따라 수업을 진행할 가능성이 커 보인다. 같은 과목을 가르치는 교원와 동일한 교수안을 제작하고, 여러 차례 수업을 공개해야 하는 상황이므로 북한 당국에서 설정한 내용과 방법에 따라 수업이 진행되리라고 추정하는 것은 무리가 아닐 것이다.

<교수설계>에서 제시하는 교수진도표 작성의 실제적 지침은 매우 구체적이다. 먼저 학기 초에 전체 교수계획을 수립하되, 국가적 행사나 학교 일정을 고려하여 융통성 있게 조정할 수 있도록 여유를 두어야 한다. 각 단원별 시간 배분은 내용의 중요도와 난이도를 반영하여 결정되며, 학년별 학습량을 고려하여 교과활동과 실천활동을 고루 포함해야 한다. 이는 현 체제의 정당성을 역사적으로 뒷받침하려는 교육적 의도가 반영된 결과로 해석된다.

제1장의 마지막 부분에서는 작성된 교수진도표를 검토하고 수정하는 과정의 중요성을 다루고 있다. 교원들은 동료 교원들과의 협의를 통해 진도표를 보완하고, 실제 수업 진행 과정에서 나타난 문제점들을 반영하여 지속적으로 개선해 나가야 한다는 점을 강조하고 있다.[55] 이러한 순환적 개선 과정을 통해 교수진도표는 단순한 계획 문서가 아닌 살아있는 교육 도구로 기능하게 된다.

북한의 중학교 력사 교수진도표 설계는 철저한 계획성과 체계성을 바탕으로 하되, 사상교육이라는 특수한 목적을 달성하기 위한 도구적 성격을 강하게 띠고 있다. 이는 역사교육이 단순한 과거 사실의 전달이 아니라 현 체제를 정당화하고 유지하는 수단으로 활용되고 있음을 보여주는 명확한 자료라고 할 수 있다.

2) 중학교 력사교수안 설계

(1) 력사교수방안 설계

한 학기 분량의 진도표 작성이 끝나고 나면, 다음 단계로 구체적인 교수방안을 설계하게 된다. 교수안 설계는 교수방안 설계와 형태별 력사교수안 작성으로

---

55) 위의 책, 4쪽.

구성되어 있다. 먼저 교수방안은 교수자가 수업을 성공적으로 진행하기 위해 계획하는 방도적이고 주관적인 계획, 좀 더 자세히 설명하자면 교수목적을 달성하기 위해 교수의 당정책화를 어느 계기점에 구현할 것인가, 학생들이 교수내용을 원만히 습득하기 위해 어떤 교수방법을 적용할 것인가, 다양한 교수매체를 어느 지점에서 어떻게 이용하겠는가와 같은 전반적인 교수흐름을 계획하는 것을 의미한다.**56)** 이와 관련하여 교재의 2장에서는 교원들이 실제 수업에서 활용할 구체적인 교수안을 작성하는 방법을 체계적으로 제시하고 있으며, 역사교육의 목적 달성을 위한 다양한 교수전략과 방법론을 상세히 다루고 있다.

제1절 '력사교수방안설계'는 네 가지 핵심 요소로 구성된다. 첫째는 교수목표설계이고, 둘째는 당정책화방안설계이다. 셋째는 교수흐름방안설계이며, 네 번째는 력사교수 구조 설계이다.

먼저 교수목표설계는 역사수업에서 어떤 결과에 도달해야 하는가를 규정하는 단계이다. 교수목표는 크게 지식목표, 교양목표, 능력목표로 구분된다. 지식목표는 ① 우리나라의 역사발전에서 주도적인 역할을 한 정통국가와 그들 상호 간의 계승성 및 발전의 합법칙성을 인식하는 것, ② 우리 민족이 이룩한 자랑찬 문화적 성과들과 대표적인 반침략 · 반봉건투쟁을 통해 슬기롭고 용감한 우리 민족의 전통적 기질을 인식하는 것, ③ 고상하고 아름다운 우리 인민의 의식주 풍습, 예의범절풍습, 가족생활풍습, 민속명절과 그것이 어떻게 발전하고 계승되어 왔는지를 인식하는 데 요구되는 목표들을 일컫는다.

교양목표는 교수를 통해 학생들이 갖추어야 할 정치사상적, 도덕의리적 품성과 태도를 말한다. 교재에서는 교양목표설계에서 가장 중요한 것이 북한의 위대함과 역사의 진리를 체득하여 김정은을 충정으로 높이 받들자는 각오을 다지는 것이라고 설명하고 있다. 또한, 끝없는 외침으로부터 자주권과 존엄을 지키며

---

56) 위의 책, 8쪽.

찬란한 문화를 창조한 인민의 투쟁을 통해 민족적 긍지와 자부심을 간직하는 데 목적이 있음을 강조한다. 그 외에도 문화유산의 위대함을 알고 귀히 여기며 발전시키고 빛내려는 의지를 키우는 것, 자기 자신도 력사를 전진시키고 발전시키는 사회의 성원이라는 자각을 가지고 조국과 인민의 부강 번영을 위한 길에 이바지하려는 각오를 키우는 것도 교양목표로 제시되어 있다.

능력목표는 수업을 통해 학생들이 습득해야 하는 자립적이며 창조적인 활용 능력을 일컫는다. 능력목표에서는 교과서의 내용을 읽고 분석하는 능력, 역사발전단계를 구분하고, 그 발전의 합법칙적 요인과 과정을 설명하는 능력을 핵심으로 설정한다. 또한 학생들이 역사적 사건과 현상을 원인·발생·발전·결과의 순서로 파악하고, 역사적 인물과 사건을 역사적 시점에 위치시켜 분석·평가하는 능력을 중시한다. 더 나아가 역사 이야기나 사료, 전설, 신화, 문화유산 등을 정확히 평가하고, 자신의 견해를 말과 글로 표현하는 능력 역시 능력목표가 지향하는 교육활동에 포함된다.

둘째, 당정책화방안 설계는 교수 내용을 당 정책에 기초하여 연결시키고, 그에 합당한 형태로 재구성하여 수업에 적용하는 것을 의미한다. 북한에서 강조하는 당정책화방안 설계의 방향은 크게 두 가지로 제시된다. 하나는 북한의 유일사상인 주체사상과 그 구현인 당(로동당)의 노선을 정확히 파악하여 교양 과정으로 학생들에게 제공하는 것이며, 다른 하나는 당의 정책을 철저히 분석하여 이를 기초로 학습할 교과의 지식과 기술을 체득하도록 하는 것이다. 따라서 당정책화방안을 실행하기 위해서는 주체사상과 그에 기초한 당의 노선 및 정책을 깊이 이해하고, 해당 학과목에 정통해야 한다. 예컨대 살수대첩과 같은 역사적 사건이나 단군릉과 같은 문화유산을 소개할 때, 그와 관련된 김일성·김정일의 일화나 이를 평가하는 교시 등을 연계시키는 방식이 이에 해당한다. 과거의 사건을 현대로 소환하여 현재 북한에 위협이 되는 국가들을 비판하고, 핵미사일 개발 등을 정당화하는 논리 또한 이러한 범주에 포함된다.

셋째, 교수흐름방안 설계는 교수안 설계 과정에서 핵심적인 단계라 할 수 있다. 앞서 살펴본 것처럼 북한의 수업은 이끌기(도입)-새지식주기(전개)-다지기(정리)의 순으로 구성된다. 이 세 단계에서 수업을 어떻게 진행할 것인가를 계획하고, 문서화하는 것이 교수흐름방안 설계이다.

이끌기 설계

이끌기 설계는 학생들이 이미 가지고 있는 지식을 새로 배우게 될 학습 내용과 연결하는 도입부 수업 설계를 의미한다. 이끌기 설계에서 가장 중요한 것은 학습 동기를 유발하여 본시 학습에 적극적으로 참여하도록 하는 데 있다. 주목되는 구절은 "교수에서 학생들이 배우는 지식은 미리 규정된 것이지 그들의 흥미에 따라 선택한 것이 아니다"라고 규정한 부분이다.[57] 이는 교육 내용이 이미 정해져 있으므로, 교원이 해야 할 일은 마련된 교육 내용을 효과적으로 전달하는 데 한정된다는 의미로 해석될 수 있다. 교재에 제시된 이끌기 설계의 사례는 다음과 같다.[58]

> 실례1. 제목으로부터 교수중심을 끌어내기 위한 이끌기 설계(초급중 1, 고구려를 세운 동명왕)
> - 고구려는 어떤 나라이며, 우리나라 력사 발전에서 어떤 지위를 차지하는가?
> - 동명왕은 어떤 사람이며, 어떤 과정에서 나라를 세웠는가?
> (교원 : 이번 시간에는 고구려 첫 왕인 동명왕이 우리나라 력사에서 제일 강했으며, 첫 봉건국가인 고구려를 어떤 과정에서 성립하였는가에 대하여 학습하게 된다.)
>
> 실례2. 기존 지식 되살리기를 통한 새지식주기에로의 이끌기 설계(고급중 2, 고려의

---

57) 위의 책, 15쪽.
58) 위의 책, 15-18쪽.

성립과 국토 통일)

- 우리나라 력사에서 첫 통일국가는 어떤 나라인가?

(조별토론 : 첫 번째 물음에 대하여서는 이미 전에 학습한 국가들에 대하여 설명하면서 단군 성립 이래 우리 나라는 고려전까지 갈라져서 존재하였다는 것을 염두에 두도록 한다)

- 태봉국왕 궁예는 어떤 사람이며, 그의 폭정은 무엇을 보고 알 수 있는가?

(조별토론 : 두 번째 물음에 대해서는 고급중학교 1학년에서 학습한 9세기 말 농민전쟁에 대하여 되새기면서 대답하도록 유도한다.)

- 왕건은 누구인가?

(교원 : 이번시간에는 태봉국의 국왕 궁예의 폭정을 뒤집고, 고려를 세운 왕건이 나라의 통일을 이룩하기 위하여 어떤 투쟁을 벌였으며, 국토의 통일이 어떤 의의를 가지는가에 대해 학습한다는 것을 알려준다.)

실례3. 새지식에 대한 학습 흥미를 계발시키기 위한 이끌기 설계(초급중 1, <온달전>에 비낀 상무기풍)

- 학생들은 이미 력사이야기와 예술영화를 통하여 온달 이야기에 대해 알고 있다. 그러면 왜 온달이 '바보'로 불리게 되었는가?(학생들이 내놓은 여러 가지 의견을 종합한다)
- 그러면 비천한 온달이 어떻게 하여 장수로, 왕의 사위로까지 되었는가?

(교원 : 고구려 시기 천한 신분층에 속한 온달이 무술을 잘하여 봉건적 신분제도에서는 생각도 할 수 없었던 높은 자리에 오를 수 있었던 것은 고구려 시기 무술을 중시하였으며, 인재를 평가하는 데에서도 무술을 첫 자리에 놓았다는 것을 알 수 있다. 이번 시간에는 비천한 출신의 온달이 장수로 자라나게 된 성장 배경을 통하여 고구려의 상무 기풍과 그것이 고구려의 력사 발전에서 가지는 의의에 대하여 학습하겠다는 데 대하여 알려준다.)

새지식주기 설계

새지식주기는 학습에서 중심이 되는 단계이다. 이 단계에서 교원은 학습목표

달성을 위해 적용할 교수활동의 순서, 방법, 형식과 매체 등 모든 요소를 종합적으로 고려하여 학습이 성공적으로 진행되도록 준비해야 한다. 단원이 시작되기 전 김정일의 교시를 인용하여 새지식주기의 중요성을 강조하고 있다는 점이 주목된다.[59]

> 교수내용이 비록 쉬운 말로 되었다 하더라도 강의안을 졸졸 읽어주거나 필기시키는 방법으로 교수를 하여서는 학생들이 깊은 과학적 리치를 제대로 인식하지 못합니다. 교수를 깨우쳐주는 방법으로 하여야 학생들의 자립성과 창발성을 키워줄수 있으며 수준이 낮은 학생들도 능동적으로 사고하여 교수내용을 쉽게 리해하고 충분히 소화할 수 있습니다.
>
> - 『김정일선집』 증보판 제9권, 342~343페이지

교재에서는 새지식주기 설계 단계에서 유의해야 할 사항으로 다음과 같은 질문들을 제시하고 있다.[60]

> 해당 교수내용을 어떻게 구성하고 체계화하겠는가?
> 교수순서는 어떻게 배열하겠는가?
> 구체적인 교수활동을 어떻게 배치하겠는가?
> 교수순서는 어떻게 배열하겠는가?
> 구체적인 교수활동을 어떻게 배치하겠는가?
> 교수정보를 어떤 매체 형식으로 어떤 계기에 학생들에게 전달하겠는가?
> 교수활동 과정에 교원과 학생의 호상 작용활동을 어떤 방식으로 하겠는가?

이처럼 새지식주기 단계는 본시에 학습할 전체 내용을 구조화하고 활용 가

---

59) 위의 책, 19쪽.
60) 위의 책, 19쪽.

능한 매체를 선정하며, 학생들과의 상호작용을 통해 학습 효과를 극대화하는 과정이라 할 수 있다. 예시 자료에 따르면 교원은 수업 중간중간 학생들에게 질문을 던지거나 지명하여 교과서를 읽게 하고, 조별 활동을 제시하는 방식으로 수업을 진행한다.

새지식주기 설계가 끝나면 수업의 마무리 단계인 다지기 설계로 이어진다. 다지기는 본수업을 마친 뒤 내용을 정리하는 단계로, 일반적으로 학습 내용 정리, 형성평가 실시, 차시 예고 등이 포함된다. 이러한 구성은 북한의 경우에도 크게 다르지 않다. 다음은 교재에 제시된 다지기 설계의 예시이다.[61]

① 빈칸에 알맞은 말을 찾아 써넣는 문제

- 검은모루유적은 우리 땅에서 □□□□□ 이전부터 □□이 살기 시작하였고, □□ □□가 시작되었나는 증거로 된디.

② 알맞은 내용을 표에 써넣고 이야기하는 문제

(거란)침입차수	침입연도	적군지휘자, 병력수	대표적인 전투장소	대표적인 지휘자
제1차				
제2차				
제3차				

③ 여러 대상을 제시하고 맞는 것을 선택하는 문제

- 리성계가 수도를 옮긴 목적에 맞는 문장을 선택(∨)하시오.

④ 틀린 부분을 찾아 고치는 문제

- 다음의 내용들 중에서 틀린 부분을 고치시오.

(처인성전투에서 대도수는 적장 소손녕을 활로 쏘아 죽였다.)

⑤ 단어들을 맞는 것끼리 선으로 연결하는 문제

- 다음의 단어들을 맞는 것끼리 선으로 연결하고 내용을 쓰시오.

⑥ 지도를 짚으면서 설명하는 문제

---

61) 위의 책, 22-24쪽.

- (13세기 몽골제국의 영역도)를 보면서 분열된 몽골의 한국들과 그 영역을 찾아보시오.

⑦ 제시된 단어들을 역사적 순차성에 따라 배열하는 문제

- 아래의 력사적 사건을 순서대로 쓰시오.

(무신정변, 망이 농민폭동, 조위총의 반란, 묘청의 정변, 만족의 폭동계획, 리자겸의 반란)

⑧ 단어들을 연결하여 문장을 완성하는 문제

- 그리스-페르샤, 영토팽창, 모순, 침략전쟁, 유럽, 승리, 그리스

⑨ 제시된 물음에 대한 자기 견해를 말하는 문제

- 동명왕의 아들인 온조는 왜 고구려에서 살지 않고 남쪽으로 내려와 백제를 세웠는가?

력사교수구조 설계

력사교수구조 설계는 수업을 진행하는 교원의 수업방식, 설명방식, 논리적 구조, 판서 계획 등을 포함하는 활동 계획이다. 앞서 살펴본 교수흐름방안 설계가 수업의 진행 과정에 관한 계획이라면, 교수구조설계는 구체적인 수업방식을 구상하는 활동이라고 할 수 있다. 교재에서는 이에 해당하는 이론을 세 가지로 제시하고 있다.

첫째는 '여러 가지 론증수법들을 리용한 교수'이다.[62] 교재에서는 력사과목 교수에서 가장 중요한 것이 력사적인 사건과 사실들의 성격 분석, 해당 력사적 사실이 력사 발전에서 차지하는 지위의 문제라고 규정하고 있다.[63] 일정한 근거에 따라 논제를 증명하는 론증이야말로 학생들의 논리적 사고력을 기르는 데 가

---

62) 위의 책, 27쪽.

63) 위의 책, 27쪽.

장 효과적인 수업방식이라는 것이다.[64]

　제시된 설명구조의 일반적인 흐름은 "력사적 사건과 사실들의 소개 → 사건 · 사실에 대한 분석과 처리 → 력사 발전의 합법칙성 도출"[65]이다. 이때 력사적 사건과 사실들의 소개가 교원의 설명으로 진행된다면, 이를 분석 · 처리하고 합법칙성을 도출하는 과정은 교원과 학생들의 사고활동 결합으로 이루어진다.

　교재에서 가장 대표적인 논증수법으로 제시된 것은 '연역추리형식의 론증수법을 리용한 교수 구조'와 '귀납추리 형식의 론증수법을 리용한 교수구조'인데, 그것은 각각 연역법과 귀납법에 해당한다.[66] 논증을 중시하는 것은 사회주의 변증법을 수업에 도입한 결과라고 생각된다. 학생들이 궁금해하는 부분, 역사적인 흐름, 사건의 인과 관계 등을 역사적 합법칙성에 따라 논리적으로 설명하는 것이 교원의 임무이며, 과학적 설명이 곧 역사 수업의 핵심이라고 강조하고 있는 것이다. 그것은 교재의 곳곳에 인용되어 있는 김일성, 김정일의 교시와도 밀접하게 연결된다.

　둘째는 '발전사적 체계에 따르는 순차적인 교수구조'이다.[67] 발전사적인 교수란 역사적 사건이나 사실을 취급할 때 사건발생의 전제가 되는 역사적 환경의 분석을 시작으로 사건의 개시, 확대발전, 결과분석 등을 인과 관계에 따라 이끌어가는 교수법을 일컫는다. 앞서 살펴본 논리적인 수업이 과학적 설명이라면, 발전사적 체계에 따르는 수업은 인과적인 설명에 해당한다.[68] 교재에 제시된 발

---

64) 위의 책, 29쪽.

65) 위의 책, 28쪽.

66) 위의 책, 29-41쪽.

67) 위의 책, 42쪽.

68) 역사교육에서는 설명을 크게 일반적 역사설명, 과학적 역사설명, 인간의 행위 설명 등으로 구분한다. 그중 인과적 설명은 일반적 역사설명, 연역적 · 귀납적 설명은 과학적 역사설명에 해당한다(양호환 외, 『역사교육의 이론』, 책과 함께, 2009, 261-301쪽).

전사적 체계에 따르는 교수의 순서는 "사건의 전제(환경과 원인 분석) → 사건의 발생 → 사건의 발전, 전개과정 분석 → 사건의 결과분석"이다. 인과적 설명은 역사수업에서 가장 보편적으로 사용하는 설명방식이지만, 북한의 역사수업에서 강조하는 인과적 설명은 법칙론적 설명에 가깝다는 차이가 있다. 필연성을 내포하고 있다는 점에서 과학성을 강조하는 사회주의 학습법에 해당한다고도 볼 수 있을 것이다. 로동신문을 비롯한 북한의 신문과 잡지에는 사회주의 법칙, 과학적 법칙 등을 강조하는 글들이 빈번히 등장하는데[69], 그 또한 과학을 앞세운 북한 선전체제의 사례라고 할 수 있다.

셋째는 '비교분석을 기본으로 하는 탐구식 교수구조'이다. 비교분석은 말 그대로 역사적인 사건과 사건의 종적 · 횡적 관련성을 연결짓고, 종합적으로 탐구하면서 공통점과 차이점을 찾아내는 탐구활동을 의미한다.[70] 비교적 설명은 우리의 역사교육에서도 중요하게 여기는 설명방식이다. 역사가들이 선호하는 비교분석은 밀(J. S. Mill)의 일치법과 차이법을 활용하는 것인데, 전자는 공통요인을 찾아 현상의 원인으로 설명하는 방식이고, 후자는 두 개 이상의 사례에서 대부분의 요인이 비슷하되, 어떤 특별한 차이점이 있을 때 그 차이점을 분석의 대상으로 삼는 방식이다.[71] 다만, <교수설계>에서 강조하는 비교법의 특징이 있다면, 종적 · 횡적 비교법을 강조하고 있다는 점이다. 종적 비교란 시간적으로 선행한 사실과 나중에 일어난 사실을 비교하는 방식으로, 시공간적으로 선후관

---

69) 리학남, "력사발전의 법칙은 불변이다"(「로동신문」, 2025.01.07.); "력사의 법칙 - 패권정책은 반드시 파멸을 불러온다"(「로동신문」, 2024.09.20.); 조금철, "집단주의에 기초한 사회주의의 승리는 력사의 법칙"(『사회과학원학보』, 2024년 3호, 2024.08.25.); "인류가 사회주의길로 나아가는것은 력사발전의 법칙"(『민주조선』, 2019.12.25., 4면); "사회주의승리는 진리이고 력사발전의 법칙"(『천리마』 2019년 제1호, 천리마사, 2019.01.25., 85-86쪽) 등 다수.

70) 리광섭 외, 앞의 책, 49쪽.

71) 양호환 외, 앞의 책, 268-270쪽.

계에 있는 사건들의 계승관계 또는 발전성을 비교대상으로 하는 것이다.[72] 반면, 횡적 비교란 같은 시기의 서로 다른 사건을 비교하는 방식으로, 시공간적으로 병렬관계에 있으면서도 성격면에서 차이가 있는 사건의 유사성 또는 차이점을 찾는 것이다. <교수설계>에서는 비교방식을 중심으로 하는 수업은 탐구식 수업에 기초하고 있으며, 탐구활동의 최종 목표는 논리적 일반화라는 점을 강조하고 있다.[73]

(2) 형태별 력사교수안 작성

앞서 살펴본 내용들이 수업의 단계별 계획과 수업방식에 관한 것이라면, 교수안 작성은 말 그대로 교수안을 실제 작성하는 구체적인 방식을 설명한 것이다. 교수안 작성의 필요성과 중요성을 강조하는 점은 남과 북이 크게 다르지 않다. 『중학교력사교수설계』에서는 교수안 작성의 중요성에 대해 '교수의 질적 수준은 교원들이 교수 준비를 어떻게 하느냐에 달려있다'라고 하고, '교수 준비에서 기본은 교수안을 잘 만드는 것'이라고 하여 교수안 작성이 교육혁신의 기본임을 강조한다.[74] 특히, 역사과목은 사회의 모든 분야를 시기적, 종합적으로 취급하는 과목이므로 교과 특성에 맞게 교수안을 작성해야 한다고 하였는데, 그 구체적인 방안은 '깨우쳐주는 교수'에 입각하여 사회주의 교육의 본성을 잘 살려야 한다는 것이다. 깨우쳐주는 교수란 북한의 교육법에 명시된 교육방식으로[75], "수업이 시작되면 새 지식을 15분 내로 빠르게 가르쳐 주고, 나머지 수업

---

72) 리광섭 외, 49-50쪽.

73) 교재 50쪽.

74) 교재 61쪽. 김정은의 저술 『새 세기 교육혁명을 일으켜 우리 나라를 교육의 나라, 인재강국으로 빛내이자』를 인용하여 교육혁명에서 가장 중요한 과업은 학생들에게 숭고한 정신과 높은 창조력을 키워줄 수 있도록 교육내용과 방법을 혁신하는 것이라고 서술하였다.

75) 『조선민주주의인민공화국 교육법』 제30조 (교수교양방법) 교육일군은 학생의 자립

시간에 학생들이 배운 내용에 대한 토론, 론쟁 및 질의응답을 진행하여 그 시간에 배운 것을 그 시간에 완전히 소화시키는 교수방법"을 의미한다.[76] 교수참고서나 교수안을 그대로 읽어주거나 필기만 하는 교육이 아니라 감성적인 측면의 자극과 실험·실습, 토론 등을 통해 자립성과 창발성을 키워주는 것을 목표로 한다. 그러한 북한 교육의 기조가 역사교육에도 그대로 적용되고 있는 것이다.

교수안의 구성은 중학교 역사과목의 교재 내용에 따라 국가 형성과 발전에 관한 문제, 반침략투쟁과 관련한 문제, 문화유산과 관련한 문제로 나눈 후 각각의 범위, 수준, 도달기준을 설정하여 작성할 것을 명시하고 있다.[77] 독자의 이해를 돕기 위해 교재에 제시된 교수안 1차시 분량을 소개한다.

<반침략투쟁과 관련한 교수안>[78]

교수제목: 제2절 고려-거란 전쟁 1. 제1차 고려-거란 전쟁

교수형태 및 시간 : 수업 1시간

교수교양목적 : 거란의 제1차 침입을 물리치고 나라의 독립과 민족의 존엄을 지켜 낸 고려 인민들의 애국 투쟁을 인식시킴으로써, 슬기롭고 용감한 조선 민족으로서의 긍지와 자부심을 가지도록 교양하는 데 있다. 학생들이 지도를 놓고 제1차 고려-거란 전쟁에 대하여 이야기할 수 있게 하여야 한다.

······(중략)······

성과 창발성을 높일수 있도록 교수교양을 깨우쳐주는 방법으로 하여야 한다.

76) 리영철, "깨우쳐주는 교수방법을 철저히 구현하기 위한 새로운 교수구조에 대한 경험"(『인민교육』 5, 2012.12.10, 27-30쪽).

77) 리광섭 외, 앞의 책, 61쪽.

78) 위의 책, 70-77쪽. 띄어쓰기와 맞춤법, 용어는 가능한 원본을 유지하되, 가독성이 떨어지는 것과 발음으로 인하여 이해에 어려움이 있는 경우 표준어로 정리하였다. 교수안의 ·과 각 단계별 실선과 점선도 필자가 추가하였다.

교수단계 (소요시간)	교수방법	교수내용
이끌기 (5분)	설명	· 우리 인민은 예로부터 달려드는 외래 침략자들을 물리치는 싸움에서 슬기와 용맹을 떨친 자랑스러운 전통을 가지고 있습니다.
	물음제시 (3분)	· 그러면 우리가 학습한 조선 인민의 반침략 투쟁에는 어떤 투쟁이 있습니까?
	교원활동	· (학생들이 이미 학습한 고구려-수 전쟁, 고구려-당 전쟁에 대한 인식 정도를 지명의 방법으로 료해한다[79].)
	설명 (2분)	· 이러한 우리 인민의 반침략 투쟁에는 거란 침략자들을 물리치고 나라의 독립과 민족의 존엄을 지켜 낸 고려 인민들의 투쟁도 기록되어 있습니다. · 고려 시기 우리나라를 침략하였던 거란족은 요하 상류 지역에서 유목 생활을 하던 몽골족의 한 갈래였습니다. 중국에서 당나라가 무너지고 세력 쟁탈전을 벌이고 있을 때인 916년에 추장 야율아보기는 거란족을 통합한 후 침략 전쟁을 확대하여 봉건 국가인 '거란'을 세웠습니다. · 거란은 926년 발해를 침략하여 정복하였으며, 938년에는 나라 이름을 '요'로 고쳤습니다. 그 이후 요나라는 여진족이 세운 금나라와 한족이 세운 송나라의 협공으로 멸망하였습니다. 거란은 3차례에 걸쳐 고려에 대한 침략을 감행하였으나, 고려 인민의 완강한 투쟁에 의하여 실패하고 말았습니다. · 그럼 이번 시간에는 거란의 제1차 침략을 물리친 고려 인민의 투쟁에 대하여 학습하겠습니다.
새지식 주기 (30분)	판서	제2절. 고려-거란 전쟁 　제1차 고려-거란 전쟁
	당정책화 (2분)	· 위대한 령도자 김정일 대원수님께서는 다음과 같이 교시하시였습니다. 《반거란전쟁은 고려에 의하여 국토의 통일이 실현된 이후 우리 인민이 민족의 단합된 힘으로 외적의 침공을 짓부시고 민족의 존엄과 슬기를 떨친 대표적인 첫 반침략 투쟁이였습니다.》(《김정일전집》 제2권 238쪽)
	학습중심	· 위대한 령도자 김정일 대원수님의 이 교시에는 고려-거란 전쟁이 우리나라 역사 발전에서 차지하는 지위가 명확히 밝혀져 있습니다. 고려 인민이 국토 통일을 이룩한 후 단결된 힘으로 거란 침략자들을 물리친 과정에 대한 학습을 통하여 우리 인민의 애국정신을 잘 알도록 하여야 합니다. · 고려에 대한 거란의 제1차 침입은 언제, 어떻게 감행되었으며, 이를 물리친 고려 인민들의 투쟁 과정과 그 승리의 요인은 무엇인가 하는 문제에 대하여 두 체계로 나누어 학습하겠습니다.
	첫째체계 제시 및 필기 (10분)	△ 거란의 고려 침략 목적과 방어 대책 · 먼저 거란의 고려 침략 목적에 대하여 보기로 하겠습니다. 우리는 초급중학교 2학년에서 <안융진 전투와 강화 담판에서의 승리>를 학습하면서 거란의 침략 목적에 대하여 이미 학습하였습니다.

---

79) 북한어 료해는 우리말로 이해 또는 파악이라는 의미이다.

교수단계 (소요시간)	교수방법	교수내용
	물음제시 (교원활동)	· 거란의 고려 침략 목적이 무엇입니까?(학생들이 앉은 조별로 자기의 견해를 발표하게 한다.) · 대답: 첫째로, 더 많은 재부와 영토를 차지하려는 야망에서 고려에 대한 침략을 감행하였습니다. · 둘째로, 고구려-발해의 옛 땅을 되찾기 위한 고려의 북방 진출을 가로막고, 앞으로 송나라에 대한 침략에서 '후방의 안전'을 보장하려는 데 있었습니다.
	설명	· 다음으로 적들의 침략에 대처한 고려의 방어 대책에 대하여 보겠습니다.거란의 침략에 대처하여 고려군은 수십만의 방어군을 편성하여 전투 태세를 갖추었습니다. · 고려의 전략적 계획은 최전선 부대들을 압록강 계선에 배치하여 적의 예봉을 꺾은 다음, 구주 계선에서 타격을 가하고 청천강 이북 계선에서 적을 물리치는 것이었습니다. 그를 위해 내사시랑 서희를 중군사로 임명하고 지휘부를 안북부(안주)에 배치하였습니다. · 그리하여 적들을 물리치기 위한 만반의 준비 태세가 갖추어지게 되었습니다.
	둘째 체계 제시 및 필기	△ 안융진 전투와 강화 담판에서의 승리 · 993년 10월 거란 침략자들은 소손녕을 우두머리로 하여 수십만의 대병력으로 고려에 대한 1차 침입을 감행하였습니다.
	걸그림 제시 설명 (2분)	〈제1차 고려-거란 전쟁도〉 · 지도에서 보는 것처럼 제1차 고려-거란 전쟁 시기 대표적인 전투는 봉산성 전투, 안융진 전투, 연주성 전투였습니다. 그중에서도 가장 대표적인 전투는 안융진(평안북도 문덕군) 전투였습니다. - 안융진 전투
	물음제시 (4분) (교원활동)	· 그러면 안융진 전투가 왜 중요한 의의를 가지는 전투였겠습니까?교과서에 제시되어 있는 지도를 보면서 대답하겠습니다. (학생들이 교과서 내용과 지도를 보면서 대답을 찾도록 유도한다.)
	설명	· 안융진은 당시 지휘부가 있던 안북부에서 서쪽으로 65리 가량 떨어진 곳에 있던 크지 않은 토성이었는데, 성에는 중랑장 대도수(934년에 망명한 발해 태자 대광현의 자손)의 지휘 밑에 불과 10여 명의 군대가 있었습니다. · 안융진의 군대와 인민은 수십 배나 되는적들의 발악적인 공격을 물리치고 한 달 동안 결사전을 벌려 성을 지켜 냈습니다. 한편 적들은 연주성(평안북도 운산군)에 대한 공격을 감행하였지만 실패하고 말았습니다.
	탐구문제 (2분) (교원활동)	· 안융진 방어자들이 수적으로나 기술적으로 우세한 적들의 공격을 물리칠 수 있었던 비결은 어디에 있겠습니까? (학생들이 자체로 결론을 찾아내도록 한다.) 예상 답: 우선 군대와 인민이 높은 애국심과 불굴의 투지를 가지고 결사적으로 싸웠기 때문이다. 또한 대도수와 같은 군사 지휘관들이 전투 지휘를 잘하였기 때문이다.)

교수단계 (소요시간)	교수방법	교수내용
	설명	· 전투에서 패한 적들은 저들의 침략 목적을 담판의 방법으로 해결하기 위하여 강화 담판을 들고나오게 되었습니다. 그러면 적들과의 강화 담판에서 이룩한 승리에 대하여 보기로 하겠습니다. - 강화 담판에서의 승리
	물음제시 (2분) (교원활동)	· 적들이 담판을 통하여 노린 목적은 무엇이겠습니까?(교과서를 이용하여 학생들이 대답을 찾도록 한다.) · 예상 답: 군사적 방법이 실패하자 담판을 통하여 제놈들의 강도적 요구를 실현해 보려는 데 있었다.
	설명	· 따라서 적장놈은 담판이 시작되기 전부터 고려 측 대표인 서희의 기를 꺾어 놓을 심산으로, 들 아래에서 절을 해야 한다는 오만한 요구를 들고나왔습니다. 이에 대하여 서희는 "신하가 임금을 대할 때 들 아래에서 절을 한다는 것은 예법에 있는 일이나, 두 나라 대신들이 만나는 자리에서 어찌 그럴 수 있겠는가."고 논박하면서 대등한 입장에서 담판을 주장하였습니다. 그리고 이 요구가 실현될 때까지 담판에 나가지 않고 시간을 끌었습니다. 바빠 맞은 적장은 자기의 요구를 버리지 않을 수 없었으며, 담판은 서희의 주장대로 두 나라 대표가 대등한 입장에서 진행되게 되었습니다.
	물음제시 (3분) (교원활동)	· 담판에서 적들이 어떤 강도적 요구를 들고나왔으며, 서희는 그것을 어떻게 부정하였습니까? (학생들이 교과서에서 적들이 들고나온 강도적 요구와 그 부당성에 대하여 찾고 발표하도록 한다.) · 예상 답: 첫째로, 고려가 차지한 고구려의 영토를 내놓으라는 강도적 요구를 들고나왔다.
	설명	· 이에 대하여 서희는 "아니다. 우리나라는 바로 고구려의 계승국이다. 그러므로 나라 이름을 고려라고 부르고 평양을 수도로 정하였다. 그리고 경계를 가지고 말한다면 당신의 나라의 동경도 우리 국토 안에 들어와야 하겠는데, 어떻게 우리더러 침범하였다고 말할 수 있겠는가."고 논박하였다. 둘째로, 가까운 거란과 관계를 가지지 않고 바다 건너 송나라와 외교 관계를 가진다고 트집을 걸어왔다. 이에 대하여 서희는 여진인들이 압록강 안팎을 차지하여 방해하기 때문에 실현하지 못하였다고 하면서, 앞으로 여진인들을 몰아낸 다음 길이 열리면 국교가 이루어질 것이라고 하였다. · 서희의 사리정연한 주장에 소손녕은 말문이 막히고, 담판은 고려의 승리로 끝나게 되었습니다. 적장은 담판이 끝난 후 큰 연회를 차리고, 돌아올 때는 많은 '선물'까지 갖추어 보냈습니다. 이것은 제놈들이 안전하게 퇴각할 수 있게 고려군이 길을 열어 달라고 바치는 것이었습니다.
	탐구문제 (2분) (교원활동)	· 교과서에 강화 담판에 대한 역사 기록이 있습니다. 강화 담판에 대한 역사 기록에 담겨진 교훈은 무엇이라고 생각합니까? (학생들이 강화 담판에서 승리할 수 있은 요인에 기초하여 교훈을 찾도록 한다.) · 교훈: 외적의 침략에는 굴함 없이 맞받아 싸워야 하며, 자기 힘이 강해야만 담판에서도 당당히 자기의 주장을 내세울 수 있다는 것이다.

교수단계 (소요시간)	교수방법	교수내용
	위대성교양 (3분)	· 이러한 역사의 교훈은 오늘 미제와 괴뢰 역적들과의 치렬한 대결전에서도 찾아볼 수 있습니다. 2015년 8월 20일 괴뢰 역적들은 우리가 남측을 향하여 포탄을 발사하였다는 사실을 날조하여 우리 측 초소를 향하여 수십 발의 포탄을 발사하는 도발을 감행하였습니다. 적들의 도발에 대처하여 경애하는 원수님께서는 전선 일대에 준전시 상태를 선포하시고, 우리의 요구 조건을 받아들이지 않는다면 적들에게 보복 타격을 가하겠다는 최후통첩을 들이대게 하시였습니다. 이에 질겁한 적들은 우리가 제기한 회담 마당에 나타나 우리의 정당한 요구 조건을 받아들이지 않으면 안 되었습니다. 그리하여 이 땅에 몰려오던 전쟁의 검은 구름이 가셔지고 또다시 평화가 깃들게 되었습니다. 경애하는 김정은 원수님께서는 조선로동당 중앙군사위원회 확대회의를 소집하시고, 벼랑 끝까지 닿은 교전 직전에서 다시 되찾은 평온은 결코 회담 탁우에서 얻은 것이 아니라 위대한 우리 당이 키워 온 자위적 핵억제력을 중추로 하는 무진막강한 군력과 당의 두리에 일심단결된 무적의 천만 대오가 있기에 이룩될 수 있었다고 하시면서, 세월의 강풍 속에서 더욱 굳세어진 선군의 총대와 군민의 일심단결은 어제도 오늘도 래일도 조선반도의 평화를 지키는 근본 담보라고 강조하시였습니다. 학생들은 선군의 총대 위에 우리의 행복한 생활도 아름다운 평화도 있다는 것을 명심하고, 경애하는 원수님의 선군 혁명 령도를 충직하게 받들어 나가야 합니다.
다지기 (10분)	배운내용 정리	· 그럼 이번 시간에 학습한 내용을 교과서에 제시된 문제를 풀어 보면서 다시 복습하도록 하겠습니다.
	문제	① 고려가 강화 담판에서 이길 수 있는 요인을 찾고, 어느 것이 기본인가를 발표하시오.
	답	- 서희의 능란한 외교술, 안융진 전투에서의 승리, 고려군의 수적 우세, 안융진 전투에서의 승리, 서희의 능란한 외교술
	문제	② 거란의 1차 침입과 격퇴 과정을 표에 정리하시오.
	답	<table><tr><td>언제부터</td><td>언제까지</td><td>주요전투</td><td>강화담판</td><td>고려의 명장</td></tr><tr><td>993년 10월</td><td>993년 12월</td><td>봉산성전투, 안융진전투</td><td>령토, 외교문제</td><td>서희</td></tr></table>
	예습과제	③ 서희 장군의 주장이 왜 정당하였는지 자기 견해를 이야기해보시오. - 제2차 고려-몽골 전쟁 시기, 몽골 침략자들이 들고나온 구실은 무엇인가? - 제2차 고려-몽골 전쟁 시기, 대표적인 전투에 대하여 학습해오시오.

위의 교수안에서 확인되는 것처럼 수업 중 교원의 언행은 이미 모두 정해져 있다. 따라서 교수안이 작성된 후 교원은 교수안에 기록된대로 그대로 수업을 진행하게 된다. 앞서 설명한 것처럼 이미 여러 교원들이 합의하여 교수안을 작

성하고, 학교장의 허가를 얻었으므로 교원 개인이 함부로 수정하거나 추가할 수 없다. 교재에서는 이로인해 교육 수준이 표준화되고, 완성된 형태의 수업을 진행할 수 있게 된다고 주장하지만, 실제로는 교원의 창의성이 발휘될 기회는 없다. 북한 교육법에 제시된 '깨우쳐주는 수업'이 추구하는 창의적이고, 학생들의 흥미를 유발하는 수업은 현실적으로 구현되기 어려운 상황인 것이다.

또한, 매시간 '당정책화'와 '위대성 교양'이 반복되므로 학생들은 사상교육에 젖어들 수밖에 없다. 당정책화는 김일성이나 김정일의 교시를 역사 수업과 연계시켜 수업의 당위성을 설명하는 것이고, 위대성교양은 북한이 남한 및 미국, 일본 등에 맞서 싸운 전적을 선전하는 시간이다. 이로인해 북한 체제의 정당성은 강화되고, 남한과 미국에 대한 적대감은 더욱 고조된다. 만약, 이러한 형태로 교육이 계속 진행된다면 역사교육을 받은 북한 학생들은 북한의 공격적인 군사행위, 핵무기 개발과 탄도미사일 시험발사 등과 같은 도발에 대해서도 정당성을 내면화하게 될 것이다. 사회주의 국가 내 전대미문의 3대 권력세습은 이러한 철저한 세뇌교육에 힘입은 결과라고 해도 과언이 아니다.

교수안 설계가 끝나고 나면 복습 및 실천 교수안 작성이 이루어진다. 이 부분에서는 교과서에 제시된 초급중 <조선력사>의 되새겨보기(20시간), 고급중 <력사>의 배운내용총화(14시간)에 진행될 수업 계획을 수립하도록 되어 있다.[80] 교재에 따르면 복습계획은 배운 내용을 공고히 하고, 학생들의 사고능력, 발표능력, 응용실천능력을 높여주는 문제들을 출제하는 활동을 중심으로 한다. 이를 위해 예비교원들은 분석, 종합, 비교, 추리, 판단 등의 기법을 활용하여 학생들이 스스로 답을 찾을 수 있도록 문제를 구상해야 한다. 학생들의 참여를 높이는 방안으로는 청소년들의 심리적 특성(새것에 민감하고, 진취성이 강하며, 남보다 앞서려는 경쟁심이 높음)을 적극 활용하는 것이 제시된다.[81] 특히, 경쟁의욕을

---

80) 위의 책, 89-90쪽.
81) 위의 책, 90쪽.

높이기 위해서는 조편성을 잘하는 것이 중요하다고 강조하고 있다. 권장되는 조편성 방법은 학생들의 특성 파악을 기초로 하여 성별, 지식 수준의 차이, 인식 능력의 차이, 학습 방식의 차이 등을 고려하는 것이다.[82] 복습 지도안은 크게 예비단계, 기본단계, 마무리단계로 나뉘는데, 그것은 본시에 이루어지는 이끌기, 새 지식주기, 다지기 단계와 크게 다르지 않다.

이와 별도로 중학교력사교수에는 력사실천이라는 시간도 마련되어 있다.[83] 력사실천은 우리의 현장체험 학습과 유사한 형태로 진행된다. 대표적인 활동으로는 력사박물관 및 유적참관, 력사문화유산의 직관물 및 다매체편집물 시청 후에 관찰평가를 시행하는 방안이 있다. 그 경우 학생들은 학습장에 보고, 듣고, 체험한 것을 정리하여 제출하면 조별평가(학생 자체평가)를 거친 뒤 교원이 종합적으로 최종 평가를 시행한다.

3) 교수설계평가

교수설계의 마지막 단계는 앞서 작성한 진도표, 교수안, 복습교수안 등을 종합적으로 평가하는 것이다. 주요 내용은 교원들이 설계한 교수안을 실제 수업에 적용한 후 그 결과를 분석하고 개선하는 과정이다.[84] 평가의 목적은 단순히 수업의 성과를 판단하는 데에 그치지 않고, 교원들의 전문성을 제고하고 학생들의 학습 효과를 극대화하는 데에 두고 있다고 명시되어 있다.

교수설계의 평가방식은 크게 과정평가와 결과평가로 나뉜다.[85] 과정평가는 교수활동이 진행되는 과정에서 활동 효과를 개선하기 위해 실시하는 평가로, 수

---

82) 위와 같음.

83) 위와 같음.

84) 위의 책, 96쪽.

85) 위의 책, 98쪽.

업에서 어떤 부분이 효과적이었는지, 어떤 부분이 부족했는지를 파악하는 데 초점을 둔다. 또한 학생들이 지식을 습득하는 과정과 그 결과 형성된 지식 구조를 이해하는 데 목적이 있다. 반면 결과평가는 한 학기 또는 한 학년 수업이 종료된 이후 시행되는 평가로, 수업 계획과 실행, 학생들의 성적 분포 분석, 학생들의 정치사상 생활, 실천 활동 과정에서 나타난 긍정적·부정적 태도 등을 종합하여 평가하는 것이 원칙이다.

평가 방식에는 자체평가와 합평이 있으며, 평가 형식으로는 정량평가와 정성평가, 내부평가와 결과평가가 제시된다.[86] 자체평가는 자기평가를, 합평은 전문가 또는 동료 평가를 의미한다. 교재에서는 자체평가도 중요하지만 객관성을 확보하기 위해 합평 시행을 권장하고 있다. 정량평가는 수업 계획과 수업 결과를 비교하여 당초 계획과 실제 집행 사이의 차이를 백분율로 평가하는 방식이다. 이에 비해 정성평가는 교수자가 관찰을 통해 얻은 상황, 분위기, 태도 등을 '쓸모 있다/없다', '효과적이다/효과적이지 못하다'와 같은 방식으로 평가하는 것을 말한다. 내부평가는 교수 과정 자체에 대한 평가로, 설계된 교수방안의 장점과 부족한 점을 분석하여 장점은 살리고 단점은 보완하는 평가를 의미한다. 반면 결과평가는 수업 종료 후 실제 교수과정에서 목표에 어느 정도 도달했는지를 분석하거나, 시험·조사·관찰을 통해 학생들의 새 지식에 대한 인식과 이해 정도를 측정·분석하는 평가이다.

지금까지 살펴본 것처럼 사범대학용 『중학교력사교수설계』는 12년 의무교육제 시행 이후 교원의 질을 제고하기 위해 예비 교원용으로 제작된 수업 설계 교재이다. 표면적으로는 과학화, 선진화, 창의성 신장 등을 표방하고 있으나, 실제 내용은 경직되어 있고 지나치게 형식화되어 있다. 사범대학 교과교육용 교재 개발은 수업의 질을 높이기 위한 북한 당국의 체계적인 계획이 반영된 결과물이라

---

86) 위의 책, 98-102쪽.

고 할 수 있다. 이러한 교재를 학습하고 실습한 교원들은 교육당국이 의도한 대로 수업을 계획·실천·평가하게 될 것이며, 이는 북한의 정치체제를 옹호하고 자국 체제를 위협하는 주변국을 적대시하는 역사관과 가치관을 형성하게 만들 것이다.

4부

북한 이탈 학생과 교사 인터뷰를 통해 본 북한의 역사교육

2023년 통일연구원에서 발간한 『북한주민의 학교생활』은 북한의 교육제도와 학교생활, 교사·학생·학부모의 상황에 관한 상세한 정보를 제공한 보고서이다.[1] 북한의 교육제도에 관한 연구가 그동안 적지 않게 발표되었지만, 단일 목적으로 탈북민 25명을 인터뷰하고, 그 결과를 정리한 자료는 없었다고 해도 과언이 아니다. 이 연구를 통해 북한 학교의 이데올로기 교육 기능이 점차 감소되고 있으며, 북한의 교육이 사회주의적 평등보다는 수월성과 선발기능에 더 초점을 맞추고 있다는 사실이 밝혀졌다. 또한, 농촌학교의 출석률 저하와 평양-지방, 도시-농촌 간 교육격차가 심각한 수준이며, 국가의 교육예산 부족으로 학교 운영이 학부모의 경제적 지원에 전적으로 의존하는 구조가 고착화되었다는 점이 확인되었다.

그러나 이러한 연구들은 대체로 보편적인 학교생활 전반을 다루고 있어, 실제로 사범대학 역사과에서 어떠한 형태의 교사 양성 교육이 이루어지는지, 학교 현장에서 학생들이 어떤 역사교육을 받고 있는지에 대해서는 충분히 조명하지 못한 한계가 있다. 특히 역사교사를 양성하는 사범대학의 교육과정이나 교재,

---

[1] 조정아, 『(경제·인문사회연구회 협동연구 총서 23-74-02) 북한 주민의 학교 생활: '인민'의 재생산과 학교 일상의 수행성』, 통일연구원, 2023.

교육 방식 등에 대해서는 거의 알려진 바가 없었다. 북한의 교육정책을 다룬 최근 연구들조차도 정책 변화의 실상을 정확히 파악하지 못하거나, 오래 전에 소개된 과거 자료를 반복하여 인용하는 문제점이 지적된다.

이에 4부에서는 북한 역사교육의 실태와 역사교사 양성 과정, 북한 역사교육의 현황과 특징을 파악하고 분석하고자 한다. 이를 위해 북한에서 사범대학 역사과를 졸업하고 교사로 근무한 경험이 있는 탈북민과 북한 학교에서 역사교육을 받은 학생 출신 탈북민들을 대상으로 심층면접을 실시하였다. 면접에서는 사범대학에서의 교육과정과 교육경험, 교사 발령 후 학교 현장에서의 수업 준비와 진행 방식, 학생 시절 받았던 역사교육의 내용과 방법에 관한 구체적인 기억들을 조사하였다.

이러한 심층면접 자료들은 그동안 잘 알려지지 않았던 북한 역사교사 양성 체계의 실질적인 과정과 학교 현장에서 이루어지는 역사교육의 구체적인 양상을 파악하는 데 중요한 단서를 제공할 수 있을 것이다.

1. 면담 설계

면담은 2022년과 2025년에 총 7명을 대상으로 시행하였다. 2022년에는 학생 3명을 대상으로 면담을 진행하였는데, 당시 코로나 사태가 끝나지 않았던 까닭에 직접 면담은 하지 못하고, ZOOM 회의를 통해 1인당 약 1시간씩 면담을 진행하였다. 이후 역사교사 출신의 북한 이탈주민을 찾지 못하여 연구를 중단하였다가 2025년에 3명을 섭외하여 연구를 재개하였다. 이때 북한 이탈 학생 1명을 추가로 섭외하여 총 4명과 면담을 진행하였다. 따라서 연구를 위해 면담한 대상자는 총 7명이다(학생 4명, 교사 3명).

면담을 통해 북한 학생들이 실제 역사 수업 시간에 어떤 내용을 배우며, 수업이 어떤 형태로 이루어지는지를 분석하였다. 연구 대상은 북한에서 초급중학교와 고급중학교 교육을 모두 이수하고 탈북한 학생과, 북한에서 사범대학을 졸업하고 교직에 종사하다 탈북한 교사로 선정하였다. 조사 방식은 1차 설문지 응답, 2차 대면 인터뷰의 순으로 진행하였다. 면접 조사 과정에서는 생명윤리심의 규정에 따라 면접 대상자에게 충분한 사전 설명을 제공하고 동의 절차를 거쳤다.

심층 면접은 직접 대면하거나 연구자와 면접자가 ZOOM 회의를 통해 1~2시간 정도씩 진행하였다. 초기에는 입국 이전 북한에서의 생활을 묻는 기초적인 생애사 관련 질문을 통해 친밀감을 형성하였으며, 이후 학생들에게는 북한에서의 초·중급중학교 재학 경험을, 교사들에게는 사범대학 재학 경험과 교직 생활 경험을 질문하였다. 학생과 교사에게 공통으로 제시한 주요 질문은 다음과 같다.

<학생 질문>
북한에서 학교에 다닌 기간
학교급별 역사 시간
역사 시간에 주로 배운 내용과 선생님이 특별히 강조한 내용
역사 수업의 형태와 수업 시간 준수 여부
학교 외에 역사를 배웠거나 배울 수 있었던 곳
남한에 와서 배운 역사와 북한에서 배운 역사의 가장 큰 차이점
통일 후 역사교육 분야에서 나타날 수 있는 문제점

<교사 질문>
북한에서 살았던 기간과 남한에 온 계기
북한에서 학교에 다닌 기간
교사가 되고 싶었던 이유와 교직생활 경험
사범대학에서의 전공 과목의 종류와 강의 방법
학교에서의 역사교육 방법
통일 후 남북 역사교육 분야에서 나타날 수 있는 문제점

본 연구를 위해 인터뷰에 참여한 학생과 교사의 기본 정보는 다음과 같다. 면접 대상자의 신분 노출을 방지하기 위해 활동 지역이나 구체적인 개인정보는 가능한 한 공개하지 않았으며, 학교 명칭이나 출신지 역시 과도한 정보 노출이 우려되는 경우에는 기술하지 않았다.

<표 30> 심층면접대상자 인적사항

대상	생년	성별	주요 경력	탈북 시기	면담일자	비고
학생 A	1997	여	초급중 · 고급중 졸업. 군인 출신 아버지. 대학 생활 중 탈북	2019	2022.08.25	
학생 B	2000	남	초급중 · 고급중 졸업. 군인으로 복무 중 탈북	2019	2022.08.25	
학생 C	1996	여	소학교, 고등중학교(외국어학원) 5년 수학, 외국어학원 졸업을 앞두고 탈북	2013	2025.09.20	
학생 D (교사 D)[2]	1979	여	사범대학 영어과 졸업 후 교육대학 교원으로 근무하던 중 탈북	2008	2022.09.02	학생/교사
교사 A	1980	남	사범대학 역사지리학부 졸업 후 역사, 지리 교원으로 생활 중 탈북	2014	2025.09.19	역사교사
교사 B	1971	여	사범대학 혁명역사학과 졸업 후 혁명역사, 조선역사 교원으로 근무 중 탈북	2006	2025.05.08	역사교사
교사 C	1974	남	사범대학 졸업 후 역사교원으로 근무 중 탈북	1998	2025.05.06	역사교사

학생 A~B는 모두 김정은 집권 시기에 초급중학교와 고급중학교를 재학하였고, 학생 C는 김정은 집권 초기에 학교에 다니다가 졸업 전에 탈북하였다. 학생 A와 B는 비교적 최근까지 학교에 재학하였기 때문에 역사 수업에 대한 기억이 비교적 선명하였다. 학생 C와 D는 김정은 체제가 본격적으로 확립되기 이전에

---

2) 학생 D는 북한에서 교사와 대학 교수로 근무한 경력이 있다. 북한에서 외국어학원을 졸업하였는데, 학창시절의 기억과 북한에서 생활한 시기의 내용을 기록한 자료를 다수 보유하고 있었다. 따라서 학생 D, 교사 D로 명명하여 면담 내용을 서술 자료로 활용하였다. 이후에 등장하는 교사 D는 학생 D를 의미한다.

중학교에 다녔으며, 두 학생 모두 외국어학원에 재학하였다는 공통점을 지닌다. 외국어학원은 우리나라의 외국어고등학교에 해당하는 북한의 특목고이다.

학생 C는 2013년에 탈북하였으나, 당시의 학교 분위기를 비교적 잘 기억하고 있었다. 학생 D는 외국어학원 졸업 후 출신지 인근 사범대학에 진학하여 교사 자격을 취득하였으며, 이후 인근 교원대 교원으로 근무하다 탈북하였다. 학생 D 는 입국 당시 작성한 자료를 보유하고 있어, 사범대학(영어과)에서 이수한 과목 에 대한 비교적 상세한 정보를 확인할 수 있었다. 인터뷰를 통해 확인한 내용을 정리하면 다음과 같다.

2. 학생 면담 결과

1) 역사 수업 시수와 내용

학생 A~C에 따르면 중학교에서의 역사 수업은 매년 주 1~2시간씩 배정되었 다고 한다. 실제로 초급중학교에서는 1~2학년에 매주 1시간, 3학년에 매주 2시 간의 『조선력사』 수업이 편성되어 있다. 고급중학교의 경우에도 1~2학년에 매 주 1시간, 3학년에는 매주 2시간의 『력사』 수업이 배정되어 있다. 다만 학생 C는 2013년에 개편된 교육과정이 적용되기 전에 고급중학교에 다녔으므로, 다른 두 학생과 비교할 때 교육과정과 수업 내용에 일부 차이가 있다.[3]

수업 시간에 배운 내용에 대한 질문에 대해 세 학생 모두 소학교에서는 역사 를 배우지 않았으며(소학교 역사 교육은 김일성 가문의 혁명사 중심임), 초급중

---

3) 북한의 교육제도는 2013년에 개편되어 2017년에 12년제 의무교육제도가 전면 시행 되었다. 2013년 이전에는 소학교 4년, 중학교 6년(1~6학년)이었으나 2013년 개편 후 에는 소학교 5년, 초급중 3년, 고급중 3년이 되었다. 그러나 인터뷰 결과 2013년 개편 때 이미 중학교 교명은 초급중 3년, 고급중 3년으로 바뀐 것으로 확인되었다.

학교에서는 원시사회(대동강 문화권)부터 고려시대까지, 고급중학교에서는 조선시대부터 20세기 초까지의 조선력사와 20세기 초까지의 세계사를 배웠다고 진술하였다. 세계사는 공산주의 역사 전개를 중심으로 2차 세계대전과 그 후에 등장한 제국주의 국가들에 대해 학습하였다고 한다.

흥미로운 것은 교육과정이 변경되더라도 교과서를 선배로부터 물려받거나 기존 교과서를 그대로 사용하는 경우가 많아, 내용이 변경된 부분은 밑줄을 긋거나 삭제하는 방식으로 수정하여 활용하였다고 진술한 점이다. 실제로 북한에서는 교과서 수급이 원활하지 않아 재생 종이나 갈대를 활용해 만든 종이로 교과서를 보급하는 것을 교육정책의 핵심으로 강조하고 있다.[4]

학생들의 진술에 따르면 북한 중학교 역사교육은 전반적으로 교과서 중심으로 이루어지며, 고조선-고구려-고려로 이어지는 국가의 역사를 중시하는 반면, 조선시대 역사는 비교적 부정적인 시각으로 다루어진다고 한다.

> 소학교에서는 역사를 배우지 않고, 초급중학교에 와서 대동강 문화에서 시작하여 통일국가를 세운 고려까지 배우고, 고급중학교에 와서는 중학교에서 배운 시대 이후에 한일합병, 홍범도 의병 투쟁까지 배웠습니다. 세계사는 공산주의 흐름을 기본으로하여 2차 세계대전과 소미 냉전을 배웠습니다. 처음으로 접하게 되는 역사에서 가장 기억에 남는 것은 단군민족으로 시작해서 5000년 동안 이어저 오고 있으며, 단군릉을 평양에 개건했다는 내용이었습니다. 역사 선생님은 조선민족의 뛰어나고 슬기로운 재능이 다른 나라들보다 앞서 있다는 것을 강조했습니다(학생 A).

> 수업시간에는 박혁거세, 의자왕과 삼천궁려, 바보와 온달, 단군, 광개토대왕, 연개소문, 조선시대로 너머와서 농민봉기, 일제침략 등을 많이 배웠던 기억이 납니다. 선생님

---

4) "北 신의주화학섬유공장, 100% 갈대 원료 종이 대량생산"(「통일뉴스」, 2020.02.11.); "北 신의주화학섬유공장, 갈대 이용한 교과서용 종이 시험생산 성공"(「서울평양뉴스」, 2019.02.06.).

은 가끔 바보와 온달, 박혁거세, 단군과 같은 위인 이야기나 조선의 시조 이야기를 들려주곤 했던 기억이 있습니다. 지금 돌이켜보면 고구려 시대의 이야기를 많이 했던 것 같습니다. 조선시대로 넘어와서는 인민봉기와 일제침략 특히 일제침략에 대한 이야기를 많이 하셨습니다. 수업이 주로 이야기방식으로 진행했던 기억이 강합니다(학생 B).

한글을 세종대왕(세종대왕 인물이 있었다는 것도 처음 앎)이 만들었다는 이야기를 처음 들었고, 우리나라 시조와 조선역사의 역대 왕들 조선왕실록 내용을 보고 충격을 받았어요. 북한에서는 희미하게 한반도는 박혁거세로 시작해 단군, 이성계로 해서 여러 왕이 있었고 부정부패가 심해 백성의 수난 시대의 연속이었고 일제의 침략으로 결국 조선은 40년간 일본의 지배를 받았다는 정도로 흐름을 파악하고 있었습니다. 선생님은 "조선이 아침에 해가 제일 먼저 뜨는 나라이고, 우리나라는 지구의 중심이다. 북한의 풀 네임인 조선민주주의 인민공화국도 김일성이 지은 이름이다."라고 설명해 주었습니다(학생 C).

조선시대의 경우에도 이성계의 위화도 회군이 배신이었다는 점을 강조하고, 3·1만세 인민봉기와 일제강점기에 대한 이야기를 주요 내용으로 다루고 있다는 점도 확인된다. 대한제국은 망한 국가이므로 배울 가치가 없다고 평가하고, 조선의 역사는 일제 침략으로 망했다가 김일성의 항일투쟁으로 다시 북한으로 이어졌다는 논리를 강조하고 있다는 것이다. 실제로 북한의 역사교육은 김일성 출생 전후에서 단절되었다가 혁명역사 교과로 이어지는 경우가 많다.

2) 역사 수업의 방식

교과 내용과 더불어 가장 중요한 것은 교수·학습 활동이다. 비록 교과서가 동일하더라도 교사가 수업을 어떻게 재구성하여 가르치는지, 무엇을 강조하는지에 따라 수업 내용이 달라질 수 있다. 네 명의 학생에게 수업 방식과 교사가 수업 시간에 강조한 내용이 있었는지 질문한 결과, 학생들은 공통적으로 교사가 사용하는 교과서는 학생들이 사용하는 교과서와 다르다고 진술하였다. 교사의 교수안(필자주-교수·학습지도안)에는 수업을 시작할 때 학생들 앞에서 '안녕하세요'라고 하고, 끝날 때는 '수업 끝마치겠습니다'라는 말까지 기록되어 있다고 한다. 따라서 수업에는 틀거리(필자주-일정한 양식)가 있으며, 북한 전 사회가 같은 방식으로 진행된다고 하였다.

수업 방식은 대체로 교사가 교과서를 토대로 설명하고 밑줄을 긋게 하거나 이야기를 들려주는 형태로 진행된다고 한다. 수업 시간에 질문과 답변이 이루어지는 경우도 있으나, 대부분은 교사 주도의 설명이 중심을 이룬다고 하였다. 토론 수업이나 활동 수업은 네 학생 모두 경험한 적이 없다고 진술하였다.

수업 시간은 비교적 잘 지켜지는 편이며, 교사들 중에는 지리도 가르치고 국어도 가르치는 등 교과를 겸하는 교사들도 적지 않다고 하였는데, 이는 교원 수 부족에서 비롯된 현상일 가능성이 있다. 이러한 점은 북한에서 교직 생활을 하다가 탈북한 교사들의 증언에서도 확인된다. 고난의 행군 이후 교사들에게 봉급이 거의 지급되지 않았고(지급되더라도 생활비가 되지 않을 정도였다고 함), 학교 비품조차 원활히 조달되지 않아 교사들이 재량껏 마련해야 하는 실정이라는 것이다(교사 B). 따라서 북한에서는 교사들이 촌지를 받는 일이 매우 흔하고, 학부모들에게 사실상 애걸하다시피 하여 학교 물품을 갖추는 경우가 많다고 한다(학생 A).[5]

> 역사 수업시간이 있었던 것은 희미하게 기억이 있지만, 정확히 무슨 수업을 받았었는지는 기억이 나지 않습니다. 그 시간에는 자습을 많이 하는 분위기였고, 주로 영어 단어나 수학 공식을 외우곤 했던 기억이 있습니다. 북한에서는 조선력사가 중요과목이 아닙니다(학생 C).

---

5) "학생들에 대놓고 '촌지' 요구한 교사, 결국 학교서 공개 비판 받아"(「DAILY NK」, 2022.03.16.).

북한은 시험을 교사 자유자재로 매 시험 봐도 상관없고 일주일에 1번 봐도 상관없고 1개월에 1번 봐도 상관이 없어요. 그러니까 선생님께서 시험이라든가 쪽지 시험도 좋고, 암기한 내용도 확인합니다. 항상 수업 들어가면 5분 내지 10분은 전 시간에 배운 걸 체크하기가 있거든요. 그 기간에 3~4명을 차출해서 칠판 나와서 글쓰기를 시킨다거나 아니면 암기한 걸 외우게 한다거나 이런 식으로 체크를 하기 때문에 공부를 안 할 수가 없죠. 그리고 지리 선생님이 물론 지도를 많이 그리게 하시는데 역사 선생님도 지도를 그리게 하셨어요. 그러니까 지도를 통해서 또 이런 이런 거 그리기 막 그래서 제가 한국에 와서 관광국사 시험을 봤거든요. 그런데 거의 북한하고 한국의 역사가 다른 점은 오로지 신라에 대한 것만 달라요. 나머지는 거의 똑같아요. 신라는 당나라 연합군과 결합해서 고구려 멸망시킨 그런 나쁜 나라이고, 김유신 장군이 장군이 아니라 매국노다 이렇게 북한에서 배워주는 거거든요. 그런데 그것도 옛날에는 신라에 의한 삼국 통합으로 배워줬었어요. 그러다가 60년대 이후에 김일성, 김정일이 고등학교를 다닐 때 김정일이 바꾼 거예요. 그래서 김정일 혁명 역사에도 김유신은 장군이 아니다라는 챕터가 별도로 있거든요. 그 전에는 북한의 역사학자들도 조선 역사는 한국하고 동일한 시각으로 바라봤었던 거예요. 그런데 김정일이 역사 시간에 배우면서 교수, 교사한테 딱 찍었다 그러더라고요. 신라가 당나라하고 이렇게 김유신 장군이 결국은 고구려를 멸망시켜서 우리나라가 삼국통일이 되었다는 것은 말이 되지 않는다. 그러니까 고구려에 의한 삼국통일을 했어야 되는데 신라에 의한 삼국통일이 마음에 안 드는 거죠. 북한 입장에서는. 그래서 결국 바꿔서 그렇게 배워주는 건데 문제는 후에 통일신라가 거의 1000년 합쳐서 신라 1000년 역사가 있었잖아요. 그거를 부정하고 싶은 거죠. 발해라든가 이런 나라를 내세우려고 하다 보니까 그때 좀 다른 거지. 그 외에는 다 똑같게 배웠습니다(학생 D).

학생 A~D의 진술을 종합해 볼 때, 북한에서는 남한 관련 역사를 매우 소략하게 다루고 있는 것으로 판단된다. 학생 D는 단군 이전에 신라의 박혁거세가 있었다고 배웠다고 진술했으나, 동시에 신라가 당과 연합하여 고구려를 무너뜨렸다는 사실 또한 인지하고 있었다. 전후 맥락을 고려할 때, 그 부분은 학생의 기억 오류일 가능성이 높아 보인다.

흥미로운 점은 삼국통일의 주체에 대한 북한의 서술 변화이다. 1960년대까지 만 해도 북한은 신라의 삼국통일을 가르쳤으나, 김정일이 학교에 다니던 시기에 '당과 협력하여 고구려를 무너뜨린 신라에 의한 삼국통일은 명백한 잘못'이라고 지적한 이후부터는 신라가 아닌 고려를 최초의 통일 국가로 규정하고 있다는 것 이다. 이에 대해 학생 D는 북한이 신라의 통일을 비판하는 것은 결국 고구려의 정통성을 강조하기 위함이라고 해석하였다. 실제로 북한은 신라를 폄하하는 대 신 고구려를 계승한 발해를 높이 평가하는데, 이는 발해 멸망 후 왕자 대광현이 고려로 망명하여 거란 격퇴에 앞장섰다는 서술을 통해 고려의 정통성을 뒷받침 하려는 의도로 이해된다.

이러한 역사 인식의 변화는 1980~1990년대 교과서 개편을 기점으로 더욱 뚜 렷해졌다. 개편된 교과서에서는 신라와 백제, 조선 등 남한 지역을 중심으로 한 왕조의 서술 비중이 대폭 축소되었고, 현재 북한 영역에서 전개된 역사가 주 류를 이루게 되었다. 남북 간의 정치적 갈등이 증폭되는 현 상황을 고려할 때, 2023년부터 집필이 시작된 초급중학교 <조선력사>에서는 남한 관련 역사의 비 중이 더욱 줄어들거나 아예 삭제될 가능성도 배제할 수 없다.

3) 남한과 북한 역사 교과서 내용의 차이점

학생 A~C 세 학생 중 한 학생은 대입 시험을 보기 위해 1년 동안 준비를 하다 가 그만두었고, 두 학생은 고등학교 교육을 다시 받고 대학에 입학하였다. 세 학 생의 진술에 따르면 전근대의 역사 즉, 고조선에서 조선시대까지의 역사는 큰 틀에서는 차이가 없어 보이지만 근현대 부분은 완전히 달라서 역사 공부가 어려 웠다고 한다. 전근대의 경우에는 고등학교 한국사 교과서가 국왕 중심으로 내용 정리 된 것이 이색적이었다고 답변하였다. 북한에서 몇몇의 위인이나 인민 중심으로 역사가 기술된 것과는 다르다는 것이다. 예컨대 김유신의 경우는 장군이라고 불러서는 안된다고 강조했는데, 그것은 당과 연합하여 고구려를 무너뜨린 매국노이기 때문이라고 한다. 한국사 교과서에 기술된 붕당 정치도 북한 교과서에는 없는 내용이라고 하였다. 한글날 행사를 별도로 하지는 않지만 훈민정음과 금속활자는 높이 평가하는데, 그것을 세종대왕과 연결시키지는 않는다고도 했다.[6] 심지어 학생 A의 경우에는 남한에 와서 세종대왕이 한글을 창제하였다는 말을 듣고 놀랐다고도 했다.

근현대사에 대해서는 남한과 북한의 역사 서술이 거의 전면적으로 다르다는 의견을 제시하였다. 북한에서는 대체로 중학교에서 1910년대까지의 역사를 배우고, 그 이후는 김일성의 혁명 역사를 학습하는데, 세 학생 모두 북한에 있을 때 김구, 김원봉, 유관순 등의 활동에 대해 배운 적이 없다고 진술하였다. 임시정부에 관한 내용도 거의 없으며, 김일성 가문의 활동만을 중심으로 서술되어 있다고도 했다. 3·1운동에 대해서도 김일성이 만세를 불렀다는 내용만 배웠다고 하였다.

대학에 입학한 학생들의 공통된 진술 중 하나는 대학에서 토론할 때 용어가 달라 어색했던 경험이 여러 번 있었다는 것이었다. 예를 들어 본인들은 '3·1 인민봉기'로 배웠는데 남한 출신 학생들은 '3·1운동'이라고 한다거나, 6·25에 대한 상반된 인식을 가지고 있어 겸연쩍었다는 이야기를 하였다. 실제로 북한 교과서에서는 6·25전쟁을 남한과 미국의 침입으로부터 김일성과 인민이 나라를 지켜 낸 사건으로 서술하고 있다.

---

6) 이에 대해 A학생의 진술을 소개하면 다음과 같다. "한국의 역사(필자주-고등학교 한국사)는 북한의 역사에 비해 왕들의 역사를 더 결부시키고, 보다 세부적인 사건들까지도 학생들에게 가르치는 것 같습니다. 역사교재 부터가 북한보다 많은 분량을 차지합니다. 지나치게 왕들의 역사에 비중을 두어서 역사의 객관성이 떨어지는 것 같은 느낌을 받았습니다."

학생 D는 나이가 많은 남한 출신 여교사에게 역사를 배웠다고 증언했다. 해당 교사의 교육 내용은 교과서 범위를 벗어나지 않았으나, 수업 중간중간 옛날 이야기를 들려주거나 역사와 관련된 흥미로운 사실을 소개해 주어 학생들 사이에서 인기가 높았다고 한다. 특히 기억에 남는 사례는 수업 시간에 모리무라 세이이치(森村誠一)가 쓴 『인간의 증명』 이야기를 들려준 일이었다. 이는 다른 교사들이 수업 시간에 들려주던 사회주의 사회의 권선징악과는 다른 결의 이야기였으며, 인간의 본성과 선악에 대한 인문주의적 성찰을 담고 있어 학생 D는 "눈이 번쩍 뜨이는 것"과 같은 감동을 받았다고 회상했다. 교사의 이야기는 대체로 수업이 마무리될 무렵 시작되었으며, 종료 시간이 되면 의도적으로 중단한 뒤 과제를 성실히 해오면 다음 시간에 이어서 들려주겠다고 약속하는 방식으로 학습 동기를 유발했다고 한다. 그러나 어느 시점 이후 해당 교사는 학교를 그만두고 장마당에서 전구를 파는 장사를 시작했다고 하는데, 아마 그것은 고난의 행군 시기 생활 형편이 악화되었기 때문일 가능성이 크다고 하였다.

역사 선생님은 참 인상 깊었던 게 정말 그분은 지식이 풍부하셨어요. 우리가 역사를 흔히 재미없다고 생각할 확률이 높잖아요. 그런데 이분은 그때부터 도표를 그리며 배워주셨어요. …… 역사 선생님이 어쨌든 잘 배워 주시기도 했고 그분이 성격이 참 호방하셨어요. 그리고 고난 행군이 시작된 다음에는 교사를 그만두시고 청진에 있는 수남 장마당에서, 청진 수남 장마당이 엄청 유명한 장마당이에요. 북한에서 대형 쇼핑몰과 다름없는 그런 장마당에서 전등 파는 장사를 하셨어요. 청진의 수남 장마당이라고 해서 수남 구역이 있거든요. …… 거기에서 이렇게 전등 옛날에 동그란 전등 혹시 기억나세요? 그걸 일명 전구라고 불러요. 그 전구를 파는 장사를 하셨어요. 그런데 전구 파는 사람이 몇 명 없을 때니까 저희들이 수남 장마당에 가게 되면 뵙는 거에요(학생 D).

그러나 다른 여러 학생들의 이야기를 들어보면, 교사가 정해진 수업 외에 학

생들에게 이야기를 해주거나 교과내용 밖의 이야기를 해주는 것은 다소 특이한
사례에 해당하는 것이 아닐까 생각된다.

4) 답사, 체험학습의 경험

2022개정 교육과정의 중학교 역사와 고등학교 한국사에서는 다양한 교수학
습활동을 장려하고 있다. 예컨대 수업시간에 활동중심으로 학생 참여를 적극적
으로 유도하거나 유적 답사, 박물관 탐방 등의 체험활동을 통해 학생들이 역사
에 흥미를 갖도록 하는 것이다. 세 학생에게 북한에서 역사 유적 탐방이나 박물
관에 답사를 갔던 적이 있었냐고 물었더니 역사 수업과는 별도로 백두산 답사나
만경대를 다녀온 경험이 있다고 진술하였다. 그 외에 박물관에 다녀온 경험은
없고, 학교에서 역사 유적을 탐방한 경험도 없다고 하였다. 더러 부모를 따라 인
근의 유적을 다녀온 적이 전부라고 답한 학생도 있었다.

학교 외에 역사를 배울 수 있었던 경험이 있었는지에 대해서는 책이나 부모의
이야기를 통해 역사를 배운 적이 있다고 답변하였다. 학교에는 대체로 도서관이
있으며, 도서관에 역사 관련 서적이 비치되어 있어 읽어본 경험이 있다는 것이
다. 다만 정해진 교재를 학교에서 모두 제공하지 않아 개인적으로 비용을 지불
하고 빌린 경험이 있다고 하였다. 그림책의 경우 비용을 주고 빌려 읽는 경우가
많다고 한다. 학생 B와 C의 경우에는 학교에서 유명 인물이나 사건을 소재로 한
영화를 통해 역사를 접하기도 했다고 하였다.

북한이 유적지를 가르치지 않지만 관리를 잘 하는 편이거든요. 시민들이 접할 수 있게
자연스럽게 배치를 해서 관리를 하다보니, 자연스럽게 스며들어요. 홍보는 하지 않는
데, 가까이에 있어요. ○○에는 공개토대왕릉비를 복원해 놓은 것도 있었고, 부용당,
수양산성, 구월산 임꺽정이야기도 많이 했습니다. …… 만화방에 가면 조선역사에 관
한 만화책을 볼 수가 있었는데, 주로 말타고 활쏘는 고구려나 고려 영웅이야기가 많았

고, 기생 황진이 이야기도 있었어요. …… 그리고 국민애니메이션 '소년장수' 이야기로 고구려 사람들의 생활과 패션이나 그런 것을 알았어요. 소년장수는 고구려 때 이야기 인데, 소년장수 장수가 오랑캐를 물리치는 이야기에요. 100편까지 있었는데, 매주 수요일 5시마다 텔레비전에서도 나오고, CD도 나오고 해서 개인적으로 가진 사람도 있었어요(학생 C).[7]

흥미로운 사실은 역사만화가 공식적으로 방영되는 것은 물론이고, 만화방과 같은 곳이 있어서 학생들이 책을 빌려보기도 한다는 점이다. 실제로 통일부 북한자료센터에는 고주몽, 을지문덕, 강감찬 등 위인을 주인공으로 하는 역사 만화책이 상당수 수집되어 있으며, 북한 당국에서 공식적으로 역사만화를 만드는 지침이나 유의사항 등을 보도한 적도 있었다.[8]

5) 통일 후 역사 교육에서 생길 수 있는 어려움

끝으로 세 학생에게 통일 후 역사교육 분야에서 생겨날 수 있는 문제점으로 어떤 것들이 있겠냐고 물었더니 세 학생 모두 '누구에 의한 통일인가'가 중요하다고 답변하였다. 만약 합의에 의한 통일(필자주-평화통일)이 이루어지더라도 서로의 주장만 하게 되면 분열을 초래할 것이라고 우려하였다. 자신들이 배운 역사뿐 아니라 현재 북한의 역사 역시 김일성 중심으로 모든 내용이 서술되

---

7) 채광일, "높은 형상적기교로 거둔 풍만한 결실 -만화영화 <소년장수>(제51-100부)를 보고"(「문학신문」, 문학신문사, 2020.07.18., 4면). 통일부 북한자료센터에는 소년장수 영상물 100부작이 소장되어 있다. 주요 내용은 고구려의 소년장수인 쇠메와 함께 그의 친구인 예동, 날새, 범동이 뛰어난 무사로 성장하는 과정을 그린 것이다. 영화를 만든 의도는 윤광혁, "만화영화 <소년장수>에 깃든 위대한 령도"(「조선예술」 2019년 11호, 문학예술출판사, 2019.11.05., 12-13쪽, 루계 제755호)에 잘 소개되어 있다.

8) "인기있는 만화영화들이 창작된다"(「로동신문」, 2024.05.11., 4면); "력사물만화영화 창작의 지침"(「문학신문」, 문학신문사, 2024.05.25., 1면).

어 있으므로 대립이 발생할 수밖에 없다는 것이다. 학생 B는 "역사는 해석하는 사람에 따라 다르기 때문에 합의에 의한 통일을 한다면 역사적 사실을 주장하기 보다 객관성을 확보하는 것이 중요하다. 역사는 역사이고, 지금부터 만들어가는 것이 역사가 되어야 한다"라는 의견을 제시하기도 하였다.

실제로 통일 이후 전근대사보다 근현대사 해석을 둘러싼 갈등이 적지 않을 것이라는 점은 학계에서도 공통적으로 제기되는 우려이다. 역사 용어를 둘러싼 갈등 또한 적지 않을 것이다. 그러나 다수의 선행연구는 실상 파악에 초점을 두었기 때문에 통일 이후의 시급한 과제에 대해서는 깊이 있게 논의하지 못한 한계가 있다. 향후에는 지금까지의 연구 성과를 토대로 역사 용어 통일 문제, 근현대사의 이질성을 완화하기 위한 방안 등에 대해 보다 적극적인 관심을 가지고 연구할 필요가 있다고 판단된다.

3. 북한 역사 교사 양성과정과 역사교사의 현실

1) 사범대학의 교사 양성과정

북한에서는 초·중급중학교 졸업 후 약 19~26.8%의 학생이 대학에 입학하는 것으로 알려져 있다.[9] 학제는 학교에 따라 차이가 있는데, 교원대학(필자주-우리의 교육대학)과 전문대학은 3년제, 대학 교원 양성을 위한 기관인 김형직 사범대학은 6년제, 그 외에 사범대학은 4년제이다. 북한의 대학 진학은 예비시험과 도별 각 대학의 본시험을 거쳐 이루어진다. 내각의 교육위원회가 도별로 대학에

---

9) 통일부 통일교육원, 『2023 북한이해』, 2023, 328쪽. 탈북교사 C의 증언에 따르면 자신이 다닌 중학교의 경우 210명 중 60명 정도가 대학에 진학하였다고 한다. 그 중 김일성대학에 추천받는 인원은 1명, 김책공업대 2명, 김형직사범대학과 외대가 각각 1명씩이었으며, 나머지는 공장학교나 기술학교 등에 입학하였다고 한다.

입학할 수험생의 수를 정하면, 시·군 인민위원회는 도에서 할당한 인원수를 바탕으로 예비시험에 합격한 학생들에게 수험통지서를 발급한다.[10]

북한의 대학입시제도는 도(직할시) 교육부와 시·군(구역) 교육국의 교육행정 단위를 거치는 지역할당제를 기반으로 운영된다. 각 대학은 도별, 시·군별로 입학 정원을 할당하여 지방 출신 학생들에게도 기회를 제공하는 형식을 취하고 있으나, 실제로는 평양 및 대도시 출신이 유리한 구조를 보인다.

입시구조는 크게 예비시험과 본시험으로 구성되어 있다. 예비시험은 고급중학교 3학년 학생들을 대상으로 시행하는 시험(12월경에 시행)이고, 본시험은 희망하는 대학에 가서 치르는 대학별 고사(1~2월경에 시행)이다. 예비시험은 시·군 교육부가 주관하여 지역 내 응시자들을 대상으로 실시하고, 본시험은 각 대학이 직접 출제하여 진행한다. 예비시험에 합격을 해야 본 시험에 응시할 수 있다는 점에서 1981학년도에 폐지된 우리의 본고사 제도와 유사해 보이지만 실제 구조는 그보다 복잡하다. 그 과정을 간단히 소개하면 다음과 같다.

먼저 ① 중앙의 교육성에서 매년 대학 및 전공별로 정원을 결정한 후 각 도의 교육국으로 정원의 2배수 정도를 배정한다.[11] ② 도 교육국은 다시 배정된 인원을 각 시·군 교육국으로 인원을 배분해서 내려보낸다. ③ 추천 인원을 통보받은 시·군 교육국은 대학 입학 정원을 고급중학교에 배정한다. ④ 고급중학교별 추천 정원이 정해지면, 학교는 학생들의 예비고사 성적과 지망 대학을 기준으로 대학 추천 명단을 제출한다. 이때 성적뿐 아니라 출신성분, 교사 추천서 등이 중요한 기준이 된다. 성적이 우수하더라도 시·군 교육국과 학교에 배정된 대학 정원이 적으면 응시 자체가 불가능하다. ⑤ 대학 '뽄트'를 받은 학생들은 지원한

---

10) 통일부 통일교육원, 『2023 북한이해』, 2023, 355쪽.

11) "대학 입시철 다가오자 대입 '뽄트' 배정 놓고 뇌물·청탁 또"(「DAILY NK」, 2025. 11.05.). 매년 교육성에서 배정하는 선발인원이 매우 중요한데, 이를 북한에서는 뽄트 (러시아어 TO라는 의미)라고 부른다.

대학에 가서 시험을 치르고 합격 여부를 통보받는다.

위 과정을 통해 확인할 수 있듯 대입 과정에서 절대적으로 중요한 것은 고급 중학교에 할당되는 대학 정원이다. 김일성대학교, 김책공업대학교, 평양외국어대학교 등은 물론 김형직대학교, 김철주사범대학교, 평양교원대학교와 같은 평양 소재 중앙대학은 지방의 작은 고급중학교 출신이나 출신성분이 좋지 못한 학생이 입학하기 어렵다.

> (탈북한 이유는) 대학에 갈 수 없어서요. 고등학교 2학년 때 희망대학을 썼는데, 1지망과 2지망을 쓰거든요. 그래서 평양외국어대학교에 가고 싶다고 했더니, "너희 출신 성분이 안좋다. 사범대도 못간다. 당의 근간이 되는 직업은 가질 수 없다."고 해서 못갔어요(학생 C).

> 제가 살던 ○○에는 저희 때는 사범대학이 두 개거든요. 하나는 시급 대학이고, 그다음 하나 사범대학은 도급 대학이거든요. 그러니까 이 뭐 ○○도에는 1사범대가 있고 그 다음에 시급에는 2사범대가 있고. 사범대학 둘 다 ○○에 있거든요. 그러니까 (제가 다닐 때에는) 사범대학이 다른 도는 한 개였는데, ○○도만 사범대학이 두 개예요. 저는 도급 대학에 다녔어요(교사 B).

위 인터뷰 자료를 통해 두 가지 사실을 추정할 수 있다. 첫째, 고급중학교 과정까지 외국어고와 같은 명문학교를 다녔더라도 출신이 좋지 못하면 중앙대학은 물론 사범대학에도 진학하기 어렵다는 점이다. 학생 C가 대학 추천을 받지 못한 이유는 그의 할아버지가 본래 중국인이었기 때문이라고 한다. 할아버지는 군 복무를 마쳤고 호적 정리까지 된 상태였으나, 본래 국적이 중국이었다는 이유로 사범대학조차 지원할 수 없었다는 것이다. 둘째, 같은 지역의 도시 내 사범대학이라 하더라도 도급대학과 시급대학은 수준에 차이가 있었던 것으로 보인다. 2020년에 사범대학이 통폐합되기 전까지는 도급대학과 시급대학의 구분이 있었으며, 개설 학과도 일부 차이가 있었다고 한다. 다만 현재는 두 대학이 대부분 통합되었으므로 그러한 차별은 사라졌을 것으로 보인다.

한편 혁명력사를 전공한 교사와 조선력사를 전공한 교사 사이에는 일정한 차별이 존재하는 것으로 보인다. 혁명력사 전공자는 조선력사를 가르치는 데 문제가 없지만, 조선력사 전공자는 혁명력사를 가르치기 어렵다는 것이다. 따라서 작은 학교에서는 혁명력사 전공자가 조선력사와 조선지리를 함께 담당하는 경우가 많다고 한다. 교사들의 진술을 요약하면 다음과 같다.

그 혁명역사 같은 경우는 기본과목이다 보니까. 조선역사, 조선지리, 이거는 입학할 때 시험이 없어요. 여기처럼 국 · 영 · 수 · 사 · 과 이렇게처럼 기본 입시 필수 과목이 아니다 보니까 비교과니까 (북한 이탈 주민 중에서 보기가) 드물죠. 거기 졸업한 이런 선생님들은 학교에 나오면 현장에서 딱 조선역사, 조선지리만 못 가르쳐요. 뭐 어떤 작은 학교는 체육 선생님이 다 역사와 지리를 같이 겸하거든요(교사 B).

북한에서 역사과목은 중요과목이 아닙니다. 대학에 들어갈 때도 필수과목이 아닙니다. 따라서 혁명역사 전공자가 조선력사를 가르치거나 역사교사가 지리를 가르치기도 하죠. 대입필수 과목은 혁명력사입니다(교사 C).

교사 B의 경우에는 혁명력사를 전공하였는데, 현장에 나가서 보니 체육교사가 조선력사를 가르치는 경우도 있었고, 지리교사가 조선력사를 가르치는 경우도 있었다고 한다. 교사들의 공통적인 의견은 혁명력사는 대입에 영향을 끼치는 중요과목이지만, 조선력사나 력사는 그렇지 않다는 것이다. 사실상 북한에서 역사과목의 위상은 상대적으로 낮다고 해도 과언이 아니다.

북한에서 교사가 되는 경로는 여러 가지이다. 가장 일반적인 경로는 교원양성대학을 졸업하는 것이다. 교원양성대학에는 사범대학과 교원대학이 있다. 사범대학은 중등교사를 양성하고, 교원대학은 유치원과 소학교 교양원을 양성한

다. 반면 비정규 경로로는 통신대학이나 교원 · 사범대학 야간학부를 졸업한 뒤
'교원자격검정시험'을 통과하는 방법이 있다. 1990년대 이전에는 정규과정을 거
쳐 교사로 임용되는 경우가 대부분이었으나, 고난의 행군 이후 교직의 인기가
저하되고 김정은 집권 이후 의무교육이 12년으로 확대되면서 교원 수가 부족해
지자 비정규과정을 통해 교사가 되는 사례가 증가하였다.

그러나 앞서 살펴본 것처럼 출신성분이 좋지 못하면 교원이 되는 것 또한 쉽
지 않다. 북한에는 3대 계층(핵심계층, 동요계층, 적대계층)이 존재하며, 세부적
으로는 51개 계층으로 구분된다고 알려져 있다.[12] 그 중 교원은 군인과 함께 핵
심 계층에 속하는 비교적 지위가 높은 직업으로 분류된다. 총 4명의 교사 중 교
사 A~C는 고급중학교 졸업 후 사범대학에 입학하여 교원 발령을 받아 교직생
활을 하다가 탈북하였고, 학생(교사) D는 인민학교(4년) 졸업 후 특수학교인 외
국어학원(6년)을 졸업하고, 의대에 진학하기를 희망하였으나 가성 형편이 어려
워 사범대학에 입학하였다. 평양에 있는 대학에 갈 생각이었으나 교사의 추천
을 받지 못하여 포기하였다. 그들이 수학한 사범대학은 4년제였으며, 종합대학
이었다.

2) 북한에서 사범대학에 다닌 기간

아쉽게도 교사 A와 B는 대학 시절 전공 과목에 대한 기억이 많지 않았다. 따
라서 인터뷰 과정에서도 한자 강독을 배웠다거나 교육실습을 나갔던 기억 외에
는 별다른 정보를 얻지 못했다. 그에 비해 교사 C는 탈북 후 오랜 시간이 지났음
에도 학교생활이나 교육제도에 대한 비교적 많은 내용을 기억하고 있었다. 이
는 여러 차례 인터뷰를 진행하고 사회운동을 하면서 기억을 재생한 경험이 있었

---

12) 오경섭 외, 『북한인권백서 2021』, 통일연구원, 2021, 220-229쪽.

기 때문일 가능성이 있다. 교사 C가 대학에서 학습한 전체적인 내용은 다음과 같다.[13]

조선사 : 고조선(단군) → 고구려(주몽, 을지문덕) → 고려의 삼국통일 → 이성계 반란, 조선 → 자본주의 열강의 조선침략 → 청일전쟁, 러일전쟁 → 일제의 조선침략 → 의병, 독립운동 → 1912년 김일성 출생 이후는 혁명역사에서 다룸

세계사 : 인류의 탄생(진화론) → 구석기, 신석기시대 → 국가의 탄생 → 암흑시대 → 유럽(프랑스혁명) → 산업혁명, 자본주의 출현 → 근대식민지 → 민족투쟁, 반파쇼 민주주의 투쟁 → 제1·2차 세계대전 → 김일성 혁명역사, 근대사회주의 혁명과 자본주의 대립 투쟁

이와 같은 구도는 현재의 교과서에서도 큰 틀을 유지하고 있다. 다만, 세계사 부분은 당시보다 훨씬 소략해진 대신 2차 세계대전 이후 부분이 추가되었다. 추가된 내용은 고등중학교 3학년 력사를 기준으로 "변화된 세계의 세력관계, 조선에 대한 미일제국주의의 침략과 전쟁책동, 세계 여러 지역에 대한 미제의 침략과 반미자주화 투쟁, 쏘련과 동유럽 나라에서의 사회주의 좌절, 평양선언과 사회주의 재건운동, 미일 반동들의 반공화국고립압살 책동과 그 파탄, 미제의 세계화 책동과 자주화의 흐름" 등이다.

교사 D는 고등학교 단계에서 학습한 내용은 물론 대학에서 학습한 내용까지 기록한 자료를 가지고 있었다. 교사 D가 제공한 자료를 통해 확인한 ○○지역 ○○사범대학의 시설, 인원, 이수 과목은 다음과 같다.

- 수학연한 : 4년제(사회학부), 5년제(이과학부)
- 개설학과 : 외국어학부(영어과, 로어과), 어문학부(국문과, 한문과), 혁명역사학부(혁명력사과, 철학과, 력사학과), 수물학부(수학과, 물리과), 생화학부(생물

---

13) 면담 중 직접 쓴 것을 옮겨 쓴 것이다.

과, 화학과), 체육학부(체육과, 음악과)

- 전체학생수 : 3,000명

- 전체교직원수 : 교원 약 200명, 직원 약 100명

- 입학절차와 방법 : 함경북도 내 각 시·군에서 성적이 우수한 고등중학교 졸업생, 현직생 및 제대군인들을 선발하여 대학입학 시험 실시. 일주일 정도의 입학시험기간 동안 먼저 신체검사를 진행하고 7~8과목의 필기시험을 진행. 체력검정과 인품심사 등을 통하여 입학자격 부여

- 학교시설 : 본 청사(4층), 5층 청사(강의실), 6층 청사(강의실), 혁명력사연구실(4층), 대강당(2층), 식당, 기숙사(4층 4개동), 편의 및 봉사시설(2층)

- 학년별 이수과목

학년	과목명
1학년	혁명력사(위혁, 친혁), 현행당정책, 영어강독, 영어회화, 영어문법, 문화어, 언어학개론, 정치경제학, 주체철학, 김일성주의 기본, 체육, 음악, 심리학
2학년	혁명력사(위혁, 친혁), 현행당정책, 영어강독, 영어회화, 영어분법, 문화어, 인어힉개론, 주체철학, 김일성주의 기본, 정치경제학, 체육, 음악
3학년	혁명력사(위혁, 친혁, 김정숙혁명력사), 영어강독, 영어회화, 영어문법, 2전공(러시아어), 현행당정책, 추체철학, 김일성주의 기본, 사회주의준법생활
4학년	혁명력사(위혁, 친혁, 김정숙혁명력사), 영어강독, 영어회화, 영어문법, 2전공(러시아어), 현행당정책, 영어교수법, 사회주의 교육학, 아동심리학, 체육, 음악, 교육실습(1~2개월)[14]

교사 D의 증언에 따르면 사범대학에서 학습하는 과목 중에 4년 동안 반복되는 것은 김일성, 김정일 혁명력사와 현행당정책, 음악, 체육 등이며, 3년 이상 배우는 과목은 주체철학과 김일성주의 기본이다. 교사 D의 전공이 영어교육이었으므로 강독, 회화, 문법 등 영어 관련 전공과목과 제2전공과목을 이수했으며,

---

14) 「DAILYNK」에 따르면 북한의 교육실습은 코로나 이후 3년간 중단되었다가 2023년 4월에 재개되었다고 한다(「DAILYNK」, 2023.5.25.). 북한의 교육실습은 농촌지원 총동원 전투 기간을 이용하여 2개월 간 진행된다. 학교에 파견된 사범대학 학생들은 개별적으로 일일 실습 보고서를 제출해야하며, 각 대학에서 학생들이 제출한 실습 보고서를 평가해 개별 학생들의 성적에 반영한다고 한다.

사회주의 교육학이나 심리학과 같은 일반 교직과목과 교수법 및 교육실습도 이수하였다.

최근 발행된 통일부의 『북한이해』에 따르면 대학의 교육과정은 학교와 전공별로 다르기는 하지만, 전반적으로 정치사상 교과, 일반 교과, 일반 기초, 전공 기초, 전공 등 다섯 가지 영역으로 구분되어 있다고 한다. 그 중에서 정치사상 교과와 외국어, 체육 등과 같은 교과는 전공과 관계없이 모두 이수해야 한다.[15]

3) 교사가 되고 싶었던 이유와 떠난 이유

잘 알려진 것처럼 북한에서 교원의 출신성분은 군인과 동일한 핵심 계층에 속한다. 따라서 고난의 행군 이전까지만 해도 북한에서 교원은 선망의 대상이었다고 한다. 북한 정부도 '나라의 수재 교육의 원전인 학교에서 혁명 인재들을 키워내는 데 기여'하는 교사들을 높이 대우하였다. 무엇보다 북한 교사에게는 입시, 입대, 직장 배치를 결정짓는 '평정서' 작성 권한이 있다. 평정서에 따라 학생들의 장래가 결정되므로, 교사가 학생 평가에서 상당한 영향력을 가진다고 볼 수 있다.[16]

교사 A는 아이들이 좋아서 어려서부터 교원을 꿈꾸었다고 한다. 반면, 교사 B는 우수한 영재들만 다니는 외국어학원을 졸업하고, 가정형편 상 사범대학에 진학할 수밖에 없는 상황이었으므로 어쩔 수없이 교원이 되었다고 한다. 외국어학원 출신들은 의대나 의전 추천이 불가하기 때문이다. 교원이 되고 싶지 않았던 이유로는 경제적인 궁핍을 꼽았다. '고난의 행군'이전까지만 해도 북한에서의 교사는 매우 대우받는 직업 중의 하나였다. 그러나 고난의 행군 기간 동안 많은

---

15) 통일부 통일교육원, 『2025 북한이해』, 통일교육원, 2025, 362-363쪽.

16) "높은 지위, 열악한 처우⋯속 타는 선생님"(KBS 남북의 창, 2023.05.20.)

학교가 재정적인 어려움을 겪고, 교원들의 다수가 교직을 떠나면서 교원의 수가 부족해지고 질도 많이 떨어졌다.[17)

북한 교사의 월급이 열악하다는 점은 여러 경로를 통해 알려져 있다. 자유아시아방송에서 탈북 교원들을 대상으로 진행한 인터뷰에 따르면 2023년 기준 북한 일반 교원의 월급은 평균 북한 돈 2,500~3,000원이었는데, 이는 입쌀 1kg(7,500~8,000원)도 구매하기 어려운 금액이라고 한다.[18)] 실제로 북한 이탈주민들의 증언에 따르면 교원들이 실제 생존을 위해서는 월 300,000원에서 500,000원이 필요한 상황이지만, 월급은 그에 한참 미치지 못한다고 하였다.[19)] 따라서 교원들은 위험을 무릅쓰고 과외를 하거나 메뚜기 시장이나 학교에서 학생들을 상대로 장사를 하거나 교단을 떠나는 경우가 적지 않다고 한다.[20)]

여기(남한)에서는 교사나 대학교수에게 배급을 안수거나 이린거 없잖이요. 그래서 교사나 교수가 그래도 중산층에는 들어가잖아요. 북한의 고난의 시기에 제일 정말 천민이 교원이었어요. 배고프면서도 학생들이 학교에 있기 때문에 교단에 서야 된다. 굶어 죽더라도 교단에서 죽어라. 이게 당의 방침이었으니까(교사 B).

고난의 행군 시기에 가장 많이 굶어죽은 사람들이 교사들입니다. 다른 직업군은 장마당에 가서 장사를 하거나 중국을 오가며 장사를 하기도 했는데, 교사들은 학교를 지켜야 한다는 신념과 강요 때문에 그대로 학교에 남아있다가 굶어죽는 경우가 많았습니다. 월급만 받아서는 먹고 사는 것도 어렵습니다. 옷을 사 입는다거나 필요한 물품을

---

17) "높은 지위, 열악한 처우⋯속 타는 선생님"(KBS 남북의 창, 2023.05.20.); "생활난에 교단 떠나는 北 교사들⋯ 한 달 내내 출근해도⋯"(「DailyNK」, 2023.07.18.).

18) "북 당국, 무너진 교권 회복 위해 안간힘"(자유아시아방송, 2023.09.11.)

19) "북한에서는 교사가 비인기직업이라고?" 통일부공식블로그(2022.01.26., https://m.blog.naver.com/gounikorea/222631570838)

20) "높은 지위, 열악한 처우⋯속 타는 선생님"(KBS 남북의 창, 2023.05.20.)

살 수 있는 여유가 조금도 없습니다. 오히려 집에서 용돈을 받아서 생활하는 경우도 있었습니다(교사 C).

교사들은 월급이 많지 않아서 풍족한 생활을 하기는 어렵습니다. 다른 직업에 비해 월급이 괜찮다고는 하지만 장마당이 시작되고 난 후에는 물가가 많이 올라서 월급만 가지고 살기는 어렵습니다. 더구나 교사는 장마당에 나가거나 다른 직업을 별도로 갖기 어렵습니다. 그래서 학부모에게 도움을 받는 경우가 종종 있습니다. "○○○어머니 ○○○○ 물건이 부족합니다."라고 하면 학부모가 도와주는 경우도 있고, 살림에 도움이 되는 먹거리나 생활용품을 가져다 주는 경우도 있습니다(교사 D).

위 자료에서도 언급한 바와 같이, 북한 교원 월급은 생계 유지에 중요한 요소이나 북한의 폐쇄적 체제 때문에 공식 임금 통계에 대한 접근이 제한적이다. 그러나 최근 북한이 선전한 자료를 소개한 언론 보도에 따르면 북한의 교원 임금은 종전에 비해 약 20배 인상되었으며, 1급부터 5급까지 등급에 따라 차등 지급된다고 한다.[21] 5급(신입 교사)은 약 75,000원, 1급 교사는 약 120,000원을 월급으로 받는 것으로 알려져 있다. 2025년 기준으로 북한 시장에서 쌀 1kg 평균 가격이 약 15,000원이라는 점을 고려할 때, 5급 교사가 한 달 월급으로 구입할 수 있는 쌀은 약 5kg 정도에 불과하다.

이처럼 교원들의 월급은 기본적인 생활비를 충족하기에도 턱없이 부족하다. 월급만 받아서는 생필품은 물론, 식량을 구입하는 것도 어렵다. 이에 따라 교원들은 생계를 위해 여러 보충 수입원에 의존하고 있다. 불법 과외를 통해 월 10~50달러의 추가 수입을 올릴 수 있으나 위험 부담이 크다.[22] 또한, 학부모로

---

21) "월급 20배 올랐지만 지급은 '들쑥날쑥'"(「DailyNK」, 2025.02.28.).

22) 고영환 외, 『북한 경제·사회 실태 인식보고서 -탈북민 6,351명이 알려준 북한의 실상-』, 통일부, 2024, 190-196쪽.

부터 식량이나 생필품과 같은 현물 지원 또는 명절과 김일성 생일 등의 경우 현금 지원을 받기도 한다. 간혹 교원의 배우자나 가족이 장마당에서의 장사 활동을 통해 추가 수입을 확보하거나, 교원들 스스로 방과 후에 부업을 통해 소득을 올리기도 한다.[23]

지역별 처우 격차도 존재한다. 평양과 같은 대도시와 지방 소도시 간의 차이는 뚜렷하며, 평양의 교원은 배급과 각종 혜택으로 상대적으로 안정적인 생활을 유지하는 반면, 지방 교원은 배급이 중단되어 자력으로 생존해야 하는 상황이라고 한다. 또한 엘리트 학교와 일반 학교 사이에서도 학부모 지원 수준에 차이가 있어, 일반 학교 교원들의 생활은 더 어려운 것으로 알려져 있다.

시골학교에 발령을 받게 되면 학부모의 도움을 받기 어렵고, 다른 벌이도 마땅치 않은 경우가 많다. 더구나 교원 수 자체가 부족해 다교과를 담당하는 경우도 흔하며, 실험실, 양호실, 도서관은 물론 교육 기자재노 서의 없는 경우기 대부분이라고 한다. 이에 따라 뇌물을 써서라도 지방 발령을 피하려 하지만, 성적이 높더라도 당 간부 출신이 아니거나 중앙에 연줄이 없으면 지방으로 배치되는 경우가 많다고 한다. 최근 몇 년간 북한 신문에는 사범대학 및 교원대학 출신 신입 교원들이 지방 발령을 자처했다는 기사가 연이어 보도되고 있는데,[24] 그것은

---

23) "북 일부 교사, 장마당 학용품 학생들에 팔아"(자유아시아방송, 2025.04.16.).

24) KBS 뉴스[남북의 창] 말로만 평등 교육…지방 수준 '열악' (2025.05.17.); "남포사범대학, 남포교원대학 졸업생들 섬초소 학교들로 탄원"(「로동신문」, 2025.03.17. 3면); "자강도, 강원도, 함경북도의 사범대학, 교원대학졸업생들 당이 부르는 전구들로 탄원"(「로동신문」, 2025.03.24. 4면); 김혁준, "당 제8차대회 이후 800여 명의 사범대학, 교원대학졸업생들이 섬분교, 최전연지대, 산골학교들에 자원진출"(「로동신문」, 2025.09.05. 4면); "조국의 미래를 소중히 안고 사는 새세대 직업적혁명가들 올해에 200여명의 사범대학, 교원대학 졸업생들 섬분교들과 산골, 농촌학교 등에 자원진출"(「민주조선」, 2024.09.05, 3면); "함경남도의 사범대학, 교원대학 졸업생들 혁명전적지들과 산골학교들에 탄원"(「로동신문」, 2022.04.05.) 외 다수. 신임교사들의 오지 산골지원 기사는 2022년부터 다수 등장한다.

아마도 도시와 지방의 격차를 공식적으로 인정하고, 지방 발령을 회피하는 상황을 감추기 위한 북한 당국의 선전이 아닐까 생각된다. 실제로 자발적으로 지방 발령을 요청하는 신임 교사는 거의 없기 때문이다.

사범대학 졸업 후 교원 발령을 받은 뒤에도 집에서 용돈을 받아야 하는 형편이었으며, 정부 지원 기숙사에 거주하였으나 옷을 구입하거나 각종 생활비를 충당하기에는 턱없이 부족한 금액이어서 결국 다른 직업을 찾기 위해 북한을 떠날 수밖에 없었다는 진술도 있었다(교사 D).

4) 사범대학에서의 전공과목 종류와 강의 방법

북한의 대학교육은 비교적 엄격하게 이루어지는 것으로 알려져 있다. 1960년대까지만 해도 대학에서 강의를 맡은 교수들은 대개 외국 유학 경험이 있는 인재들이며(필자주-6·25 이후 전쟁고아를 사회주의 국가에 정책적으로 유학 보낸 뒤 소환하여 대학에 배치한 사례가 많다고 알려져 있음), 수업도 상당히 높은 수준으로 진행되었다고 한다. 그러나 1960년대 말부터 많은 교수들이 사상범으로 몰려 유배 또는 숙청됨에 따라, 강의 시간에 해외 경험을 언급하는 것 자체가 금기라는 인식이 확산되어 있다고 한다.

대학 강의에서 전공은 약 1/4을 차지하며, 나머지는 사상사와 교양 과목이었다고 한다. 사상사는 대개 혁명역사와 김일성주의 이론을 의미한다. 김일성주의는 주체사상을 대체한 용어로, 이를 창시한 황장엽의 탈북 이후 북한에서 주체사상이라는 표현 대신 김일성주의라는 용어를 사용하게 되면서 등장한 것으로 알려져 있다.

대학 수업은 강의, 토의·토론, 조사 등으로 구분되지만, 실제 운영은 교수 강의 중심인 경우가 일반적이라고 한다. 교수에 따라 수업 후 매 시간 또는 매주 시험을 치르는 경우도 있어 학생들의 참여도가 높았다는 진술이 있으며, 결과적으로 대부분 교과가 '수업–암기–시험'의 형태로 진행되었다고 한다. 교재는 고난의 행군 이전에도 귀한 편이었으나, 1990년대에는 더욱 구하기 어려워져 강의를 받아 적는 방식의 수업이 많았다고도 했다.

강독은 강의 위주고 저희가 암기를 많이 하고 시험을 자주 봅니다. 그런데 이 회화는 회화식이 별도로 있어요. 회화를 하는 그 자료 좀 찾아보면 외국 북한의 외국어를 공부하는 학생들이 이렇게 그 헤드폰 끼고 북한에서는 레시바라고 불렀어요. 헤드폰을 끼고 이렇게 칸막이 된 칸에서 앉아서 혼자서 모니터 보면서 하는 거 나오잖아요. 그런 게 다 있었어요. 그래서 회화 시간이 회화 시간이면 거기로 가서 공부를 하죠. 회화 선생님은 확실히 회화를 잘하셨어요. (필자 질문-나머지 시간에는 수업이 어떻게 진행되나요? 토론도 하고, 학생활동 시간도 있고 그런가요?) 저희 때까지는 토론 수업은 별로 없고요. 그냥 거의 교수님이 배워주면 그다음에는 시험 암기 그런 식으로 많이 흘러 갔어요. 토론은 거의 안 하였던 것 같아요. (필자 질문-팀으로 하는 활동도 있나요?) 팀 플레이는 없었어요. 여기 한국에 오니까 토론이랑 팀 플레이가 있어서 좀 신선했어요. 지금은 많이 바뀌었다고 하는데요. 지금은 모르겠어요. 아마 중등교육이 바뀌면 고등교육도 이런 식으로 바뀌지 않을까 싶어요. 그런데 제가 아직 북한 대학 방법이나 대학생들을 아직 못 봐서 최근에는 북한 대학생들이 많이 안 들어오거든요(교사 D).

제일 처단되기 좋은 학과니까 저희 대학 때도 그 역지(필자주-역사지리)학부가 있고 혁명역사 학부가 있는데, 혁명역사 학부는 기본 계층 출신성분이 좋고, 저희 학부생들은 다 대학 졸업한 남자들은 그냥 당 간부로 대부분 80% 빠지고, 여학생들만 이렇게 학교에 이렇게 나가는데. 거기에 반면에 역사학부생들은 중간에도 교수들이 그냥 암암리에 어디 갔는지 모르게 사라지는 교수들이 있었거든요. 그리고 그 후에 보면 그냥 숙청됐다 하는데 뭐겠어요? 역사적인 사실을 우리 그때 북한이 한 80년대 후반이었던가요? 90년대인가? 이때 역사학자들이 우리 고고학을 연구한다. 이러면서 남한에서도 북한하고 남한 학자들하고 같이 공동 연구를 한 게 있었어요. 그러니까 거기에서 같이 연구를 했던 교수님이 저희 대학에 계셨는데 그분도 어느날 감쪽같이 사라졌어요. 나

5) 통일 후 남북 역사교육 분야에서 나타날 수 있는 문제점

북한의 중학교 교육은 교수참고서를 중심으로 설계·운영되는 것으로 알려져 있다. 대개 교안이라고 부르는 수업지도안이 대부분 제시되어 있어 교육 내용이나 질이 큰 차이를 보이지 않는다고 한다. 그러나 교원 수가 점차 부족해지면서 속성 과정의 교사 양성과정이 등장하자 교수참고서의 역할은 더욱 중요해졌다. 교육위원회는 교사 자질 향상을 위해 교수법 공유 연수, 수업 연구대회 등을 시행하기도 하며, 교과서와 참고서를 집필하고 실험 자재까지 제작한 교사를 국가 최우수교원으로 선발하기도 한다.[25]

북한 이탈 교사의 면접 결과에 따르면 북한의 교사 자질은 지역 차가 크고, 교과서 보급에도 차이가 있어 실제 교육 격차가 큰 것으로 확인되었다. 다만 학생 면담에서도 확인된 바와 같이 고조선-고구려-고려-북한으로 이어지는 기본 골격은 비교적 확고한 편이라고 한다. 근현대 부분은 1910년대 이전의 조선 및 대한제국에 대한 평가 등에서 차이가 있으나, 1920년대 이후 서술은 공통점을 찾기 어려울 만큼 이질적이라고 한다. 이는 북한의 근현대 교육이 중학교 역사 수업을 통해서라기보다 소학교 시기부터 이루어지는 혁명 역사 교육을 통해 형성되기 때문이다. 현재 남한의 경우 북한에서 입국한 교사들이 재교육 과정을 거쳐 탈북 학생 지도 업무를 수행하도록 파견되기도 하나, 역사 교사의 경우 재교육이 어렵고 탈북 사례 자체도 많지 않아 현장에서 탈북 학생을 지도할 교사를 확보하기 어렵다는 지적이 있다.

독일의 경우 통일 이후 동독 교사들이 재교육을 통해 다시 학교에 배치되었

---

25) "높은 지위, 열악한 처우…속 타는 선생님"(KBS 남북의 창, 2023.05.20.)

는데, 그중 가장 많이 해고된 직군이 역사 교사였다는 점은 시사하는 바가 크다. 따라서 통일이 이루어지더라도 북한의 역사 교사들은 재교육 후 재배치가 어려울 가능성이 있다. 재교육을 위한 교육과정과 교재를 마련하는 것 또한 통일 준비 과정에서 중요한 과제라고 생각된다.

2011년 이후 남한에서 역사교육이 강화되고 2012년부터 수능 필수가 된 것처럼, 북한에서도 2000년대 이후 대학에서 역사 과목을 필수로 운영하고 있다는 진술이 있다. 이는 북한 정권이 역사교육과 역사의식에 관심을 가지고 사상교육에 역사교육을 활용하려는 움직임으로 해석할 수 있다. 만약 현재와 같은 방식으로 남북한이 각각 역사교육을 강화한다면, 역사의식의 차이는 더욱 심화될 가능성이 있다. 이에 대한 사회적 관심과 연구가 요구된다.

맺음말

미리 준비하는 통일 이후의 역사교육

역사 교육이 과거의 사실을 전달하는 것을 넘어 특정 정치적 목적을 수행한다는 주장은 새로운 이야기가 아니다. 그럼에도 불구하고 북한의 역사교과서와 사범대학 교재의 정치성은 그 유래를 찾기 어려울 만큼 노골적이다. 이들 교재의 교육 목표는 역사적 사고력이나 비판적 인식 능력을 함양하기보다 체제에 순응하는 인간을 양성하는 데 초점을 두고 있다. 그것은 세계의 자유주의 교육 체제가 강조하는 다원적 역사 교육관과 본질적으로 대립하는 주장이다.[1]

북한의 역사교육이 어떠한 정치적 목적으로 시행되는가를 이해하기 위해서는 북한 정권의 이념적 배경과 교육 시스템의 작동 방식을 살펴보는 것이 중요하다. 북한은 3대에 걸쳐 권력이 세습되는 세계에 하나밖에 없는 사회주의 국가이다. 해방 이후 북한 정부는 유아교육에서 대학에 이르기까지, 모든 교육 체제를 김일성주의에 기초하여 재편해왔다. 이와 같은 체제의 구축에 가장 큰 역할을 한 과목이 '혁명 역사'와 '역사'이다. 두 교과의 중심축은 김일성 일가이며, 북한 체제의 정당성과 지속성을 강조하는 방향으로 운영되는 것이 특징이다. 김일성 유일 독재 체제와 북한식 사회주의를 선전하고, 외부의 위협에 대한 경계심

---

1) 유엔총회, 「역사교과서와 역사교육에 관한 문화적 권리 분야의 특별 조사관의 보고서」『2013년 유엔총회보고서』, 2013, 5-11쪽.

을 고쳐하는 내용을 강조하는 데에 동원된 것도 이들 두 교과목이었다. 그러한 경향은 김정은이 집권한 2012년 이후에도 변함없이 지속되고 있다.

그러나 2016년을 전후하여 발간된 각종 역사과 교과교육 교재는 기존의 교재와 유사하면서도 한편으로는 새로운 면을 보이고 있음이 확인된다. 천편일률적으로 김일성이나 김정일의 교시로 시작하던 기존 교재와는 달리 몇몇 단원에서는 김정은의 교시를 전면에 내세우고 있으며, 탐구, 토론, 필답, 구답, 다매체프로그램 등과 같은 다양한 교수법이 강조되고 있다.[2] 이처럼 다양한 교재들이 만들어지고 있다는 것은 김정은 집권 이후 역사교육이 표면적으로나마 변화하고 있음을 알리는 신호탄이라고 생각된다.

그렇다면 북한 교육에서 이런 변화가 나타난 배경은 무엇일까? 그것은 김정은 집권 이후 북한 당국이 내세운 "교육내용의 실용화, 종합화, 현대화"라는 구호에서 찾을 수 있다.[3] 흥미롭게도 북한은 김일성 주의에 입각한 신화적인 역사 서술을 유지하면서도, 동시에 교육 방법론 자체는 현대적으로 개선하려는 이중적 모습을 보이고 있다.

실제로 최근 북한의 교수요강과 교수참고서를 살펴보면 놀라운 변화가 감지된다. 우리의 교육과정과 교사용 지도서에 해당하는 두 자료에는 교사 중심, 실제로 최근 북한의 교수요강과 교수참고서를 살펴보면 변화가 감지된다. 우리의 교육과정과 교사용 지도서에 해당하는 두 자료에는 교사 중심, 지식 주입식 수업에서 벗어나야 한다는 주장과 함께, 평가 방식에서도 남한의 수행평가와 유사한 다각적 평가 도입을 권고하는 내용이 등장한다. 또한 사범대학용 교재로『중

---

2) 유현(오중흡청진사범대학), "사범대학 중학교교육심리학과목교수에 탐구식교수방법을 적용하여"(『고등교육』 2024-9, 교육신문사, 2024.09.25, 32면); "혁신적인 교육방법들을 적극 도입 -오중흡청진사범대학에서 창조된 새 교수방법들중에서-"(『고등교육』 2022-1, 교육신문사, 2022, 17-19쪽).

3) "교육내용의 실용화, 종합화, 현대화와 교육의 질"(『노동신문』, 2020.05.29., 5면)

학교력사교수설계』, 『중학교력사교재분석』, 『중학교력사교수방법론』 같은 전문
서적들이 새롭게 발간된 것도 눈에 띈다. 단순히 내용을 전달하는 것을 넘어 어
떻게 가르칠 것인가를 고민하기 시작한 것이다.

2020년을 기점으로 북한의 교육 개혁은 더욱 가속화되었다. 사범대학 교육
강령을 전면 개편하고, 낙후된 시설을 현대화하는 등 교사 양성 체계를 근본적
으로 바꾸려는 시도가 이어졌다.[4] 「로동신문」에 '교육내용 혁신', '창조형 인재
양성' 같은 표현이 자주 등장하는 것도 우연이 아니다. 새롭게 조직된 교수요강
에 맞춰 국가 형성이나 반침략 투쟁, 문화유산과 같은 핵심 내용을 심도 있게 다
루면서, 동시에 '세계 선진 수준의 교육'과 '교재의 과학성 및 교육학적 효과성'
을 확보하기 위해 다매체나 역사 콘텐츠, 생각하기와 탐구하기 등과 같은 현대
적 교육방법론을 적극적으로 도입하려 노력하고 있는 것이다.[5]

그러나 새로운 교수법 도입과 창의적 교육 강조는 교육의 질을 제고하기 위
한 조치라기보다, 교과서 집필에서 교수 · 학습 · 평가에 이르기까지 북한 정부
의 개입을 강화하려는 목적이 반영된 결과일 가능성이 있다. 고난의 행군 이후

---

4) "오중흡청진사범대학이 현대적인 교육기지로 일신"(「민주조선」, 2024.12.30., 5면);
"교원대학, 사범대학건설을 다그친다"(「로동신문」, 2023.05.27., 6면) 등

5) 한철복, "(자료와상식) 새로 편성된 고급중학교 1학년 력사과목에서 문화교재내용구
성의 특성"(『교원선전수첩』, 교육신문사, 2015.12.22., 132-133쪽); 한철복, "고급중
학교 력사과목교수에서 다매체를 리용한 교수조직형식과 방법"(『인민교육』 2016년
제5호, 2016.10.15., 51-52쪽); 윤영봉(덕천교원대학), "력사과목교수의 토론조직지도
에서 나서는 몇가지 문제"(『인민교육』, 교육신문사, 2017.04.15., 61-62쪽); 김광, "초
급중학교 조선력사과목교수에서 력사물주제의 만화영화를 통하여 교재내용의 인식
적효과를 높인 교수수법"(『인민교육』 2023-5, 교육신문사, 2023.10.15., 50쪽); 전혁,
"중학교 력사과목교수를 위한 전자지도내용선정에서 나서는 몇가지 문제"(『인민교
육』, 2018-3, 교육신문사, 2018.06.15., 34쪽); 최영실(금성제1중학교), "력사물영화를
리용하여 력사과목교수의 인식적효과를 높이는데서 나서는 몇가지 문제"(『인민교
육』, 2018-5, 교육신문사, 2018.10.15., 26쪽) ; "초급중학교 조선력사교육의 정보화실
현에서 나서는 요구"(「교육신문」, 교육신문사, 2017.11.02.) 등.

교원 수가 크게 줄고 교직 선호도가 낮아지면서 농촌 지역이나 낙후된 학교 발령을 회피하는 현상이 나타났기 때문이다.[6] 그것이 곧 교사와 교육의 질 하락으로 이어졌고, 북한 당국은 교육내용과 교육방법을 수록한 교재를 발간함으로써 교육의 평준화를 도모하게 된 것으로 해석될 수 있다.

그런 점에서 북한 역사교육의 변화와 변하지 않는 기저를 파악하는 것은 매우 중요한 일이다. 이 책에서 북한 사범대학 역사과 교육과정과 역사교육 교재 분석에 초점을 맞춘 것도 같은 맥락에 있다. 실제로 초급중학교 1학년은 '위대한 수령 김일성대원수님 혁명력사'를, 2학년은 '위대한 령도자 김정일대원수님 혁명력사'를 배운다. 이러한 교육과정 편성 자체가 북한 역사교육의 본질을 드러낸다. 김일성, 김정일 중심의 역사관이 여전히 확고하게 자리 잡고 있는 것이다.

더 흥미로운 점은 혁명역사 과목이 단순히 김일성 일가의 전기 형태로만 구성된 것이 아니라는 점이다. 김일성, 김정일 등의 활약은 '항일혁명투쟁', '소국해방전쟁', '사회주의 건설'과 같은 주제에 포함되어 근현대사 또는 세계사를 구성한다. 학생들은 소학교 시기부터 시작되는 혁명역사 과목을 학습하면서 자연스럽게 김일성주의와 혁명의 정당성을 수용하게 된다.

교과서를 통한 인식의 차이를 더 깊이 이해하려면 북한의 중학교 역사교육과정을 구체적으로 살펴볼 필요가 있다. 북한에서는 초급중학교 1학년부터 고급중학교 3학년까지 조선역사와 세계역사를 가르친다. <조선력사> 과목에서 특히 눈에 띄는 것은 '외래 침략자들을 반대한 조선 인민의 투쟁'이라는 주제가 계속해서 반복된다는 점이다. 원시시대부터 근대까지 전 시대를 관통하는 이 주제는 북한이 역사교육의 핵심 목표로 삼는 것이 무엇인지 분명히 보여준다. 즉 반제국주의 의식과 민족적 자긍심의 함양이다. 앞서 살펴본 '미제의 세계화 책동'과 같은 표

---

6) 엄현숙, 「2000년대 이후 교육법제 정비를 통한 북한 교육의 현황」 『현대북한연구』 20(1), 북한대학원대학교 심연북한연구소, 2017, 119-120쪽.

현들이 단순한 수사가 아니라, 체계적인 교육과정의 일부임을 알 수 있다.

조선역사와 세계역사를 함께 다루고 있는 <력사> 과목의 내용서술도 비슷한 맥락에서 진행된다. 고대 노예제 사회부터 현대까지 다루지만, 핵심은 사회주의 혁명과 반제국주의 투쟁의 역사이다. '로씨야에서의 사회주의10월혁명의 승리', '제2차 세계대전후 동유럽과 아시아에서의 인민민주주의혁명의 승리'와 같은 단원 제목들은 사회주의 체제의 역사적 정당성을 끊임없이 주입하려는 의도를 담고 있다. 북한 학생들은 6년간의 중등교육 과정 내내 외부 세력과의 투쟁, 사회주의의 우월성이라는 프레임 안에서 역사를 학습한다. 남한을 '미제의 괴뢰'로 보는 시각이 자연스럽게 형성될 수밖에 없는 구조인 것이다.

북한 교과서의 또 다른 특징은 계급투쟁사관이 처음부터 끝까지 일관되게 적용된다는 점이다. 교과서에는 '고대 노예소유자국가들에서의 노예와 노예소유자들사이의 계급투쟁', '봉건사회에서 농민들과 봉건령주들사이의 계급투쟁'과 같은 주제들이 반복적으로 등장한다. 역사를 지배계급과 피지배계급의 끊임없는 대립으로 보는 마르크스-레닌주의 시각이 교과서 전체를 관통하고 있는 것이다.

문제는 이런 역사관이 단순히 과거를 설명하는 도구에 머물지 않는다는 데 있다. 북한은 계급투쟁의 역사가 필연적으로 사회주의 체제로 귀결된다고 가르친다. 그리고 자신들의 체제야말로 역사 발전의 정점이라고 주장한다. 결국 계급투쟁사관은 현 북한 체제를 정당화하는 사상적 기반이 되고 있다. 앞서 살펴본 남한에 대한 적대적 서술과 맞물려 생각해 보면, 북한의 교육 체계가 폐쇄적 사고를 재생산하는 방식이 보다 분명해진다.

북한은 어떤 역사교사를 길러내는가:
북한 사범대학의 교육과정과 역사교사의 역사인식

교육을 통한 상호 불신의 형성 과정을 더 깊이 이해하려면 북한의 역사교육

목표를 살펴볼 필요가 있다. 북한의 각종 사범대학 교재에서는 교수론을 학습해야 하는 목적을 '중학교 력사교육의 목적과 내용, 방법을 정확히 파악하여 력사교육을 통한 사상교양사업을 파고들어 진행할 수 있는 능력을 키우는데 있다'고 명시하고 있다. 여기서 눈여겨볼 대목은 역사교육이 지식 전달을 넘어 '사상교양사업'의 핵심 도구로 활용된다는 점이다.

다른 교재들도 비슷한 맥락에서 '사상교양사업'을 역사교육의 최우선 과제로 내세우고 있다. 김일성과 김정일의 혁명사상을 축으로 역사를 바라보고 해석하는 틀을 학생들에게 심어주려는 것이다. 예비교사들은 바로 이런 시각으로 역사를 가르치는 기술을 익혀야 하고, 궁극적으로는 학생들의 사상적 무장을 책임지는 역할을 맡게 된다.

사범대학의 역사교육 교재를 살펴보면 또 다른 특징이 발견된다. 예비교사들이 초급중학교부터 고급중학교까지 전 과정을 통합적으로 이해해야 한다는 점이다. 실제로 『중학교력사교수설계』에서는 "교수요강의 구성체계와 구성요소들사이의 련관관계"를 분석하는 것을 중요한 목표로 설정하고 있다. 그것은 각 학년별 교육내용이 어떻게 연결되고 심화되는지를 체계적으로 파악해야 한다는 의미이다.

사범대학 교육과정에서는 "교원들이 당의 교육정책을 철저히 관철하며 후대교육사업에서 직업적 혁명가로서의 책임과 역할을 다해나가도록 하는데 이바지할 목적"을 가지고 있다는 점을 명확히 하고 있다.[7] 역사교사는 단지 과거를 가르치는 사람이 아니라 당의 정책을 교실에서 구현하는 직업적 혁명가가 되어야 함을 강조하고 있는 것이다.

이처럼 남북한 역사교육의 시각 차이는 단순히 교과서 내용의 문제에 그치지

---

7) "제14차 전국교원대회 진행"(「조선신보」, 2019.09.04.). 원전은 김정은의 노작 "교원들은 당의 교육혁명방침 관철에서 직업적 혁명가의 본분을 다해나가야 한다."이다.

않는다. 북한의 경우 교사 양성 과정 자체가 이런 관점을 강화하도록 설계되어 있다는 점에서 더욱 주목할 필요가 있다. 북한 사범대학의 교육과정과 교재연구론에서는 예비교사에게 단순한 지식 전달자가 아닌 사상 교육자의 역할을 요구하고 있다. 교과서의 내용을 전달만 하는 것이 아니라 그 속에 담긴 사상적 의미를 파악하여 학생들에게 효과적으로 전달하는 능력을 기르도록 하는 것이다. 특히 "력사적 사실 자료들을 통하여 학생들을 교양하는 방법"이라는 표현에서 드러나듯, 역사적 사실을 활용해 학생들의 사상을 통제하는 기술 습득에 중점을 둔다. 북한 역사교육이 오랫동안 추구해온 목적이 바로 여기에 있다.

북한 당국이 마련한 사범대학 프로그램과 각종 교재론을 학습한 사범대학 역사교육과 학생들은 무엇보다 수령 중심의 역사관을 깊이 내면화하게 된다.

김일성과 김정일의 혁명역사가 전체 역사교육의 중심축을 이루고 있으며, 모든 역사적 사건과 현상이 수령의 영도와 관련지어 해석되기 때문이다. 예비교사들은 이러한 관점을 자연스럽게 받아들이고, 이를 학생들에게 전달하는 방법을 체득하게 된다.

또한, 북한은 역사교육의 "당정책화"를 핵심 원칙으로 삼고 있다.[8] 당정책화에서는 김정일과 김정은의 교시를 근거로 학생들이 당의 정책을 내면화하고 실천하도록 하는 것이 교육의 최우선 목표임을 명시하고 있다. 당정책화란 결국 모든 역사 수업을 당의 정책과 김정일, 김정은의 지침에 맞춰 재구성하고, 학생들을 당의 사상으로 무장시키는 과정을 의미한다. 북한 당국은 이를 실현하기 위해 네 가지 기본 요구사항을 제시하고 있다.

첫째, 역사교육 전체를 김일성-김정일주의와 당 노선으로 일관되게 구성하라는 것이다. 교사들은 수령들의 저작과 교시, 김정은의 지침을 깊이 연구하여 수

---

8) 리광섭 외, 『중학교력사 교수설계(사범대학 력사학과)』, 교육도서출판사, 2016, 11-16쪽.

업에 반영해야 한다. 단순히 교재에 제시된 인용문을 읽는 수준이 아니라, 백두산 절세위인들의 사상 체계 전반을 학생들에게 주입해야 한다는 것이다.

둘째, 김정은의 최신 지침과 당정책을 즉각 반영하라는 요구이다. 김정은 집권 이후 새롭게 강조되는 5대 교양은 물론[9], 교육 혁명, 청년 강국 건설, 사회주의 문명국 건설 등 새로운 정책이 제시될 때마다 이를 곧바로 역사 수업에 포함시켜야 한다.

셋째, 모든 역사적 사건을 당정책 관점에서 해석하라는 것이다. 어떤 시대와 어떤 사건을 다루더라도 반드시 당의 정책적 시각으로 분석해야 하며, 학생들이 학습한 내용을 당정책 실현에 활용할 수 있도록 가르쳐야 한다.

넷째, 과거 역사를 현재 북한의 상황과 연결하라는 것이다. 김일성-김정일주의 아래 발전하는 조국의 모습과 세계 자주화의 흐름을 역사 수업에 끌어들여, 과거와 현재를 당의 관점에서 통합적으로 이해시키라는 주문이다.

실천 방안도 구체적으로 제시되어 있다. 교사들은 평소 당정책 자료를 주제별로 수집·분류하고, 각 단원에 맞는 당정책 요소를 선별한 뒤, 적절한 시점에 창의적으로 활용해야 한다. 특히 김정은의 저작과 당 문헌을 꾸준히 학습하여 언제든 역사 수업에 인용할 수 있도록 준비해야 한다는 것이다. 고구려사를 가르칠 때는 '자주적 민족정신'과 연결하고, 일제강점기를 다룰 때는 '반제국주의 투쟁정신'을 강조하는 방식이다. 더 나아가 세계사 수업에서도 서구 자본주의의 모순을 부각시키면서 북한 체제의 우월성을 드러낼 것을 요구하고 있다.

평가 방식도 마찬가지다. 시험 문제에는 반드시 당정책과 관련된 내용이 포함되어야 하며, 학생들의 답안에서도 수령의 교시나 당의 방침을 적절히 인용했는지를 중요한 채점 기준으로 삼아야 한다. 역사적 사실을 암기하는 것보다 그

---

9) 제8차 당대회를 계기로 개정된 당규약에 제시된 5대교양은 혁명전통 교양, 충실성 교양, 애국주의 교양, 반제계급 교양, 도덕 교양이다(『북한 지식사전』, 북한정보센터, 2021).

것을 현재의 정치 상황과 연결하여 해석하는 능력을 더 높이 평가하는 것이다.

이런 교육 방식은 객관적 사실을 전달하기보다 현 체제를 정당화하는 도구로 활용되고 있다. 학생들은 역사적 사건 그 자체보다 사건이 담고 있는 정치적 메시지를 먼저 접하게 된다. 비판적으로 사고하는 방법을 학습하기보다는 주어진 내용을 그대로 받아들이는 훈련을 반복하는 교육이 일상화되고 있다.

예비교사들은 교원 양성 과정에서부터 제국주의의 폐해를 반복적으로 학습하면서, 자연스럽게 반제국주의 투쟁의 필요성을 내면화한다. 반복적이고 선전적인 교육을 받으면서 예비교사들은 북한이 겪고 있는 국제적 고립과 경제제재를 제국주의 세력의 부당한 탄압으로 이해하는 시각을 갖게 된다.

역사교사들 또한 다르지 않다. 현재의 국제 정세를 제국주의와 반제국주의의 대결로 단순화시켜 가르치며, 북한을 반제국주의 투쟁의 선봉에 선 국가로 묘사하게 된다. 미국과 서방 국가들은 당연히 제국주의 세력으로 규정되고, 교사들은 학생들에게 이들에 대한 적대감을 심어주는 역할을 맡게 된다.

북한의 역사교육은 사실의 전달이 아닌 사상 교육의 장이 되고 있다. 과거를 통해 현재를 이해하는 것이 아니라, 현재의 체제를 정당화하기 위해 과거를 재구성하는 방식으로 교육이 이루어지고 있다. 학생들은 스스로 판단하고 해석할 기회를 박탈당한 채, 정해진 답만을 암기하고 반복하게 된다. 바로 이 지점에서 북한 역사교육의 사상성 강화 메커니즘이 작동하고 있는 것이다.

북한의 체제는 어떻게 유지되는가:
김일성 독재 체제 지속성의 논리

지금까지 남한과 북한의 역사교육과 사범대학의 역사교사 양성 과정을 비교·분석해 보았다. 주지하다시피 북한의 역사는 김일성 우상화로 점철되어 있으며, 김일성주의는 북한 사회를 지탱하고 작동시키는 핵심 원동력이다. 일각에서는 중국·러시아와의 동맹이나 국제사회의 역학 관계가 북한 정권의 붕괴를 막는 결정적 요인이라고 주장한다. 물론 이러한 지정학적 요인이 북한 정권 유지에 기여하는 바가 없지는 않으나, 그것은 체제의 존속을 설명하는 필요조건일 뿐 충분조건은 될 수 없다. 외부의 지원만으로는 '왜 반드시 김일성 일가가 권력을 독점해야 하는가'에 대한 내부적 당위성을 설명할 수 없기 때문이다.

그렇다면 3대에 걸친 김일성 일가의 권력 독점은 어떻게 가능한가? 북한 내부에서 쿠데타나 혁명이 일어나지 않는 이유는 무엇인가? 극심한 경제난과 지배층의 부패 속에서도 김정은 체제가 유지되는 근본적인 힘은 어디에서 오는가?

필자는 북한 정권이 장기 지속될 수 있었던 해답이 단순한 국제 정세의 변화나 물리적 강압이 아닌, 치밀하게 설계된 '국가와 역사의 사유화' 과정에 있다고 본다. 북한은 근현대사를 김일성과 그 선조로부터 시작된 가문의 서사로 재편함으로써 역사를 사유화하였다. 이 논리에 따르면 북한 주민은 김일성 가문이 지켜낸 영토와 역사 안에서 혜택을 입고 살아가는 수혜자이다. 따라서 그들은 근대적 주권자인 '국민'이나 '인민'이 아니라, 전근대적인 '신민(臣民)'의 지위에 머무르게 된다. 결국 북한의 역사교육은 주민을 이러한 신민으로 길러내어 정권의 안정을 도모하는 핵심기제이다. 이 메커니즘을 파악하지 못하고서는 북한 사회를 온전히 이해하기 어렵다.

김일성의 증조부 김응우가 제너럴셔먼호를 격침시켜 평양을 수호했다는 전언, 조부 김보현이 '남자는 전장에서 싸우다가 죽어야 한다'라며 혁명적인 사상을 후손들에게 심어주었다는 주장, 아버지 김형직이 평양 3·1운동을 주도하는 등 평생을 혁명에 바쳤다는 서사, 그리고 김일성의 항일투쟁의 핵심조직인 '타도제국주의동맹'을 결성하여 무장 투쟁을 벌였다는 영웅담 등은 모두 그러한 맥락에서 만들어진 것이다.[10]

---

10) 정영순 외, 앞의 책, 2020, 182-190쪽.

그에 따라 역사의 중심 무대는 김일성의 조부 시기부터 자리잡은 평양의 만경대와 그가 항일투쟁을 전개한 백두산 일대가 되고, 두 지역은 모두 성지화되었다. 즉, '국토 수호의 공로를 내세운 국가의 사유화' 논리는 그 후손인 '백두혈통'이 대를 이어 집권하는 것을 정당화하는 핵심 기제로 작동하는 것이다. 항일투사 김일성이 소련의 지원을 받아 세운 북한은 흡사 고려를 위해 싸웠던 이성계가 조선을 건국한 것과 별반 다르지 않다. 이성계의 자손들이 대대로 권력을 세습했던 것처럼, 김일성의 후손이 정권을 승계하는 것은 전제왕조 국가에서는 지극히 당연한 것이다.

김일성 일가의 '국가 사유화'는 '역사의 사유화'로 귀결된다. 실제로 북한 교과서는 역사의 기점조차 김일성 가문을 중심으로 재편하였다. 근대사의 시작은 김일성의 증조부 김응우가 주도했다고 주장하는 제너럴셔먼호 격퇴 사건으로, 현대사의 시작은 김일성이 조직한 타도제국주의동맹 결성으로 규정한다. 이는 북한의 근현대사를 김일성 가문의 투쟁사로 치환시키려는 시도이다.

'백두혈통'을 주인공으로 하는 역사관은 평양을 성지로 만드는 북한식 '정통론'을 통해 완성된다. 북한은 고조선 왕검성에서 고구려의 평양성, 고려의 서경(평양), 그리고 현재의 북한 수도로 이어지는 평양 중심의 역사 계승 의식을 강조한다. 단군릉의 개건, 동명왕릉과 왕건릉(현릉)의 중건 사업 역시 평양 중심의 정통론을 강화하고 김일성 가문의 지배를 정당화하기 위한 역사적 장치로 해석해야 한다.

문제는 김일성에 의해 사유화된 국가 체제와 역사가 북한에서 새로운 신분제도를 만들어 냈다는 점이다. 이른바 출신성분이라는 것이 그것이다. 김일성을 정점으로 성립된 출신성분은 '국가를 위해 어떤 역할을 했는가', '일제강점기와 한국전쟁 시기에 어떤 공을 세웠는가(또는 어떤 잘못을 저질렀는가)'에 따라 결정되었다. 따라서 실제로 독립운동을 이끌었던 인물이나 민족주의 운동을 전개했던 인물들까지도 철저히 주변부로 밀려났다. 특히 김일성 우상화를 비판하던

정적들을 제거한 '8월 전원회의 사건(8월 종파사건)' 이후 이러한 경향은 더욱 강화되었다.

결국 북한 주민들은 태어나서 죽을 때까지 이 왜곡된 역사관이 만든 굴레를 벗어날 수 없게 되었다. 살아생전에는 대학 진학, 간부직 진출, 평양 거주 권리 등에서 철저한 차별을 받으며, 사후에도 김일성 정권에 대한 기여도에 따라 혁명열사릉, 애국열사릉, 재북인사묘 등으로 안장지가 차등 결정된다. 더욱 잔혹한 것은 가족들의 사회적 성분 또한 철저히 혈통에 따라 규정되어, 본인의 의지와 무관하게 대대로 세습된다는 사실이다.

이처럼 김일성 일가가 국가와 역사를 사유화할 수 있었던 것은 일제 식민 통치라는 우리 역사의 굴절과 무관하지 않다. 애석하게도 북한 주민들은 조선왕조의 멸망 이후 일제의 혹독한 식민통치를 겪었고, 해방과 동시에 곧바로 김일성의 독재 체제에 편입되었다. 따라서 민주주의를 경험해 보지 못한 대다수 민중들은 대한제국 말기부터 해방 정국의 혼란기까지 삶의 주체로서 큰 변화를 체감하기 어려웠을 것이다. 남한에서 이승만 정권이 초기 독재 체제를 구축할 수 있었던 것 역시 이와 동일한 맥락에서 이해할 수 있다.

그러나 결정적인 차이는 그 이후에 발생했다. 남한에서는 4.19 혁명을 통해 독재 정권이 무너졌지만, 북한에서는 오히려 김일성 독재가 공고해졌다. 그것은 한국전쟁 직후 김일성이 소련과 중국을 등에 업고 반대파를 철저히 숙청하는데 성공했기 때문이다. 남로당파, 연안파, 소련파 등 그를 견제할 수 있는 세력이 모두 제거되면서 북한 내 정치적 균형은 완전히 무너졌다.

특히 남북한 학생운동의 엇갈린 운명은 체제의 향방을 가르는 중요한 분기점이 되었다. 남한의 4.19 혁명이 성공할 수 있었던 것은 상대적으로 열려 있던 사회적 분위기와 언론의 역할, 그리고 대중적 지지가 결합되었기 때문이다. 반면, 1945년 북한의 신의주 학생반공의거는 소련군과 공산당의 무자비한 무력 진압으로 인해 실패로 돌아갔다. 이 사건은 북한 내 저항 세력에게 씻을 수 없는 공포를 심어주었고, 조직적인 반대 운동의 싹을 자르는 계기가 되었다.

한국전쟁 후 반대파 숙청 과정에서 자행된 공포정치, 지식인 그룹의 대거 월남으로 인한 비판 세력의 부재, 그리고 전후 복구를 명분으로 한 천리마 운동의 집단주의적 동원이 복합적으로 작용하면서 북한은 체제 비판이 불가능한 얼음 왕국으로 변해버렸다. 그런 상황에서 유일사상 체계인 주체사상이 사회 전반을 장악함에 따라 김일성은 역대 어느 왕조 국가의 국왕보다도 강력하고 절대적인 권력을 손에 쥐게 된 것이다.

역사적 맥락에서 볼 때, 김일성이 소련과 중국의 지원을 업고 정권을 수립한 과정은 신라가 당의 군사력을 빌려 삼국을 통일하거나 이성계가 명과의 관계 속에서 조선을 건국한 사례와 본질적으로 다르지 않다. 그러나 북한은 이러한 유사성에도 불구하고 통일신라와 조선을 철저히 '반동적 봉건 국가'로 규정하며 배척한다. 이는 평양 중심의 역사관을 확립하기 위해, 현재의 남한 영토(경주, 한양)를 도읍으로 삼았던 왕조들의 정통성을 의도적으로 부정해야 하기 때문이다. 즉, 자신들의 외세 의존은 합리화하면서 신라나 조선의 대외 관계는 민족을 배반한 행위로 매도하는 모순된 이중 잣대를 적용하고 있는 것이다. 이와 같은 북한의 국가관과 역사관을 이해하지 못하면, 북한의 권력세습과 역사 왜곡을 제대로 파악할 수 없다.

북한이 일반적인 <력사> 과목보다 <혁명력사> 과목에 더 큰 비중을 두고 있다는 사실은 이러한 맥락에서 이해해야 한다. 김일성과 평양으로 모든 서사가 귀결되는 북한의 역사관에서, 전근대사를 다루는 일반 역사는 정통론의 배경을 제공하는 것 외에 주도적인 역할을 하지 못한다. 역사의 유구성이나 조선민족제일주의, 반침략 투쟁과 같은 논리는 체제유지의 직접적인 정당성을 부여하기보다, 외부의 압력에 맞서 내부를 결속시키는 구심력으로 작용할 뿐이다. 실질적으로 김일성 일가의 권력 독점을 정당화하고 체제를 지탱하는 핵심 기제는 바로 근현대사를 독점하고 있는 <혁명력사>이다. 바로 이 지점에서 북한 역사 교사의 역할이 중요해진다. 그들은 민족적 자긍심을 고취하는 전근대사의 논리를 김일성 중심의 근현대사로 자연스럽게 연결하는 이념적 매개자가 되어야 하기 때문이다. 요컨대 북한 역사교육은 '전근대사→역사교사↔학생↔혁명력사교사→근현대 혁명력사'로 연결되어 있다고 볼 수 있다. 북한의 역사교육은 교사를 통해 '전근대사의 민족적 정통성'을 '근현대사의 수령 혁명사'로 귀결시키는 구조를 띠게 되는 것이다.

따라서 향후 통일 과정에서 교육과 사회 통합을 준비하기 위해서는 북한의 이러한 역사 서술 체계와 교육 시스템을 명확히 직시해야 한다. 북한의 역사교육은 사실(fact)의 전달보다 체제 정당성 주입과 지도자에 대한 충성심 배양에 방점이 찍혀 있다. 교과서의 용어 하나부터 사건의 해석까지 철저히 당의 노선에 따라 재단되며, 결국 역사교육 자체가 사상 강화를 위한 핵심 도구로 작동하고 있는 것이다.

다행히 2000년대 이후 학계에는 북한의 역사교육과 관련된 연구 성과가 상당히 축적되었다. 이제는 이러한 성과를 토대로 북한 역사교육의 내용과 방법, 나아가 이를 통해 형성된 북한 주민들의 역사 인식을 정밀하게 분석하는 후속 연구가 뒤따라야 한다. 단순히 교과서의 서술 내용을 대조하는 차원을 넘어, 역사교육이 북한의 체제 유지를 위한 기제로서 어떻게 작동하는지 주의 깊게 들여다볼 필요가 있다.

통일 이후 우리가 마주할 가장 큰 혼란 중 하나는 서로 다른 역사 인식의 충돌일 것이다. 이미 예견된 이 혼란을 최소화하기 위해서라도 북한의 역사교육에 대해 끊임없이 관심을 기울이고 연구를 이어가야 한다. 갈라진 두 개의 기억을 하나의 역사로 봉합하는 일, 그것이 통일 시대를 살아갈 우리 세대에게 주어진 가장 중요한 과제이다.

미리 준비하는 통일 이후의 역사교육:
남북 역사교육 통합의 단계적 로드맵

여러 가지 현실적인 여건을 고려할 때, 통일 이후 역사교육은 크게 세 가지 방향으로 전개되어야 한다. 첫째, 독일의 '보이텔스바흐 합의(Beutelsbacher Konsens)' 정신을 우리 교육 현장에 맞게 적용할 필요가 있다.[11] '주입식 교육 금지', '논쟁적 주제의 토론 허용', '학생의 이해관계 고려'라는 세 가지 원칙은 독일의 민주시민 양성에 크게 기여했다는 평가를 받는다. 한반도 상황에 이 원칙을 도입하여, 학생들이 객관적 검증을 거친 자료를 바탕으로 논쟁적 주제를 교실에서 자유롭게 토론할 수 있는 환경을 조성해야 한다. 현재 남북한 교과서는 통일신라와 후기신라의 용어 문제나 6·25 전쟁의 성격 규정 등에서 완전히 다른 서술을 보인다. 상반된 해석을 무리하게 통합하거나 어느 한쪽을 일방적으로 강요할 경우, 심각한 사회적 분열을 초래할 수 있다. 따라서 맹목적인 강요나 무비판적 수용 대신, 남북한 학생들이 서로의 교과서를 비교하며 동일한 사건이 왜 다르게 서술되었는지 분석하는 과정을 교육의 핵심으로 삼아야 한다. 교과서 내용으로 선택된 것과 배제된 것을 비판적으로 고찰하고, 그 차이를 토론하는 과정에서 학생들은 비판적 사고력과 민주적 의사결정 능력을 기를 수 있다. 물론, 그것이 단순히 차이를 덮어두거나 기계적으로 모두 인정하자는 양시론(兩是論)을 의미하는 것은 아니다. 서로 다른 역사 인식을 갖게 된 배경을 이해하는 과정을 교육 내용으로 삼자는 뜻이다. 역사적 사실을 객관적으로 직시하고 분석

---

11) 신봉철, 「보이텔스바흐 합의가 한국 교육계에 주는 시사점」, 『통일교육연구』 14(2), 통일교육학회, 2017, 7-8쪽. 첫째, 교화 또는 주입을 금지한다(Überwältigungsverbot). 둘째, 학문적이나 정치적인 문제에 있어서 논쟁적인 사안은 그것을 가르치는 수업에서도 논쟁적으로 다루어져야 한다(Kontroversität). 셋째, 학생은 어떤 정치적 상황이나 자신의 이익 관계를 고려할 수 있고, 그에 따라 당면한 정치적 상황에 영향을 끼칠 수 있어야 한다(Schülerorientierung)는 것이다.

하는 태도야말로 진정한 통합의 출발점이다.

둘째, 교과서 통합은 신중한 검토를 거쳐 단계적이고 점진적으로 이루어져야 한다. 예멘이나 베트남처럼 급진적으로 교과서 내용을 바꾸려다 반발과 분열을 겪은 사례를 반면교사로 삼아야 한다.[12] 통일 한국의 역사 교과서는 무리한 물리적 통합보다는 심리적 · 화학적 결합을 목표로 해야 한다. 초기 단계에서는 서로 다른 교과서를 함께 사용하여 학생들이 두 가지 관점을 동시에 접하게 하되, 역사적 사실과 정치적 선전을 명확히 구분하는 비판적 독해 훈련을 병행해야 한다. 다음 단계에서는 고대사와 중세사, 문화사처럼 합의가 용이한 영역부터 통합을 시도하고, 근현대사처럼 해석이 엇갈리는 영역은 병행 서술을 유지하며 공통분모를 넓혀가는 방식이 효과적이다. 그리고 최종적으로는 남북의 교육 당사자들이 충분한 논의와 합의를 거쳐 통합 교과서를 개발해야 한다. 독일은 통일 직후 서독의 교과서와 수업 방식을 동독 지역 학교에 그대로 이식하였다. 그 결과 교육 제도의 외형적 통합은 이루었으나 구성원 간의 심리적 통합에는 실패하였다. 동독 학생들은 자신들이 살아온 지역의 역사와 문화를 배울 기회를 잃었고, 동독 교사들은 낯선 체제 속에서 전문성을 인정받지 못한 채 교단에서의 권위를 상실했다.[13]

분단 이후 70년이라는 긴 세월이 흐르는 동안, 남북한의 역사 인식 차이는 당시 독일과는 비교할 수 없을 만큼 커졌다. 따라서 성급하게 교육 통합을 강행한다면 독일보다 훨씬 심각한 사회적 혼란을 초래할 수 있다. 성급하게 통합을 강조하기보다, 상호 이해를 바탕으로 한 점진적이고 단계적인 통합의 길을 모

---

12) 임춘구, 「南北韓統一에 對備한 敎育統合에 關한 硏究」, 明知大學校 敎育大學院 석사학위논문, 1998, 24-36쪽.

13) 이병련, 「독일 통일과 동독 역사교육의 몰락」『사총』 50, 고려대학교 역사연구소, 1999; 강의식, 「독일통일 후 구동독지역의 역사교육의 변화와 문제」『역사와 역사교육』 22, 웅진사학회, 2011 외.

색해야 한다.

셋째, 남북 교사 간 신뢰 구축을 위해 공동 연수 및 재교육 프로그램을 체계적으로 준비해야 한다. 경색된 남북관계로 인해 지금 당장은 어려워 보일 수 있다. 그러나 통일 이후 교육 현장의 혼란을 최소화하기 위해서는 역사학자와 교사를 아우르는 인적 교류가 반드시 필요하다. 전문가 그룹을 구성하고, 사회 각층의 의견을 수용하여 단기적인 계획과 장기적인 계획을 모두 포함하는 구체적인 로드맵을 작성해야 한다. 독일 통일 과정에서 발생한 동독 교사들의 해고와 재임용 혼란은 교권 추락과 심리적 박탈감을 초래했다. 같은 실수를 반복하지 않으려면 북한 교사에 대한 일방적 배제보다는 민주 시민 교육 역량을 기를 수 있는 재교육 과정이 선행되어야 한다. 교사는 단순한 지식 전달자가 아니라 학생들의 역사 인식을 형성하는 주체이기 때문이다. 지속적인 공동 연수를 통해 남북 교사들이 서로의 교육 철학과 방법론을 이해하고, 균형 잡힌 시각을 갖추도록 지원해야 한다. 교사들이 먼저 통합의 주체로서 신뢰와 협력 관계를 형성할 때, 비로소 교실 내에서의 진정한 역사적 화해가 시작될 수 있을 것이다.

지금까지 남북의 역사교육 현황과 교사 양성 과정, 그리고 교육의 실제를 짚어보며 통일 후 발생할 수 있는 문제점과 대비책을 고찰해 보았다. 준비 없는 성공은 요행이다. 진정한 기회는 철저한 대비 속에 찾아온다. 남북의 상황을 고려할 때 아직 때가 아니라고 여겨지는 지금이야말로, 다가올 미래를 위해 가장 치열하게 고민하고 준비해야 할 시기가 아닐까.

1. 북한 역사 교재(교과서, 교수참고서, 사범대학 교재)

교육도서전자출판사, 『중학교 력사교재분석(사범대학 력사학과)』, 교육도서전자출판사, 2018.

교육도서전자출판사, 『중학교력사교수설계(사범대학용)』, 김형직사범대학출판사, 2018.

교육도서전자출판사, 『조선중세사(사범대학용)』, 김형직사범대학술반사, 2018.

교육도서전자출판사, 『고급중학교제3학년 력사교수참고서』, 교육도서출판사, 2018.

김광수 외, 『조선력사(초급중 2)』, 교육도서출판사, 2014.

리광섭 외, 『중학교력사교수설계』, 교육도서출판사, 2016.

박영철 외, 『력사(고급중 3)』, 교육도서출판사, 2015.

안재명 외, 『중학교 력사교수 방법론(사범대학 력사과)』, 교육도서출판사, 2016.

오영철 외, 『력사(고급중 1)』, 교육도서출판사, 2013.

오영철 외, 『력사교수참고서(고급중 1)』, 교육도서출판사, 2014.

정성철 외, 『중학교 력사교재분석(사범대학 력사학과)』, 교육도서출판사, 2017.

제갈명 외, 『조선력사(초급중 3)』, 교육도서출판사, 2015.

차영남 외, 『조선력사교수참고서(초급중 1)』, 교육도서출판사, 2013.

차영남 외, 『조선력사(초급중 1)』, 교육도서출판사, 2013.

한영찬 외, 『력사(고급중 2)』, 교육도서출판사, 2014.

2. 북한 대학 교재 및 단행본

김영수, 『대학입학원격시험체계구성과 운영에 대한 연구』, 김형직사범대학출판사, 2017.

김양환, 『주체정치학 : 사범대학용』, 김일성종합대학출판사, 2016.

김운진 · 김영철 외, 『사회주의교육학』, 김형직사범대학출판사, 2008.

김일성주의기본교과서집필조, 『김일성주의 기본』, 김일성종합대학출판사, 2004.

김재서 외, 『주체정치경제학(대학용)』, 김일성종합대학출판사, 2004.

남진우 외, 『사회주의교육학: 사범대학용』, 교육도서출판사, 1991.

리창혁, 『주체정치경제학원론』 3, 사회과학원, 2002.

리명서, 『주체정치경제학원론』 4, 사회과학원, 2002.

리원희 편, 「고려 왕씨 가문의 족보」 『송도전설』, 문학예술출판사, 2002.

박명숙, 『콤퓨터망』 1(사범대학용), 고등교육도서출판사, 2015.

박성호, 『콤퓨터망』 2(사범대학용), 고등교육도서출판사, 2015.

사회과학원 력사연구소, 『조선통사』, 과학원출판사, 1956.

사회과학원 력사연구소, 『조선통사』, 과학원출판사, 1962.

사회과학원 력사연구소, 『조선전사』, 과학 · 백과출판사, 1979.

서중남 · 박창운, 『영어: 대학용』, 외국문도서출판사, 2004.

오경일 · 박창운, 『영어 2: 대학용』, 외국문도서출판사, 2002.

주체철학교과서집필조, 『주체철학 : 대학용』, 공업출판사, 2010.

차기철, 『교육평가학』, 김형직사범대학출판사, 2013.

황경오, 『주체정치경제학원론 : 자본주의편』, 사회과학출판사, 2002.

3. 교육과정 문서

경기도학무과임시교재연구회(편), 『초등국사교본』, 한양서적도매공사(발행), 4279(1946).

군정청 문교부, 『국사교본』, 1946.

문교부, 『초중등학교 각과 교수요목집(12) 중학교 사회생활과』, 조선교학도서주식회사, 1948.

문교부, 『고등학교 국사 교육과정 해설(문교부 고시 88-7)』, 1948.

문교부, 『제2차 교육과정 해설서』, 1963.

문교부, 『중학교 교육과정 해설』, 1963.

문교부, 『고등학교 교육과정 해설』, 1963.

문교부, 『문교부령 제325호, 중학교 국사 교육과정』, 교학도서주식회사, 1973.

문교부, 『문교부령 제325호, 고등학교 국사 교육과정』, 1974.

문교부, 『문교부 고시 제442호, 교육과정 총론』, 1981.

문교부, 『문교부 고시 제88-7 고등학교 국사과 교육과정 해설』, 1988.

교육부, 『교육부 고시 제1992-11호 중학교 교육과정』, 1992.

문교부, 『교육부 고시 제1997-15호 [별책 7] 사회과 교육 과정』, 1997.

교육인적자원부, 『교육부 고시 1997-15호 고등학교 교육과정해설 (4) 사회』, 2001.

교육과학기술부, 『2007개정 교육과정해설서(사회과)』, 2007.

교육인적자원부, 『교육인적자원부 고시 제2007-79호 [별책 3] 중학교 교육과정』, 2007.

교육인적자원부, 『교육인적자원부 고시 제2007-79호 [별책 4] 고등학교 교육과정(Ⅰ)』, 2007.

교육인적자원부, 『교육과학기술부 고시 제2009-41호에 따른 고등학교 교육과정 해설-사회(역사)』, 2009.

교육과학기술부, 『교육과학기술부 고시 제2011-361호 [별책 7] 사회과 교육과정』, 2011.

교육과학기술부, 『교육과학기술부 고시 제2012-14호 [별책 7] 사회과 교육과정』, 2012.

교육부, 『교육부 고시 제2015-74호 [별책 7] 사회과 교육과정』, 2015.

교육부, 『교육부 고시 제2018-162호(제2015-74호의 일부개정)[별책 7] 사회과교육과정』, 2018.

교육부, 『교육부 고시 제2022-33호[별책 7], 사회과 교육과정』, 2022.

4. 교육관련 법령

국립학교설치령(시행 1963.3.1)] [각령 제1148호, 1963. 1.16., 일부개정]. 부칙 2조

임시교원양성소규정(시행 1968.7.25.) [대통령령 제3532호, 1968.7.25., 일부개정]

문교부, 『교원양성ㆍ임용제도 개선을 위한 종합대책안』, 1989.8.

헌법재판소, 『교육공무원법 제11조 제1항 등에 대한 헌법소원(교원채용차별 사건)』, 전원재판부 89헌마
    89(1990.10.8.).

교육부, 『교원자격검정령 시행규칙』 [교육부령 제353호(2025.3.4. 일부개정)]

교육부, 『2025년도 교원자격검정 실무편람』, [별표3] 교사자격종별 및 표시과목별 기본이수과목(또는
    분야)

한국교육과정평가원ㆍ역사교육연구회, 『중등학교교사 표시과목 역사 평가영역 및 평가내용요소』, 2008.

5. 북한 공보

국사편찬위원회, 『북한 공보』「1948년 07월 법령공보 제56호, 북조선 고등교육사업 개선에 관한 결정서」,
    1948.07.22.(작성일: 1946.07.07.)

국사편찬위원회, 『북한 공보』「북조선임시인민위원회 법령공보 제56호, 북조선 고등교육사업 개선에 관한
    결정서」, 1946.7.22.(작성일: 1946.7.7.)

국사편찬위원회, 『북한 공보』「법령공보 증간 2호, 敎員大學(師範專門) 設立에 關한 件」, 1947.01.15.(작성
    일: 1946.7.7.)

국사편찬위원회, 『북한 공보』「북조선임시인민위원회 법령공보 제56호, 북조선 고등교육사업 개선에 관한
    결정서」, 1946.7.22.(작성일: 1946.7.7.)

국사편찬위원회, 『북한 공보』「1946년 12월 법령공보 제10호, 北朝鮮學校敎育體系에 關한 規程 및 그 實施
    에 關한 措置에 對한 決定書」, 1946.12.24.(작성일: 1946.12.18.)

국사편찬위원회, 『북한 공보』「1949년 02월 내각공보 제2호 各級學校 授業料에 關 한 規定」, 1949.02.20.
    (작성일: 1949.02.04.)

국사편찬위원회,『북한 공보』「1949년 4월 내각공보 제5호, 人民學校 · 初級中學校 · 高級中學校 · 進級試驗 및 人民學校 · 初級中學校 卒業試驗에 關한 規定」, 1949.04.22.(작성일: 1949.04.06.)

국사편찬위원회,『북한 공보』「내각공보 제5호, 師範專門學校國家卒業 및 進級試驗에 關한 規定」, 1949.04.22.(작성일: 1949.04.06.)

국사편찬위원회,『북한 공보』「1950년 03월 내각공보 제5호, 국가졸업 및 진급시험에 관한 규정」, 1950.03. 15.(작성일: 1950.03.11.)

국사편찬위원회,『북한 공보』「1952년 05월 내각공보 제10호, "고등교육사업 강화대책에 관하여"」, 1952. 05.30.(작성일: 1950.05.29.)

6. 단행본

고영환 외,『북한 경제 · 사회 실태 인식보고서-탈북민 6,351명이 알려준 북한의 실상-』, 통일부, 2024.

곽건홍 외,『북한의 역사학』, 국사편찬위원회, 2002.

국사편찬위원회,『북한의 한국사 연구동향(1)』, 국사편찬위원회, 2003.

국사편찬위원회,『북한의 한국사 연구동향(4)』, 2003.

국사편찬위원회,『북한역사학논저목록(상) 북한의 역사학연구』, 국사편찬위원회, 2001.

국사편찬위원회,『북한 역사학 논저 국내 소장처 현황』, 국사편찬위원회, 2002.

김동규 외,『북한교육사』, 교육과학사, 2000.

김보림 외,『역사교육학 개론』, 교육과학사, 2025.

김선규 외,『남북한 역사교과서 분석』, 교육과학사, 2000.

김성칠 · 정병준 저,『역사앞에서』, 창비, 2009.

김신일 외,『평생교육론』, 교육과학사, 2019.

김정배 편,『북한이 보는 우리역사』, 을유문화사, 1989.

김진숙 외,『통일 대비 남북한 통합 교육과정 연구 (III) : 총론, 중등 국어과, 중등 사회과를 중심으로(RRC 2017-4)』, 한국교육과정평가원, 2017.

김창호,『조선교육사』 3, 사회과학출판사, 1990.

김한종,『역사교육과정과 교과서 연구』, 선인, 2006.

김한종,『민주사회와 시민을 위한 역사교육』, 서울대학교출판문화원, 2017.

김형찬,『북한의 교육』, 을유문화사, 1990.

박명규 외,『2013 통일의식조사』, 서울대학교 통일평화연구원, 2013.

백과사전출판사,『조선대백과사전』 2, 백과사전출판사, 1995.

서울대학교 사범대학 30년사 편찬위원회,『民主敎育의 搖籃』, 1976.

서울대학교 통일평화연구원,『2012 통일의식조사』, 서울대학교 통일평화연구원, 2012.

송호정 외,『역사비평』 창간호, 역사비평사, 1988.

신형식 외, 『남북 역사관의 비교』, 솔, 1994.

양호환 외, 『역사교육의 이해』, 책과함께, 2009.

역사학회 편, 『북한의 고대사 연구』, 일조각, 1991.

에르네스트 르낭 지음, 신행선 옮김, 『민족이란 무엇인가』, 책세상, 2008.

오경섭 외, 『북한인권백서 2021』, 통일연구원, 2021.

柳永益, 「甲午更張과 社會制度 改革」『韓國社會發展史論』, 一潮閣, 1992.

윤종영, 『논쟁으로 읽는 한국사』 2, 역사비평사, 2009.

이명섭 외, 『교육과정-수업-평가-기록 일체화: 실천편』, 에듀니티, 2017.

정규영, 「'공립보통학교 1면1교 계획'과 조선인 초등교육(1928~1936)」『한국 근대사회와 문화』 III, 서울대
　　　학교출판부, 2007.

정영순 외, 『북한의 역사교육』, 한국학중앙연구원출판부, 2020.

정두희, 『하나의 역사, 두 개의 역사학: 개설서로 본 남북한의 역사학』, 소나무, 2001.

정태수 편, 『미군정기 한국교육사료집성』(상), 홍지원, 1992.

조동걸 외, 『한국의 역사가와 역사학(하)』, 창비, 1994.

조정아, 『김정은시대 북한 교육정책 방향과 중등교육과정 개편 통일정책연구』, 통일연구원, 2014.

조정아 외, 『'지식경제시대' 북한의 대학과 고등교육』, 통일연구원, 2020.

조정아, 『(경제 · 인문사회연구회 협동연구 총서 23-74-02) 북한 주민의 학교 생활: '인민'의 재생산과 학교
　　　일상의 수행성』, 통일연구원, 2023.

진재관 외, 연구보고 RRC 2010-15 교과서 개발 및 편찬 과정에서의 쟁점 연구, 한국교육과정평가원, 2010.

차배근, 『서울대학교 대학신문사(1952-1961)』 1, 서울대학교출판부, 2004.

통일부 교육원, 『남북한의 역사인식비교』, 2005.

통일부 통일교육원, 『2023 북한이해』, 2023.

통일부 통일교육원, 『2024 북한이해』, 2024.

통일부 통일교육원, 『2025 북한이해』, 2025.

한국과학기술정보연구원, 『북한 과학기술 기관 및 동향 관련 NK TECH 콘텐츠 개발』, 2016.

한만길 외, 『수탁 연구 CR98-23, 북한 교육현황 및 운영실태 분석 연구』, 한국교육개발원, 1998.

7. 논문

강우철 · 신형식, 「남북한 국사교과서(중학교)의 비교연구」『한국문화연구원논총』 57, 1990.

강의식, 「독일통일 후 구동독지역의 역사교육의 변화와 문제」『역사와 역사교육』 22, 웅진사학회, 2011.

강원택, 「한국인이 보는 역사, 민족, 국가, 그리고 세계 한국인의 국가 정체성과 민족정체성: 15년의 변화」
　　　『EAI 워킹페이퍼』, 2020.

강진웅, 「북한의 고등학교 『조선력사』의 고대사 인식과 민족 서사의 변화」『현대북한연구』 27(3), 북한대
　　　학원대학교, 2024.

곽건홍, 「북한의 역사연구 방법론 변천」 『북한의 역사학(1)』, 국사편찬위원회, 2002.

권성아, 「『조선력사』를 통해서 본 북한 이념교육의 변화와 남북통합의 방향」 『통일과 평화』 3, 2011.

김기봉, 「통일을 위한 역사교육 VS. 역사를 통한 통일교육」 『통일인문학』 60, 2014.

김도형, 「김정은 시대 북한 중등 역사 교과서와 교수참고서 내용 분석 -고대사 서술을 중심으로」 『사회과교육』 59, 한국사회과교육연구학회, 2020.

김범수, 「통일인식」 『2025 통일의식 조사-이재명 정부 출범과 신냉전 위기: 대북정책 기대와 전망』, 서울대학교 통일평화연구원, 2025.

김보영, 「북한의 역사연구자 양성과 연구자의 활동 상황」 『북한의 역사학(1)』, 국사편찬위원회, 2002.

김상훈, 「1945~1950년 역사 교수요목과 교과서 연구」, 서강대학교 박사학위논문, 2014.

金麗姝, 「開化期 國史敎科書를 통해서 본 歷史認識(Ⅰ)：1899~1904까지를 중심으로」 『서울 敎育大學校 論文集』 13, 1980.

김유성, 「개화기(開化期) 개화파(開化派)의 역사인식(歷史認識)과 근대학교(近代學校)에서의 역사교육(歷史敎育)」 『청람사학』 3, 청람사학회, 2000.

김유연 외, 「북한 고등교육 학계에서 인식한 '세계 교육발전 추세' 분석」 『아시아교육연구』 22(4), 2021.

김인덕, 「在日朝鮮人總聯合會의 歷史敎材 敍述體系에 대한 小考 -『조선력사』(고급 3)를 중심으로-」 『韓日民族問題研究』 14, 한일민족문제학회, 2008.

김인선, 「김정은 계승 이후 역사 교과서 변화에 나타난 북한 역사교육의 성격」, 한국교원대학교 교육대학원 석사학위논문, 2022.

김재웅, 「북한의 역사 교육체계 확립과 민족해방운동사 인식」 『史叢』 102, 2021.

김정원 외, 「북한 초·중등 교육과정 및 교과서 정책 변화 방향」 『한국교육』 42-4, 한국교육개발원, 2015.

김정현, 「남북한 역사 교과서의 임진왜란 서술체제와 내용의 비교 분석 -중학교 『역사』와 고등중학교 『조선력사』를 중심으로-」 『역사교육논집』 51, 역사교육학회, 2013.

김지수, 「북한 의무교육제도의 전개와 12년제 의무교육제도 추진에 대한 연구」 『교육사회학연구』 23(3), 2013.

김지윤·강충구·이의철, 『2013년, 한국인의 주변국 인식 변화: 미·중·일·북 호감도 및 국가관계 평가』, 아산정책연구원, 2013.

김진숙, 「남북한의 최근 개정 교육과정 총론 비교」 『교육과정연구』 34-2, 한국교육과정학회, 2016.

김학재, 「통일인식」 『김정은 집권 10년, 북한주민 통일의식』, 서울대학교 통일평화연구원, 2022.

김한종, 「북한 역사교육의 목적과 교육과정의 변화」 『북한의 역사학』(1), 국사편찬위원회, 2002.

김한종, 「지배이데올로기와 국사교과서 해방 이후 국사교과서의 변천과 지배이데올로기」 『역사비평』 17, 1991.

김형준, 「남북한 중학교 교과서의 고려시대 대외항쟁사 서술체제와 내용분석」 『역사와교육』 18, 역사와교육학회, 2014.

문경호, 「김정은 집권 이후 북한 역사교육의 변화와 남북한 역사교육 비교」 『사회과교육』 61(1), 한국사회과교육연구학회, 2022.

문경호, 「북한의 고려-거란 전쟁에 대한 역사인식과 평가 -강감찬과 귀주대첩을 중심으로」『한국중세사연구』 60, 한국중세사학회, 2020.

문경호, 「이능식의 생애와 역사연구」『역사교육』 126, 역사교육연구회, 2013.

문동석, 『초등역사교육 : 과거와 현재』, 국학자료원, 2005.

문지은, 「제2차 교육과정 개정의 특징과 사회적 맥락(1958~1963)」『The SNU Journal of Education Research』, 서울대학교 교육종합연구원, 2018.

민성희, 「해방 직후(1945~1948) 황의돈의 국사교육 재건 활동」, 한국교원대학교대학원 석사학위논문, 2015.

박재영, 「북한 '조선력사' 교과서에 나타는 "동학농민전쟁"관련 내용분석」『동학연구』 23, 한국동학학회, 2007.

박재영, 「북한 조선력사 교과서에 나타난 서세동점기 서구 제국주의에 대한 이미지 분석」『백산학보』 77, 백산학회, 2007.

박재영, 「북한 '조선력사'교과서에 나타난 '신라'관련 내용분석」『신라문화』 30, 신라문화연구소, 2007.

박정원, 「북한의 2009년 개정헌법의 특징과 평가」『憲法學硏究』 15, 한국헌법학회, 2009.

박진동, 「북한 김정은 시대의 역사교육 변화」『역사교육연구』 43, 역사교육학회, 2022.

박진동, 「韓國의 敎員養成體系의 樹立과 國史敎育의 新構成 : 1945~1954」, 서울대학교대학원 社會敎育科 歷史專攻 박사학위논문, 2004.

박혜숙, 「사회주의체제 형성기 북한 교원의 충원과 관리-교원양성기관 교원을 중심으로」『현대북한연구』 15(3), 북한대학원대학교, 2012.

방지원, 「'우리 안의 분단'을 넘어 평화와 공존을 지향하는 역사교육 시론」『역사교육논집』 72, 역사교육학회, 2019.

배유정, 「남북한 중학교 국사 교과서의 고구려사 서술과 인식」『역사교육논집』 40, 2008.

손정목, 「일제하 화학공업도시 흥남에 관한 연구(上)」『한국학보』 16(2), 일지사, 1990.

송두록, 「남북한 중등교사 양성체제 사례 비교 연구 -서울대학교 사범대학 · 김형직사범대학 중심으로」, 홍익대학교대학원 박사학위논문, 2008.

신용철 외, 「남북한 역사교육의 비교분석을 통한 역사의식 통합 방안」『아태연구』 6-2, 경희대학교 국제지역연구원, 1999.

신봉철, 「보이텔스바흐 합의가 한국 교육계에 주는 시사점」『통일교육연구』 14(2), 통일교육학회, 2017.

야스이 유타로 · 김숭배, 「북한의 역사 교과서에 나타난 역사 정체성: 제국과 혁명투쟁을 둘러싼 서술(1905-1945)」『동서연구』 35(1), 연세대학교 동서문제연구원, 2023.

엄현숙, 「통일인식」『북한주민 통일의식 2020』, 서울대학교 통일평화연구원, 2020.

엄현숙, 「2000년대 이후 교육법제 정비를 통한 북한 교육의 현황」『현대북한연구』 20(1), 북한대학원대학교 심연북한연구소, 2017.

우용제 · 안홍선, 「근대적 교원양성제도의 변천과 사범대학의 설립」『아시아교육연구』 7(4), 2006.

이동윤, 「북한의 교원양성제도 연구」, 한국교원대학교 석사학위논문, 2008.

이무철, 「북한의 대남·통일정책 전환 분석 -‘우리 국가제일주의’를 중심으로」 『현대북한연구』 27권 1호, 북한대학원대학교 심연북한연구소, 2024.

이명희 외, 「통일 한국의 교육 구상과 역사교육의 방향 모색」 『사회과교육』 54, 2015.

이동한, 「한국리서치 주간리포트(제352-3호) 한반도 주변 5개국 호감도」, 2025.

이병련, 「독일 통일과 동독 역사교육의 몰락」 『사총』 50, 고려대학교 역사연구소, 1999.

이병련, 「독일통일 이후 신연방주의 역사교육」 『역사비평』 50, 2000.

이서영, 「김정은 시대 북한 『조선력사』 교과서 구성 분석」 『사회과교육연구』 25, 한국사회교과교육학회, 2018.

이정빈, 「북한의 고조선 교육과 ‘김일성민족’의 단군 -1993년 이후 고등중학교 『조선력사』를 중심으로-」 『韓國史學史學報』 32, 한국사학사학회, 2015.

이정빈, 「김정은 집권 이후 북한의 ‘정통국가’ 강조와 평양 정통론 부상의 궤적」 『역사교육』 166, 역사교육연구회, 2023.

이주미, 「1, 2차 베이비붐세대의 소득 및 자산 특성 비교」 『정책분석과 동향』, 보건복지포럼, 2025.

이중구, 「북한의 ‘적대적 두 국가론’과 남북관계 전망」 『통일정책연구』 33-1, 통일연구원, 2024.

이찬희 외, 『북한의 「조선력사」 교과서 내용 분석』, 한국교육개발원, 1991.

이찬희, 「북한 중학교 『조선력사』 교과서 내용분석」 『북한연구학회보』 8(1), 북한연구학회, 2004.

이향규, 「북한 사회주의 보통교육의 형성 1945~1950」, 서울대학교 박사학위논문, 2000.

임병숙 외, 「2000년 이후 북한 교원양성에 관한 연구 -교원교육의 정치적 접근-」 『열린교육연구』 18(2), 2010.

임춘구, 「南北韓統一에 對備한 敎育統合에 關한 硏究」, 明知大學校 敎育大學院 석사학위논문, 1998.

전정태, 「남·북한 교원 양성 제도에 관한 비교 연구」 『한국동북아논총』 5, 한국동북아학회, 1997.

정영순, 「남북한의 역사인식 비교연구 -역사교과서를 중심으로-」 『사회과교육』 45-1, 한국사회과교육학회 2006.

정영환, 「새터민의 사회적응을 위한 역사교육 모형」, 서강대학교교육대학원 석사학위논문, 2009.

정은미, 「남북한 주민들의 통일 의식 변화: 2011~2013년 설문조사 분석을 중심으로」 『통일과 평화』 5권 2호, 서울대학교 통일평화연구원, 2013.

정진아, 「북한 역사교과서의 해방 3년사 서술 변화」 『동방학지』 204, 국학연구원, 2023.

정하늘, 「김정은 집권 이후 북한 세계사 교육의 변화」, 한국교원대학교대학원 석사학위논문, 2024.

조성운, 「교수요목기(1945~1955) 사회생활과 설치와 한국사 교육론」 『한국사학사학보』 40, 한국사학사학회, 2019.

지수걸, 「북한 중등학교 역사교과서의 서술체계와 내용」 『북한의 역사학(1)』, 국사편찬위원회, 2002.

지수걸, 「한국 사범교육의 성취와 한계 -창립·재건기(1948~1969) 공주사범대학 사례를 중심으로-」 『역사와 역사교육』 41, 웅진사학회, 2020.

崔斅鎬, 「開化期歷史敎育科程研究」, 고려대학교 석사학위논문, 1975.

최양호, 「개화기의 교육이념과 역사교육 목표의식」 『사총』 20, 고려대학교역사연구소, 1976.

최용규, 「북한의 역사관과 역사교육」 『사회과교육』 26, 한국사회과교육연구학회, 1993.

하원호, 「북한의 역사연구, 편찬 보급과정 연구」 『북한의 역사학(1)』, 국사편찬위원회, 2002.

함수곤, 『교육과정과 교과서』, 대한교과서, 2000.

韓哲昊, 「북한의 역사교육과 근대사 인식」 『한국근현대사연구』 27, 2003.

허은철, 「북한의 역사교사 양성과 역사교육」 『평화통일연구』 2, 총신대학교 평화통일연구소, 2020.

유엔총회, 「역사교과서와 역사교육에 관한 문화적 권리 분야의 특별 조사관의 보고서」 『2013년 유엔총회
　　　　보고서』, 2013.

8. 국내 신문기사(날짜순)

"군정청 학무국, 신교육방침 각도에 지시"(「매일신보」, 1945.09.18.)

"미군정청 학무국, 당면한 교육방침 결정"(「매일신보」, 1945.09.22.)

"大邱師範大學 男女學生募集"(「소선일보」, 1948.05.29.)

"公州師範大學學生追加募集要項"(「경향신문」, 1948.10.31.)

"교단에 서는 꿈으로 견뎌왔어요"(「한국교육신문」, 2002.09.16.)

"北 김정은 '원수' 진급"(「아시아경제」, 2012.07.18.)

손혜민, "북한 교사들 심각한 생활고에 시달려", 자유아시아방송(2019.05.15.)

박수윤, "인공지능에 외국어까지…북한서 무르익는 '교사 재교육' 바람", 연합뉴스(2020.02.20.)

"김정은 "국가 교육자금 줄여라"…초유의 사범대학 통합 결정"(「DailyNK」, 2020.07.16.)

노민호, "북한 일부 교사들, 야간 차량경비원으로 생계 유지", 뉴스핌(2020.11.03.)

통일부, "북한에서는 교사가 비인기직업이라고?"(2022.1.26.)

"학생들에 대놓고 '촌지' 요구한 교사, 결국 학교서 공개 비판 받아"(「DAILY NK」, 2022.03.16.)

"높은 지위, 열악한 처우…속 타는 선생님"(KBS 남북의 창, 2023.05.20.)

"생활난에 교단 떠나는 北 교사들… 한 달 내내 출근해도…"(「DailyNK」, 2023.07.18.)

"북 당국, 무너진 교권 회복 위해 안간힘"(자유아시아방송, 2023.09.11.)

"월급 20배 올랐지만 지급은 '들쑥날쑥'"(「DailyNK」, 2025.02.28.)

"북 일부 교사, 장마당 학용품 학생들에 팔아"(자유아시아방송, 2025.04.16.)

KBS 뉴스[남북의 창] 말로만 평등 교육…지방 수준 '열악'(2025.05.17.)

"민족・통일 지운 새 교과서・지도에 한마디씩 한 교사들, 결국…교육절 당일 술 마시고 한 발언들 문제시
　　　　돼 보위부 불려 가…주민들 "민족을 어찌 외국이라 부르나"(「데일리NK」, 2025.09.17.)

""통일 필요없다"는 국민 30%…20대에선 절반 넘었다"(「연합뉴스」, 2025.09.30.)

"대학 입시철 다가오자 대입 '뽄트' 배정 놓고 뇌물・청탁 또"(「DAILY NK」, 2025.11.05.)

9. 북한신문 및 잡지(날짜순)

"력사자료를 효과 있게 리용하여 평성사범대학 력사지리학부 김도성교원의 강의에서"(「교육신문」, 2001.08.02.)

"교종사이의 련관을 잘 지어 주어 사리원제2사범대학 력사지리학부 지리강좌 손기송교원의 사업에서"(「교육신문」, 2002.08.01.)

"교육의 과학화, 정보화를 다그친다 김형직사범대학 력사지리학부에서"(「교육신문」, 2008.12.04.)

"박사강좌가 될 목표를 세우고 청진제2사범대학 력사지리학부 력사강좌에서"(「교육신문」, 2012.06.28.)

리영철, "깨우쳐주는 교수방법을 철저히 구현하기 위한 새로운 교수구조에 대한 경험"(『인민교육』 5, 2012.12.10., 27-30쪽).

"당중앙위원회 3월전원회의 정신을 받들고 해주제2사범대학 력사지리학부에서"(「교육신문」, 2013.05.02.)

한철복(교육연구원), "초급, 고급중학교 력사과목교수에서 학생들에게 조선민족제일주의 정신을 키워주자면"(『교원선전수첩』, 교육신문사, 2014.06.22., 134-135쪽)

"1번수집단으로 차광수신의주제1사범대학 3대혁명 붉은기 력사학부에서"(「교육신문」, 2015.03.12.)

"무자비하게 징벌할 멸적의 의지로 사리원제2사범대학 력사학부에서"(「교육신문」(2015.03.12.)

"대학이 자랑하는 본보기 학부 리계순사리원제1사범대학 력사학부에서"(「교육신문」(2015.07.30.)

박금성, "세계 여러 나라들에서의 교육과정개혁추세"(『인민교육』 2015(4), 2015.08.15.)

한철복, "(자료와상식) 새로 편성된 고급중학교 1학년 력사과목에서 문화교재내용구성의 특성"(『교원선전수첩』, 교육신문사, 2015.12.22., 132-133쪽)

김림영(중구역 창전초급중학교), "력사실천교수형식과 진행방법"(『인민교육』, 2016-6, 교육신문사, 2016.04.15., 51-52쪽)

원창봉(해주제1중학교), "력사교수에서 학생들의 기억능력을 높여주자면"(『인민교육』, 2013-1, 교육신문사, 2016.04.15., 29쪽)

한철복, "고급중학교 력사과목교수에서 다매체를 리용한 교수조직형식과 방법"(『인민교육』 2016년 제5호, 2016.10.15., 51-52쪽)

"고급중학교 력사과목에서 반봉건, 반침략투쟁과 관련한 내용취급에서 나서는 몇가지 문제"(「교육신문」, 교육신문사, 2016.11.17., 3쪽);

윤영봉(덕천교원대학), "력사과목교수의 토론조직지도에서 나서는 몇가지 문제"(『인민교육』, 교육신문사, 2017.04.15., 61-62쪽)

"초급중학교 조선력사교육의 정보화실현에서 나서는 요구"(「교육신문」, 교육신문사, 2017.11.02.)

한철복, "(자료와상식) 새로 편찬된 고급중학교 력사과목 교육내용구성의 특성"(『교원선전수첩』, 교육신문사, 2018.03.22., 138-139쪽)

전 혁, "중학교 력사과목교수를 위한 전자지도내용선정에서 나서는 몇가지 문제"(『인민교육』, 2018-3, 교육신문사, 2018.06.15., 34쪽)

리혜영(모란봉구역 개선고급중학교), "초급중학교 <조선력사>교과서내용구성 요소별특성과 그 취급에서 나서는 몇가지 문제"(『인민교육』, 2018-3, 교육신문사, 2018.06.15., 45-46쪽)

리혜영(모란봉구역 개선고급중학교), "초급중학교 조선력사과목에서 생각하기문제를 통하여 학생들의 탐구능력을 키워주기 위한 교수방법"(『인민교육』, 교육신문사, 2018.10.15., 39쪽)

최영실(금성제1중학교), "력사물영화를 리용하여 력사과목교수의 인식적효과를 높이는데서 나서는 몇가지 문제"(『인민교육』, 2018-5, 교육신문사, 2018.10.15., 26쪽)

조혁일(모란봉제1중학교), "조선력사과목에서 표상에 기초한 대비, 분석교수 방법을 적용하여 교재내용을 쉽게 인식시키기 위한 교수방법"(『인민교육』, 2018-6, 교육신문사, 2018.12.15., 35-36쪽)

최학성(오중흡청진제1사범대학), "초급중학교 조선력사교재에 제시된 지능학습 문제들의 류형과 그를 통한 창조적사고력 계발에서 나서는 몇가지 문제"(『인민교육』, 2016-2, 교육신문사, 2018.12.15., 34쪽)

조금철, "사회주의승리는 진리이고 력사발전의 법칙"(『천리마』 2019년 제1호, 천리마사, 2019.01.25., 85-86쪽)

"제14차 전국교원대회 진행"(『조선신보』, 2019.09.04.)

윤굉혁, "만화영화 ‹소년장수›에 깃든 위대한 령도"(『조선예술』 2019년 11호, 문학예술출판사, 2019.11.05., 12-13쪽, 루계 제755호)

조금철, "인류가 사회주의길로 나아가는것은 력사발전의 법칙"(『민주조선』, 2019.12.25., 4면)

"교육내용의 실용화, 종합화, 현대화와 교육의 질"(『노동신문』, 2020.05.29., 5면)

채광일, "높은 형상적기교로 거둔 풍만한 결실 -만화영화 <소년장수>(제51-100부)를 보고"(『문학신문』, 문학신문사, 2020.07.18., 4면)

"함경남도의 사범대학, 교원대학 졸업생들 혁명전적지들과 산골학교들에 탄원"(『로동신문』, 2022.04.05.)

"실천과 결부된 애국주의교양의 실효성 -김철주사범대학 력사학부의 사업에서-"(『교육신문』, 2022.07.25.)

유현(오중흡청진사범대학), "혁신적인 교육방법들을 적극 도입 -오중흡청진사범대학에서 창조된 새 교수방법들중에서-"(『고등교육』 2022-1, 교육신문사, 2022.09.25., 17-19쪽)

"교원대학, 사범대학건설을 다그친다"(『로동신문』, 2023.05.27., 6면)

김 광, "초급중학교 조선력사과목교수에서 력사물주제의 만화영화를 통하여 교재내용의 인식적효과를 높인 교수수법"(『인민교육』 2023-5, 교육신문사, 2023.10.15., 50쪽)

박명국(김형권신포기술사범대학), "학생들에게 고급중학교 력사교재를 분석하는 방법을 인식시켜주자면"(『교원선전수첩』, 교육신문사, 2024.03.22., 74-75쪽)

"인기있는 만화영화들이 창작된다"(『로동신문』, 2024.05.11., 4면)

"력사물만화영화창작의 지침"(『문학신문』, 문학신문사, 2024.05.25., 1면)

조금철, "집단주의에 기초한 사회주의의 승리는 력사의 법칙"(『사회과학원학보』, 2024년 3호, 2024.08.25.)

"조국의 미래를 소중히 안고 사는 새세대 직업적혁명가들 올해에 200여명의 사범대학, 교원대학 졸업생들 섬분교들과 산골, 농촌학교 등에 자원진출"(『민주조선』, 2024.09.05., 3면)

리학남, "력사의 법칙 - 패권정책은 반드시 파멸을 불러온다"(「로동신문」, 2024.09.20.)

유　현, "사범대학 중학교 교육심리학과목교수에 탐구식교수방법을 적용하여"(『고등교육』 2024-9, 교육신문사, 2024.09.25., 32면)

"오중흡청진사범대학이 현대적인 교육기지로 일신"(「민주조선」, 2024.12.30., 5면)

리학남, "력사발전의 법칙은 불변이다"(「로동신문」, 2025.01.07.)

"남포사범대학, 남포교원대학 졸업생들 섬초소 학교들로 탄원"(「로동신문」, 2025.03.17., 3면)

"자강도, 강원도, 함경북도의 사범대학, 교원대학졸업생들 당이 부르는 전구들로 탄원"(「로동신문」, 2025.03.24., 4면)

김혁준, "당 제8차대회이후 800여 명의 사범대학, 교원대학졸업생들이 섬분교, 최전연지대, 산골학교들에 자원진출"(「로동신문」, 2025.09.05., 4면)

10. 웹사이트

우리역사넷 '역대 국사 교과서' 해제(https://contents.history.go.kr)

서울대학교 사범대학 홈페이지(https://edu.snu.ac.kr)

서울대학교 역사교육과 홈페이지(https://histoedu.snu.ac.kr)

북한정보포털(https://nkinfo.unikorea.go.k)

통일부 북한자료센터(https://unibook.unikorea.go.kr)

"북한에서는 교사가 비인기직업이라고?" 통일부공식블로그(2022.01.26., https://m.blog.naver.com/gounikorea/222631570838)

_ 문경호

경기도 화성 출생. 국립공주대학교 사범대학 역사교육과를 졸업하고, 같은 대학의 사학과와 역사교육과에서 각각 석사와 박사과정을 마쳤다. 대전관저고, 대전외국어고, 대전과학고 등에서 역사교사 생활을 했으며, 지금은 국립공주대학교 사범대학 역사교육에서 한국중세사와 한국근세사 강의를 맡고 있다. 전공은 고려시대 조운제도 연구이고, 연안 해로와 고선박, 중국 및 일본과의 항로, 대외 무역 등에 관한 연구를 진행하고 있다.

대표적인 저서로는 『고려시대 조운제도 연구(2014)』, 『바다에서 발굴한 고려사(2023)』, 『1123년 코리아 리포트, 서긍의 고려도경(2023)』 등의 단독 저서와 『역사교육학개론(2025)』, 『(21세기에 다시 보는) 고려시대의 역사(2018)』, 『(길로 풀어낸) 환황해 문명 교류사(2017)』 등의 공저가 있다. 논문으로는 「나말여초 조운제도의 연속과 변화(2014)」, 「김정은 집권 이후 북한 역사교육의 변화와 남북한 역사교육 비교(2022)」, 「1323年 倭寇 侵入 기사를 통해 본 新安船의 航路와 沈沒日(2022)」, 「고려-송의 해상 교역로와 청자 교역(2025)」, 「태안 마도 해역 출수 고려시대 목간에 관한 재고찰(2025)」, 「역사교육의 목저 재설정 논의 필요성과 방향(2025)」, 「공민왕~우왕 시기 고려의 대명 외교와 사행로 변화(2023)」 등이 있다.

남북한의 역사과 교육과정과 역사교육

초판발행일　2026년 1월 30일
지 은 이　문경호
발 행 인　김선경
책 임 편 집　김소라
발 행 처　서경문화사
　　　　　주소 : 서울시 종로구 이화장길 70-14(204호)
　　　　　전화 : 743-8203, 8205 / 팩스 : 743-8210
　　　　　메일 : sk7438203@naver.com
신 고 번 호　제1994-000041호
ISBN　978-89-6062-267-8　93370

※ 파본은 구입처에서 교환하여 드립니다.

정가 22,000원